삶이 묻고
나우웬이 답하다

ON RETREAT WITH HENRI NOUWEN

> **일러두기**
> 본문에 인용된 성경 구절은 대한성서공회에서 출간한 《성경전서–개역개정판》을 따랐습니다.

삶이 묻고
나우웬이 답하다

Henri
Nouwen

크리스 프리쳇, 마저리 J. 톰슨 지음 | 이원기 옮김

엘페

헨리 나우웬은 늘 우리의 일상 안에 하나님을 위한 공간을 마련하라
고 촉구했다. 우리 마음에 가장 오래 남을 그의 유산이 그것이다. 하지
만 우리는 어떻게, 또는 어디서 시작해야 할지 잘 모른다. 나우웬의 지
혜에 정통한 두 목사님이 집필한 이 책은 우리 마음속에 하나님의 공
간을 마련하기 위한 여정의 출발점이 되는 동시에 이 여행의 믿음직
한 가이드 역할을 한다. 독자 여러분은 저자들의 깊이 있는 개인적인
이야기와 성경 내용만이 아니라 나우웬의 대표 저서에서 발췌한 주
옥같은 영적 진리의 메시지를 통해 자신의 내면을 깊이 들여다보면
서 삶에서 가장 중요한 문제들을 머리로가 아니라 가슴으로 짚어 볼
수 있다. 나는 누구인가? 하나님은 누구이신가? 우리는 왜 고난을 겪
어야 하는가? 사랑은 어떻게 해야 하는가? 자유의 참된 의미는 무엇
인가? 이처럼 인생의 중대한 질문에 대한 답을 하나씩 찾아가는 이 영
성 순례의 안내서는 우리에게 더없이 소중한 선물이다.

가브리엘 언쇼_헨리 나우웬 레거시 트러스트 저작 관리 책임자,
《Henri Nouwen and the Return of the Prodigal Son:
The Making of a Spiritual Classic》의 저자

지금 우리는 익숙하던 삶의 방식에 의문을 가질 수밖에 없는 혼돈의 시대를 살아간다. 이처럼 세계적인 불확실성 속에서 이 책은 우리에게 큰 위안을 주는 반가운 선물이다. 헨리 나우웬처럼 특출한 영성가도 극심한 불안과 고뇌 속에서 부단한 묵상과 기도로 하나님의 무한한 사랑을 깨닫고 내면의 상처를 치유하며 자유를 찾았다는 사실을 이 책을 통해 확인할 수 있기 때문이다. 그는 개인적이고 고백적인 글로 사랑과 화목과 평강을 향한 우리의 열망을 하나님의 마음 안에서 찾을 수 있도록 우리를 인도한다.

수 모스텔러_성요셉수녀회 수녀, 헨리 나우웬 레거시 저작 관리 책임자,
헨리 나우웬 레거시 트러스트 및 헨리 나우웬 소사이어티 창립 회원

나는 지난 수십 년 동안 헨리 나우웬의 저서들을 읽으며 그리스도인으로서의 삶과 영적 성장에 많은 도움을 받았다. 그는 나의 인생만이 아니라 하나님과 갖는 친밀한 교제에도 지대한 영향을 미쳤다. 따라서 나는 이 책을 읽는 것이 옛 친구와 함께 시간을 보내는 것과 같다. 과거의 내 삶을 돌아볼 때 하나님께서 나우웬의 메시지를 나에게 어떻게 사용하셨는지 상기시켜 줄 뿐 아니라 몇 가지 새로운 통찰로 그

리스도 안에서 나의 삶을 들어 올려 주시기 때문이다. 나우웬과 저자들에게 심심한 감사를 전한다. 평소 나우웬의 저서를 탐독한 독자는 이 책을 통해 그의 과거 메시지들을 새롭게 음미하는 기쁨을 맛볼 수 있으며, 그의 책을 처음 접하는 독자라면 장담컨대 이 책에서 놀라운 통찰을 발견하면서 그의 글을 더 많이 읽고 싶어 할 것이다.

브라이언 M. 월리스_목사, 풀러신학대학원 풀러영성선교센터 소장

아주 경이로운 책이다. 저자들은 지난 세기의 뛰어난 영성가로 인정받는 헨리 나우웬의 삶과 저작에 대한 심오한 지식을 바탕으로 우리를 영적인 순례의 길로 초대한다. 이 여정의 주된 가이드는 나우웬이다. 그는 아무런 조건 없이 주어지면서도 우리 삶을 완전히 변화시키는 하나님의 사랑을 깊은 고뇌 속에서 체득했다. 그와 함께하는 영성 훈련을 통해 우리는 삶의 모든 면에서 하나님의 '첫사랑'을 되찾는 법을 배우게 된다.

로베르토 S. 고이주에타_미국 보스턴대학 가톨릭신학 명예교수

헨리 나우웬의 정수를 담은 책이다. 어떤 다른 영성가도 나우웬처럼 우리를 외로움과 고뇌의 심연으로 깊숙이 끌어들이지 못한다. 또 나우웬 외에 그 누구도 이처럼 효과적으로 우리를 절망과 자기혐오에서 해방하여 축복과 기쁨을 되찾도록 도와줄 수 없다.

브렌던 월시_영국 《더 태블릿(The Tablet)》 편집장

차례

추천사 • 004
머리말 • 010

1 나는 누구인가?
'하나님의 사랑하는 자녀'라는 참된 정체성을 발견하라 • 022

사랑받는 존재 • 026 | 우리는 어디에 속하는가 • 034
하나님의 형상 • 040 | 거짓 메시지 • 048 | 받아들이기 • 055
묵상과 기도의 주제·영성 심화를 위한 연습 • 064

2 하나님은 누구이신가?
자신의 형상으로 나를 지으신 창조주의 사랑에 눈을 떠라 • 070

하나님은 어떤 분이신가 • 076 | 우리 마음속의 하나님 모습 바로잡기 • 082
하나님께서는 나에게 무엇을 원하실까 • 090
내가 어떻게 하면 하나님께서 나를 발견하실 수 있을까 • 097
두려움에서 믿음으로 옮겨 가기 • 105
묵상과 기도의 주제·영성 심화를 위한 연습 • 112

3 사랑의 본질은 무엇인가?
그리스도 안에서 하나님과 갖는 친밀한 교제의 기쁨을
이웃과 나누어라 • 118

사랑하기 그리고 사랑받기 • 121 | 잘못된 곳에서 찾는 사랑 • 128
우정 • 138 | 용서 • 144 | 외로움에서 속함으로 • 154
묵상과 기도의 주제·영성 심화를 위한 연습 • 162

4 우리는 왜 고난을 겪는가?
고통을 딛고 그리스도 안에서 새로운 생명으로 거듭나라 • 168

고통과 친구 되기 • 174 | 상실 • 181 | 기쁨 선택하기 • 188
그리스도 안에서 겪는 고난 • 194 | 풍성한 결실을 맺는 죽음 • 203
묵상과 기도의 주제·영성 심화를 위한 연습 • 212

5 참된 자유는 어떻게 얻을 수 있는가?
하나님을 전적으로 신뢰함으로써 두려움과 불안에서 벗어나
평안을 찾아라 • 218

두려움에서 사랑으로 • 223 | 원망에서 감사로 • 230
움켜쥠에서 내려놓음으로 • 239 | 불안에서 평안으로 • 248
삶에서 죽음으로 • 256
묵상과 기도의 주제·영성 심화를 위한 연습 • 264

6 그렇다면 어떻게 살아야 하는가?
영적 성장을 통해 자신의 소명을 찾아 새로운 삶으로
나아가라 • 268

자신의 선택과 경험에 대한 복습과 평가 • 272
성령의 부르심 분별하기 • 273 | 간단한 삶의 규칙 만들기 • 277

후주 • 280

"그의 집에는 진짜 말 그대로 '기도 벽장'이 있어요." 헨리 나우웬을 멘토로 삼고 그의 일을 돕는 존이 말했다. 흔히 기도하기 위한 작은 밀실을 기도방이라고 하는데 실제로 벽장을 그렇게 사용하다니! "직접 봤어요?" 내가 물었다. "봤죠. 별로 크지 않은 공간인데 자그만 탁자를 제단으로 꾸몄어요." 존은 탁자 보와 성상, 성배, 기도서 등 그 모습을 자세히 설명했다. "나우웬은 기도하기가 무척 힘들어 괴롭다고 말하지만 사실 그는 매일 거기서 기도하지요."

존은 예일대학교 신학대학원에서 5년 동안 나우웬이 강의와 연구를 하는 데 필요한 기본 조사 업무와 저작물 편집을 도우면서 그의 멘토를 속속들이 알게 되었다. 몇 년 뒤 존이 내 남편이 되면서 나도 그들이 나누는 우정의 세계 속으로 초대받았다. 그러면서 영성의 거장으로 우뚝 선 나우웬의 개인적인 신앙생활과 그의 철학에 대한 나의 이해도 조금씩 깊어 갔다.

헨리 나우웬은 20세기를 대표한 영성의 대가였다. 그는 자신이 남긴 지적 유산으로 기독교계의 출중한 교육자, 저술가, 영적인 안내자의 반열에 올랐다. 나우웬은 워낙 '말'이 많은 사람이었다. 40여 권의 책을 썼고, 강연 초청이 끊이지 않은 인기 높은 강사였으며, 편지로 전세계 수천 명과 소통하며 그들의 멘토 역할을 했다.

하지만 그의 글과 말만큼이나 그의 삶도 우리에게 명료한 메시지를 전했다. 강렬한 기쁨만이 아니라 치열한 괴로움의 몸부림이 함께 어우러진 삶이었다. 기쁨과 괴로움은 그의 인생 여정에서 가장 돋보이는 역설이었다. 나우웬은 묵상과 기도를 통해 자신의 내면에서 들리는 고뇌와 기쁨의 상반된 목소리에 귀를 기울임으로써 자신의 영적인 발견과 통찰을 다른 사람들에게 아주 편안하고 설득력 있게 전달할 수 있었다. 그가 이 세상에 남긴 선물은 그리스도인의 영적인 삶에 대한 그의 통찰과 가르침이다. 그 가르침은 깊이 있고 독특하면서도 단순해서 누구나 이해하기 쉽다.

나우웬은 '모든 인류를 향한 그리스도의 사랑'이라는 치유의 선물로 우리를 인도하기 위한 삶을 살았다. 이제 나우웬의 서거 25주년을 맞아 우리 저자들은 그의 지혜를 좀 더 많은 사람과 나누며 영적인 성장을 돕기 위해 이 책을 펴냈다. 이 책은 참된 그리스도인으로서 영적인 삶을 살아가는 데 필요한 기술을 다룬다. 이 기술과 관련된 주제 하나하나가 나우웬의 저작에서 핵심을 이루는 메시지다. 나우웬 자신이 그 각각의 주제를 두고 깊이 고뇌했으며, 또 그 고뇌를 통해 영적으로 성장했기 때문에 그가 던지는 메시지는 우리가 하나님의 신실한 사랑을 주고받으며 영적으로 더욱더 성장할 수 있도록 해 준다.

나우웬의 사전에서 삶이란 영적인 삶 외에 다른 것은 있을 수 없다. 따라서 그가 말하는 '삶의 기술'은 당연히 영적인 삶을 살아가는 데 필요한 기술이다. 그는 이 세상의 가치를 따르는 삶에는 별 관심이 없었다. 나우웬을 만난 사람들은 그가 이 세상에 아주 얕게 뿌리를 내렸다는 사실을 곧바로 알 수 있었다. 예를 들어 음식에 관한 그의 관심은 주로 필요한 열량을 충당하는 문제였다. 친구나 동료와 함께 식사하는 자리에 가면 그는 음식보다는 대화를 훨씬 더 즐겼다. 존은 나우웬의 아파트에서 그와 함께 자주 점심을 먹었는데 점심이라고 해야 거의 통조림 수프가 전부였다고 돌이켰다(거기에다 나우웬은 특별한 고급 소스라도 뿌리듯이 근엄한 표정으로 약간의 포도주를 첨가했다). 그는 옷차림도 신경 쓰지 않았다. 기본적으로 입는 옷은 뻔했다. 한번은 그가 캠핑 여행에 참여했는데 강의실에서 늘 입던 그대로 검은 면바지와 흰 셔츠, 간편화 차림이었다.

나우웬의 영혼은 언제나 이 세상에서 역사하시는 하나님의 임재를 향해 고정되어 있었다. 그는 우리가 묵상과 기도를 통해 그리스도와 영적인 교제를 할 수 있도록 우리를 초대하는 일을 자신의 소명으로 받아들였다. 아울러 그 교제를 바탕으로 하나님께서 그토록 사랑하시는 이 세상을 위해 온정 넘치는 연민으로 봉사하는 일에 우리를 초대하려고 노력했다. 나우웬이 우리에게 보내는 그 초대장은 이 세상에 사는 동안 성령 안에서 두려움 없이 담대하게 살아가야 한다는 자신의 생각을 그대로 반영한다.

　나우웬은 가끔 영성 훈련을 직접 이끌었다. 영성 훈련은 가톨릭 사제로서 그의 영적인 성장에 중요한 역할을 했다. 내가 예일대학교에서 연구원으로 나우웬의 강의를 청강했을 때 그는 캐나다 온타리오주의 예수회 센터에서 제공하는 40일간의 이그나티우스 리트리트 프로그램에 등록해 보라고 권했다. 그 자신이 수년 전 영성 훈련을 했던 곳이었다. 그는 영성 훈련을 통해 하나님의 임재 안에서 장시간 안식하며 자기 내면의 목소리를 듣는 것이 얼마나 중요한지 잘 알고 있었다. 나우웬이 고독과 기도, 일기 쓰기를 그토록 강조한 것도 그 같은 영성 훈련 체험 때문인 듯하다.

　우리가 처음 만나기 몇 년 전, 나우웬은 뉴욕주 북부에 위치한 제네시 트라피스트 수도원에서 임시 수사로 수행하는 기회를 얻었다. 7개월 동안 강의와 강연을 쉬면서 내면의 충동과 환상을 정면으로 마주할 수 있었던 소중한 시간이었다고 그는 회상했다. 그곳에서 머무는 동안 적은 일기의 서문에서 그는 이렇게 묻는다. "내 삶에 부동점이 과연 있을까요? 내 삶이 닻을 내리고, 거기서부터 내가 소망과 용기와 자신감을 가지고 뻗어 나갈 수 있는 고정된 곳이 있을까요?"[1] 나우웬의 이 물음은 자연스럽게 우리를 영성 순례길로 초대한다.

　우리 저자들은 이 책이 독자 여러분 개인의 영성 훈련을 위한 실용적인 안내서로 사용될 수 있기를 진심으로 바란다. 실내에서든 야외에서든 이 책의 한 대목을 읽을 때마다 이 세상의 일과 평소 뇌리를 사로잡고 있는 생각에서 벗어나 묵상과 기도의 시간을 가질 수 있도록 노력해 보라. 이 책을 읽고 묵상하고 메모하는 곳이 여러분의 개인적인 성소라고 생각하라. 특정 시간대를 정해 둘 필요는 없다. 형편에 맞게 마음이 가는 대로 시간을 내면 그로써 족하다. 다만 최대한 의식적으로 그 시간을 갖는 것이 바람직하다. 그 시간 동안 기본적으로 나우웬의 지혜가 여러분의 영성 훈련을 인도할 것이다. 그러나 나우웬은 무엇보다 여러분 각자가 하나님을 향해 좀 더 의식적으로 마음을 연다면 성령께서 직접 여러분의 진정한 영적 안내자가 되신다는 사실을 명심하라고 생전에 강조했다.

이 책의 구성은 우리가 영적인 삶을 추구하면서 거치는 과정을 하나씩 차례로 따른다. 먼저 우리의 정체성에 관한 물음으로 시작한다. '나는 누구인가?' 이 질문에 따른 내면의 탐색으로 하나님 안에 있는 우리의 참된 자아를 발견하게 되면 그다음 질문은 자연스럽게 '하나님은 누구이신가?'로 옮겨 간다. 하나님에 대한 이해가 깊어지고 하나님의 모습이 올바르게 탐구되면서 우리의 시선이 넓어지면 그다음은 하나님의 본질을 이루는 '사랑'으로 나아간다. 사랑은 우리 마음속 깊이 들어 있는 모든 욕구를 만족스럽게 해결해 줄 것처럼 보이지만 곧 우리는 '고난'이라는 거대한 암초에 부딪혀 좌초 위기를 맞는다. 개인으로서 또 집단으로서 겪는 인간적인 고통과 환난을 가리킨다. 그렇다면 하나님의 사랑과 우리의 고난이라는 이 극과 극 사이의 관계를 우리는 어떻게 이해해야 할까? 고난이라는 암초에 부딪히면서 우리는 마침내 삶과 죽음 사이의 관계에 천착하며 진정한 '자유'를 모색한다. 이처럼 차례로 이어지는 주제가 각 장의 제목이 되면서 이 영성 훈련의 전체 과정을 이룬다.

나우웬은 제네시 수도원에서 생활하는 동안 자신의 영적인 스승인 존 유데스 뱀버거 수도원장과 자주 이야기를 나누었다. 하루는 나우웬이 그에게 이렇게 물었다. "기도할 때 나는 누구에게 기도하는 겁니까?" 뱀버거 원장은 이렇게 답했다. "아주 중요한 질문입니다. …… 그 질문 하나에 자신의 모든 부분이 연결되어 있음을 알게 될 겁니다. '내가 기도하는 대상인 주님은 누구이신가?'라는 질문은 '주님께 기도하기를 원하는 나는 누구인가?'라는 질문과 직결되기 때문이지요. …… 이것이 당신을 묵상과 기도의 한가운데로 이끕니다."[2]

뱀버거 원장의 답변은 아시시의 성 프란치스코의 유명한 기도를 떠올리게 한다. 그는 평생 이렇게 기도했다. "오 하나님, 나는 누굽니까? 또 당신은 누구십니까?" 간단하지만 결코 간단하게 대답할 수 없는 질문이다. 신앙이 조금씩 성숙해 가면서 우리는 겨우 이 물음의 부분적인 답만 발견할 수 있을 뿐이다. 확정적인 답은 끝까지 얻을 수 없을지 모른다. 우리를 무궁무진한 신비의 중심으로 끌어당기는 질문이기 때문이다. 따라서 영성 훈련을 시작하면서 자신에게 던지는 매우 적절한 질문이 될 수 있다.

이 책의 각 장 끝부분에서 해당 주제를 되새기기 위한 '묵상과 기도의 주제'가 제시된다. 자신의 삶 가까이 와닿는다고 생각되는 질문들을 선택해 그 답변을 영성 훈련 노트에 적어 보라. 그중 하나의 질문이 여러분의 마음속에서 완전히 새로운 질문으로 이어질 수 있다. 그 새로운 질문이 책에서 제시된 나머지 질문보다 더 중요하다고 생각된다면 그 질문을 묵상하면서 떠오르는 생각을 적어 보라. 성령이 이끄시는 대로 따라가면 된다. 그런 질문들과 함께 '영성 심화를 위한 연습'으로 각 장이 마무리된다. 이 연습은 해당 주제를 더욱 깊이 있게 탐구할 수 있도록 해 준다. 관련된 성경 구절을 찾아보거나 상상력을 동원해 그림을 그려 볼 수도 있다. 우리 저자들은 그런 방식으로 독자 여러분이 자신의 영성 훈련과 이웃 섬김에 새로운 각오로 헌신할 수 있기를 기대한다. 이런 연습이 우리가 가진 능력을 통합함으로써 사고하고 느끼고 말하고 행동하는 모든 습관의 변화를 자극하는 데 많은 도움이 되리라 믿는다. 우리는 이런 묵상과 기도와 영성 심화를 위한 연습을 통해 그리스도의 마음속으로 더욱 깊이 들어갈 수 있다. "너희 안에 이 마음을 품으라 곧 그리스도 예수의 마음이니"(빌 2:5).

영성 훈련 효과를 극대화하려면 노트를 일기처럼 사용하는 것이 바람직하다. 나우웬은 일기 쓰기를 영성 훈련을 위한 연습 수단으로 적극 활용했다. 실제로 그는 글을 너무 많이 써서 활자로 찍혀 나오지 않은 그의 생각은 하나도 없다는 비난을 사기도 했다. 그러나 그의 일을 도왔던 내 남편 존은 그 문제에 관해 이렇게 관대하면서도 명쾌한 해석을 제시한다. "나우웬은 펜을 통해 자신의 삶을 살아갔다." 시간이 흐르면서 나우웬은 스스로 그런 사실을 깨달았다. "나에게는 글쓰기가 정신을 집중하고 많은 생각과 감정을 간단명료하게 정리하는 아주 효과적인 도구라는 사실이 갈수록 분명해졌습니다. 종이에 펜을 대고 한두 시간 글을 쓰고 나면 마음이 정말 평안해집니다."[3]

나우웬은 글을 쓰면서 자신의 삶을 더욱 명료하고 차분하게 성찰할 수 있었다. 묵상과 기도에 일기 쓰기를 곁들이면 금상첨화다. 우선 나우웬 자신이 밝히듯이 생각을 글로 표현하는 과정 자체가 생각을 명료하게 정리해 준다. 우리 머릿속을 떠도는 아이디어는 뒤죽박죽 뒤섞여 혼란스러워지기 쉽다. 글쓰기를 하면 그처럼 뒤섞인 아이디어를 체계적으로 분류하고 다듬으면서 더욱 구체화할 수 있다. 자신의 생각을 더 잘 이해할수록 거기에서 더 큰 의미를 찾을 수 있다. 두 번째 이점은 자신의 경험을 일기로 기록하면 시간의 흐름에 따라 변화하는 통찰을 파악할 수 있다는 것이다. 글쓰기는 덧없이 흘러가 버릴 수 있는 기억이나 인상을 되새기는 데 도움을 준다. 그런 기억을 통해 우리는 자신의 통찰이 어떻게 성장하고 변화하며, 우리가 학습하는 내용과 어떤 식으로 연결되는지 알 수 있다. 또 영성 훈련 과정을 일기로 기록하면 우리의 영적 여정에서 반복되는 주제가 무엇인지 파악하고, 새로운 인생 경험으로 거기에 더 깊은 차원을 추가할 수 있다. 다시 말해 영성 훈련 일기는 우리의 영적 성장을 기록하고 추적하는 데 필수적이다.

물론 모두가 일기 쓰기를 좋아하지는 않는다. 일부는 일기를 쓴다는 데 강한 거부감을 느끼기도 한다. 남의 일을 캐기 좋아하는 사람들이 자신의 은밀한 생각을 알게 될까 두려워할 수도 있다. 일기 쓰기를 시도하다가 시간을 너무 많이 잡아먹는다며 포기하는 경우도 있다. 또 어떤 사람은 스스로 글쓰기 기술이 부족하다고 느끼기도 한다. 그런 거리낌을 줄여 일기 쓰기의 부담을 조금이나마 덜 수 있는 몇 가지 방안을 소개한다.

1. 영성 훈련 일기는 자신만을 위한 것이다. 그 일기는 우리에게 자유를 허락하시는 하나님의 사랑 앞에서 자신의 머리와 가슴속에 들어 있는 생각이나 느낌, 영감, 궁금증 등을 숨김없이 끄집어내어 안심하고 탐색하는 장소가 되어야 한다. 물론 특별한 사람에게 털어놓고 싶은 내용은 그와 공유해도 좋다. 아니면 완전히 자신만의 비밀로 해야 한다. 비밀을 확실히 보장하려면 일기장을 다른 사람의 손길이 닿지 않는 안전한 장소에 보관하라. 만약 전자기기를 사용한다면 강력한 비밀번호로 문서를 보호해야 한다.

2. 영성 훈련 일기는 오로지 자신의 영적 성장만을 위한 도구다. 아무도 평가를 하지 않기 때문에 자신이 원하는 대로 쓸 수 있다. 문법에 맞는지 맞지 않는지 신경 쓰지 않아도 된다. 아름답거나 시적이거나 심오해야 할 필요도 없다. '글이란 어떠해야 한다'는 기대를 버리고 자연스럽게 떠오르는 대로 적어 나가면 된다. 문장이 아니라 단어나 구절로 메모하거나 느낌을 낙서처럼 적거나 삽화를 그려도 좋다. 묵상과 기도 자체는 당연히 진지해야 하지만 메모는 얼마든지 재미있게 할 수 있다.

노트를 사용한다면 영성 훈련 일기 전용 노트를 마련하라. 스프링 제본이나 빈 종이를 묶은 책 형태가 바람직하다. 이 책을 읽어 나가면서 의문 사항이나 얻은 통찰을 곧바로 메모하려면 매번 이 책을 펼치기 전에 미리 필기 준비를 해야 한다. 일기는 책을 읽으면서 떠오르는 생각들을 한곳에 모을 수 있도록 해 준다.

나우웬과 함께 시작하고자 하는 우리의 영성 훈련에 필요한 요소는 세 가지다. 책과 노트 그리고 개인적인 공간이다. 여기서 공간이란 방해받지 않고 혼자서 책을 읽으며 묵상과 기도를 할 수 있는 곳이다. 이 세 가지 요소들은 우리를 인도하시는 하나님의 임재라는 더 큰 맥락 안에 들어 있어야 한다. 이 책을 읽으며 묵상과 기도를 할 때마다 성령을 초청하라. 또 매번 묵상과 기도가 끝날 때마다 하나님께서 성령을 통해 베푸신 은혜와 선물에 감사하라.

이 책을 통한 영성 훈련을 어떻게 실행할지 그 일정이나 방식은 정해진 것이 없다. 주어진 상황에 맞추면 된다. 예를 들어 하루 20분씩 또는 주말에 1시간씩 등 하루 단위나 주 단위로 할애하는 시간을 정해 두는 것도 하나의 방법이다. 매일 잠자리에 들기 전에 소제목이 달린 한 섹션씩 읽으며 묵상하는 방식을 선호하는 사람도 있을 것이다. 정신이 맑을 때 훈련해야 효과가 있으므로 자신의 피로도를 고려해야 한다. 잠자리에 들기 전에 너무 졸린다면 그 시간대는 피하는 것이 바람직하다.

무엇보다 가족이나 친구나 동료의 말 걸기 또는 전화나 전자기기의 알림 등에 방해받지 않는 고요한 자신만의 공간을 확보하는 것이 중요하다. 함께 사는 가족들에게 시간 계획을 미리 알리면 편리하다. 오직 하나님과 자신의 깊은 내면에만 전념하기로 정한 시간 동안은 주의를 산만하게 하는 휴대전화나 기기의 전원은 꺼 두어야 한다. 현대 삶에서 절대적인 고요함이란 불가능하지만 잠시나마 고독의 상태를 유지하기로 마음먹는다면 어느 정도는 가능하다.

마지막으로 남은 한 가지는 성삼위 하나님을 우리 안에 초대하는 것이다. 천지만물을 창조하시고 주관하시는 성부 하나님, 또 항상 우리와 함께 있겠다고 약속하신 우리 주 예수 그리스도인 성자 하나님, 그리고 우리를 생명의 충만함과 치유와 평안으로 인도하시는 성령

하나님을 마음의 성소에 모셔라. 이제 나우웬은 우리의 살아 있는 근원이 되시는 하나님의 말씀을 더 깊이 듣고, 그분을 더욱 신뢰하며, 그분과의 더욱 친밀한 교제에서 가장 큰 기쁨을 얻을 수 있는 영성 순례의 길로 우리를 안내한다.

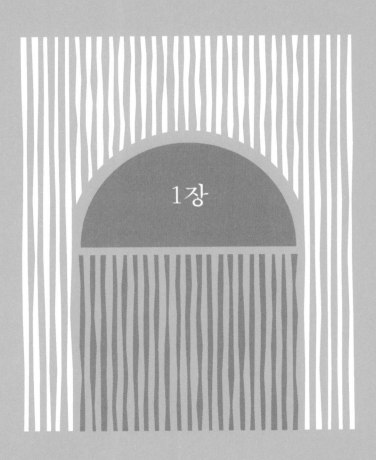

1장

나는
누구인가?

'하나님의 사랑하는 자녀'라는 참된 정체성을 발견하라

해가 뉘엿뉘엿 넘어가는 황혼 녘의 케냐 마사이마라 국립공원에서 늘씬한 치타 두 마리가 계곡을 어슬렁거리고 있었다. "저 둘은 형제간이죠." 운전석에 앉은 조셉이 나란히 걸어가는 치타 두 마리를 가리키며 케냐 억양이 강한 영어로 말했다. 열두 살짜리 딸과 나는 나이로비 방문을 마무리하는 일정으로 사파리 여행을 선택했다. 조셉은 현지의 사파리 전문 가이드였다. 그는 사흘 동안 함께 캠핑하면서 숨이 멎을 정도로 아름다운 야생의 초원 속으로 우리를 안내했다. 사파리를 가장 잘 즐기려면 언제 어디로 가야 할지 훤히 꿰고 있는 그는 어디에 표범이 몇 마리가 서식하는지, 어떤 동물이 어디서 먹잇감을 사냥하는지, 사자들이 잠자고 있을 게 확실한 외진 곳은 어디인지 정확히 알았다. 또 언제 코끼리 떼 곁을 피해야 할지 감도 잘 잡았다. 새끼를 거느린 어미 코끼리가 밴을 공격하는 경우가 종종 있기 때문이었다. 조셉처럼 능숙한 가이드가 없다면 우리는 길을 잃거나 어쩌면 목숨을 잃을 수도 있었다.

우리의 영적인 삶의 여정도 여러 면에서 야생 초원을 탐험하는 사파리와 비슷하다. 따라서 아름답고 경이로운 영적인 세계를 탐험하려면 그 지형에 익숙하며, 어디서 원하는 것을 찾을 수 있는지 잘 아는 능숙한 가이드가 필요하다. 그런 영적인 안내자로서 널리 사랑받는 인물 중 한 명이 헨리 J. M. 나우웬이다.

이제부터 나우웬이 인도하는 영성 순례길을 떠나 보자. 첫 여정은 우리의 참된 정체성과 우리가 받는 사랑을 탐색하는 과정이다. 그 두 가지는 떼려야 뗄 수 없는 관계다. 특히 사랑은 나우웬이 남긴 수많은 글에서 가장 중요한 요소로 그가 전하는 메시지의 바탕을 이룬다. 그는 이렇게 말한다. "우리 일생에서 가장 큰 의미를 갖는 사람이 누구인지 곰곰이 생각해 보면 종종 우리는 이런 사실을 깨닫게 됩니다. 우리에게 조언을 해 주거나 해결책과 치유법을 알려 주는 사람보다 우리와 함께 고통을 나누며 다정하고 부드러운 손길로 우리의 상처를 어루만져 준 사람이 누구보다 더 중요하다는 사실 말입니다."[4]

우리가 탐험하고자 하는 영적인 세계는 원시 야생의 초원처럼 경이로운 아름다움과 숱한 위험이 뒤섞여 있다. 나우웬은 이런 미지의 영역에서 마치 사파리 가이드처럼 우리를 영성의 요소요소로 안내해 줄 수 있는 믿음직스러운 영성 가이드다. 그는 우리가 안고 있는 가장 어려운 질문들에 대한 답을 잘 찾을 수 있도록 우리를 주의 깊게 인도한다. 우리가 가장 먼저 탐구할 중요한 물음은 '나는 누구인가?'이다.

사랑받는 존재

...

'나는 누구인가?'는 우리가 마음 깊이 스스로에게 하는 가장 중요한 질문 중 하나다. 사회학자들은 청소년들에게 앞으로 성인으로 이 세상을 잘 살아가기 위해서는 자신의 인생 목적과 위치를 결정하는 것과 함께 진정한 자아를 찾아야 한다고 강조한다. 역사적으로 살펴보면 청소년들은 각각의 문화권에서 고유한 통과의례에 참여함으로써 자신의 정체성을 찾으려 했다. 유대인들의 성인식 같은 종교의식이 대표적인 예다.

요즘은 청소년들에게 삶에서 계속 마주치는 각각의 선택을 통해 스스로 자신의 정체성을 결정하도록 하는 경우가 많다. 흔히 우리는 "의과대학에 들어가기로 마음먹고 열심히 공부한다면 너는 의사가 될 수 있고, 그러면 의사가 네 정체성이 된다"라고 말한다. 이런 방식은 청소년들에게 스스로 자신의 정체성을 만들어 가야 하는 엄청난 압박을 가하게 된다.

나우웬은 많은 저서에서 그런 우리의 접근법을 재구성함으로써 정체성의 개념과 그에 관련된 문제를 다루었다. 그에 따르면 '나는 누구인가?'라는 질문의 대답은 우리가 갖는 직업에서가 아니라 하나님이 우리를 어떤 사람이 되도록 창조하셨는지에서 나온다.

구약성경 창세기 1장은 인간이 '하나님의 형상'으로 지어졌다는 사실을 우리에게 상기시킨다. 그 형상의 핵심이 사랑이다. 우리는 하나님의 사랑을 받는 하나님의 자녀다. 우리에게 삶의 의욕을 북돋워주고 우리를 특징짓는 것이 우리가 받는 하나님의 사랑이다. 나우웬은 이렇게 단언한다. "하나님의 사랑하는 자녀가 되는 것이 우리 존재의 핵심 진리를 드러냅니다."[5] 우리는 하나님께 속한 존재다. 처음부터 그랬고 언제나 그럴 것이다. 마음 깊숙한 곳에서 우리는 이런 사실을 잘 알고 있다. 그러나 사회적인 유혹과 압력 때문에 우리는 그 정체성의 본질을 묻어 두고 이 세상에서 좀 더 잘 받아들여질 수 있다고 생각되는 우리 자신의 이미지를 나타내 보이려고 애쓴다. 언제나 우리는 사람들로부터 인정받고 싶어 하고, 또 받아들여지기를 갈망한다. 우리의 진실한 정체성을 왜곡하더라도 사회적인 기대에 부합하는 모습이 되기를 열망한다.

이런 행동은 2019년 전 세계를 떠들썩하게 만든 미국의 대학 입시 스캔들에서 단적으로 드러났다. 북아메리카 사상 최대의 대학 입학 비리가 폭로되면서 기업의 최고 경영자부터 할리우드 스타까지 미국의 최부유층 엘리트 수백 명이 뇌물과 사기 사건에 휘말린 것으로 드러났다. 과도한 특권 속에서 성장했으나 실력은 떨어지는 자녀를 미국 최고의 명문 대학에 보내기 위해 그 부모들은 수백만 달러를 은밀하게 건넸다. 그렇게 하도록 그들을 부추긴 요인은 자녀를 캘리포니아주립대학교 롱비치캠퍼스보다 서던캘리포니아대학교(USC)에, 혹은 샌프란시스코주립대학교보다 스탠퍼드대학교에 보냈다는 사실에서 얻는 사회적 찬사였던 듯하다.

이 스캔들은 그들의 자녀가 자신의 실력으로 명문 대학에 들어갔다고 대중이 믿도록 하려는 욕구를 적나라하게 드러냈다. 이런 부모가 자녀에게 보낸 메시지는 이런 게 아닐까? "너는 네 실력만큼 가치를 인정받을 수 있어. 또 네가 나의 체면을 세워 주는 만큼 네 가치를 인정받을 수 있지. 그리고 또 네가 성공하거나 인기를 얻거나 멋져 보이는 만큼 네 가치를 인정받을 수 있는 거야." 실제로 요즘 많은 청소년은 바로 그런 메시지를 들으며 성장한다. 우리는 어려서부터 성적이 좋으면 칭찬받고 공부를 못하면 벌을 받는다.

나우웬에 따르면 우리는 성장하면서 내가 하는 일, 그리고 나 또는 내가 하는 일에 대한 다른 사람들의 평가, 또 내가 소유하는 것이 '나'라는 허구를 점점 더 확고히 믿게 된다. 특히 그런 측면에서 볼 때 '하나님의 사랑받는 자녀'가 우리의 참된 정체성이라는 나우웬의 메시지는 더욱 중요한 의미를 갖는다. 인생에서 성공과 실패, 기쁨과 슬픔의 파도가 몰아쳐도 거기에 휩쓸리지 않는 우리의 정체성이 그것이다. 나우웬은 이렇게 말한다. "하나님의 사랑하는 아들과 딸로 살아가는 영적인 삶의 가장 중요한 비밀은 기쁨이든 슬픔이든, 환희든 고통이든, 건강이든 질병이든 우리가 체험하는 모든 것이 다 우리가 근본적으로 가진 인간성의 온전한 실현을 향해 나아가는 여정의 일부라는 사실입니다."[6]

나우웬은 우리가 영적인 성장을 통해 예수님의 삶 가운데 중요한 두 순간에서 자기 자신을 볼 수 있을 때 우리의 진정한 자아를 찾을 수 있다고 믿는다. 예수님이 받으신 세례와 그의 마지막 유월절 만찬이다. 그 두 가지를 차례로 살펴보자.

우선 예수님이 받으신 세례에서 우리는 '성부-성자-성령'이라는 성삼위에 관한 설명을 볼 수 있다. 마태복음에 나오는 다음 구절이 신약성경에서 최초로 나오는 성삼위에 관한 언급이라고 보는 학자들이 많다. "예수께서 세례를 받으시고 곧 물에서 올라오실새 하늘이 열리고 하나님의 성령이 비둘기같이 내려 자기 위에 임하심을 보시더니 하늘로부터 소리가 있어 말씀하시되 이는 내 사랑하는 아들이요 내 기뻐하는 자라 하시니라"(마 3:16~17).

하지만 예수님은 죄가 없으시기 때문에 회개할 필요가 없었는데 왜 굳이 세례를 받으려 하셨을까? 대다수 신학자가 동의하는 설명은 이렇다. 예수님은 자신이 우리 죄인과 똑같은 차원으로 낮아져 하나님과 화목한 관계를 회복해야 할 필요성을 실질적으로 느껴야 했기 때문이라는 것이다. 예수님은 요단강에서 세례를 받음으로써 우리와 같아진 후에야 성부에게서 사랑하는 아들로 인정받는다. 이런 사실은 중요한 의미를 담고 있다. 예수님은 태어날 때 또는 어릴 때부터가 아니라 그가 직접 우리 죄인의 절박함 속으로 들어온 다음에야 성부로부터 '내 사랑하는 아들'이라는 칭호를 받는다. 그로써 그는 전적으로 또 온전하게 우리 죄인과 동일시되었고, 그에 따라 우리도 하나님께서 그 칭호로 우리를 부르는 것을 들을 수 있게 되었다. 이것이 가장 놀라운 은혜의 선물이다. 하나님께서는 예수님에게만이 아니라 우리에게도 "너는 나의 소중한 자녀이니 내가 너를 심히 기뻐한다"고 말씀하신다. 그것이 우리의 참된 정체성이다.

교회는 우리가 세례를 통해 성령이라는 은혜의 선물을 받는다고 가르친다. 성령은 성자와 성부의 관계 속으로 우리를 결속시킨다. 우리는 세례를 통해 환영받으며 언약 공동체에 가입하고, '하나님의 사랑하는 자녀'라는 창조 당시 우리의 참된 정체성을 되찾는 여정에서 교회의 영적인 안내를 받는다.

예수님의 생애에서 우리 자신이 투영되어야 하는 두 번째 순간은 '최후의 만찬'이다. 교회는 이를 성례의 하나인 성찬으로 기념한다. 나우웬은 우리가 성찬에 참여할 때마다 하나님께서 우리를 얼마나 기뻐하시는지 기억하게 된다고 확고히 믿는다. 예수님은 마지막 유월절 저녁 식사('주님의 만찬')를 제자들과 함께 다락방에서 나누었을 때 네 가지 행동 또는 동작을 사용하셨다. "그들이 먹을 때에 예수께서 떡을 가지사 축복하시고 떼어 제자들에게 주시며"(마 26:26)에서 나타나듯이 그 네 가지 동작은 '가지다', '축복하다', '떼다', '주다'라는 단어로 묘사된다. 나우웬에 따르면 그 각각의 단어는 '하나님의 사랑하는 자녀'라는 가장 참되고 심오한 우리의 정체성을 깨닫는 데 도움을 준다.

1. 나우웬은 '가지다'를 '선택하다'로 바꾸면서 예수님이 떡을 선택

하셨듯이 하나님께서 창세전부터 우리를 선택하셨다고 설명한다. 하나님의 택하심을 받는 것은 무엇과도 비교할 수 없는 가장 큰 선물이요, 인간으로서 가장 심오한 경험이다. 하나님의 택하심은 경쟁을 통해서나 우리의 공로에 따른 것이 아니라 오직 하나님의 선하심과 사랑으로 값없이 주어지는 선물이다.

2. 예수님은 떡을 가지신 뒤 '축복하셨다'. 하나님의 축복을 받는다는 것은 하나님의 은혜를 받는다는 뜻이다. 때때로 우리는 다른 사람들로부터 받기 원하는 축복을 얻지 못하는 경우가 있다. 그러나 하나님이 주시는 사랑과 축복의 은혜는 무한히 깊고 넓고 온전해서 그런 부분까지 전부 다 보상해 준다. 나우웬은 이렇게 말한다. "축복은 칭찬과 징벌 사이…… 선행과 악행 사이의 구분을 초월합니다. 축복은 상대편의 원초적인 선함을 건드리며 그의 사랑스러움을 불러일으킵니다."[7]

3. 우리는 하나님의 축복을 받았지만 다른 한편으로는 '깨어진' 세상에서 살아가는 상처 입은 존재들이다. 우리는 모두 이 깨어진 우주의 수령인이요 참여자요 상속자다. 예수님은 떡을 가지시고 축복하신 뒤 그 떡을 '떼셨다'. 나우웬은 떡을 떼는 이 동작이 우리 각각의 삶이 깨어지는 것을 상징하는 이미지라는 사실을 우리가 깨달아야 한다고 말한다. 깨어짐을 포용하는 용기가 있

다면 자유와 새로운 삶을 발견할 수 있다고 그는 믿는다. 그 과정에서 우리는 파탄을 딛고 다른 쪽으로 무사히 넘어갈 수 있다. 하지만 그는 이렇게 단서를 단다. "깨어짐을 축복보다 우선시해서는 안 된다는 사실을 늘 명심해야 합니다."[8] 깨어짐을 수용해야 하지만 그것을 우리의 핵심 정체성으로 받아들여서는 안 된다는 뜻이다. 축복이 깨어짐보다 앞서기 때문에 우리는 '하나님의 사랑하는 자녀(축복)'라는 정체성이 고난(깨어짐)의 경험보다 더 깊고 참되다는 사실을 기억해야 한다.

4. 마지막으로 예수님은 제자들에게 떡을 '주시며' 먹고 자신을 기억하라고 말씀하셨다. 예수님은 우리 죄인들처럼 세례를 통해 '선택'받으시고 '축복'받으셨을 뿐 아니라 그의 마음까지도 우리 죄인들의 삶처럼 십자가 위에서 깨어졌다. 그런 다음 예수님은 이 세상의 구원을 위해 자신의 몸을 '내어 주실' 수 있었다. 나우웬은 그와 같은 방식으로 우리도 '선택받고' '축복받고' '깨어진' 다음 다른 사람들의 구원을 위해 하나님에 의해 '내어 줄(보내질)' 수 있다고 설명한다. 만약 우리가 깨어짐을 수용하지 않거나 깨어짐을 오히려 우리의 가장 깊은 정체성으로 받아들이는 삶을 산다면, 그래서 하나님으로부터 먼저 선택받았고 축복받았다는 사실을 잊어버린다면 우리의 삶은 불안과 분노와 불만의 파도에 휩쓸릴 수밖에 없다.

그렇게 되지 않기 위해 나우웬은 우리에게 하늘에 계신 우리 아버지이시고 우리를 기뻐하시는 하나님의 음성을 듣도록 권한다. 하나님께서는 우리가 무엇인가를 매우 잘해서 기뻐하시는 게 아니라 우리의 가장 깊은 곳에 있는 '우리 자신'을 보고 기뻐하신다. 그분의 형상으로 만든 피조물인 '우리 자신' 말이다. 인류가 타락하기 전에 이미 '우리는 영원토록 사랑받는다'는 깊은 진리가 있었다. 우리가 지금 하나님의 사랑을 받는 것은 우리가 마침내 올바른 길을 선택했기 때문이 아니다. 우리는 언제나 하나님께 속해 있으므로 하나님이 사랑하시는 자녀인 것이다. 예수님이 받으신 세례에서 하나님은 우리를 다시 찾아내셨다.

성찬 때마다 하나님은 우리에게 그런 사실을 다시 상기시켜 주신다. 나우웬은 우리가 하나님의 사랑과 은혜의 말씀에 기도로 참여할 수 있도록 다음과 같은 말로 우리를 초대한다. "우리를 사랑하는 자녀라고 부르시는 하나님의 음성을 주의 깊게 들을 때마다 그 음성을 더 오래 더 깊이 듣고자 하는 욕구가 우리 내면에서 솟아날 것입니다."[9]

나우웬은 특히 고독 속에서 우리의 참된 자아를 발견하게 된다고 믿는다. "고독한 가운데서 우리는 우리의 삶이 '지켜야 할 소유물'이 아니라 '나누어야 할 선물'이라는 사실을 발견합니다."[10] 우리를 사랑하는 자녀라고 부르시는 잔잔하고 낮은 음성을 들을 수 있도록 삶에서 소음을 줄여라. 이번 주에 특별히 시간을 내어 홀로 고독한 가운데서 하나님과 함께 있어 보라. 묵상하고 기도할 때 성령이 여러분과 함께 계심을 느껴 보라. 성령은 만사가 형통할 때에는 우리를 더욱 겸손하도록 이끌고, 곤고할 때는 우리에게 희망을 갖도록 격려해 주는 생명수의 깊은 샘으로 역사하신다.

*   *   *

우리는 어디에 속하는가
...

이 세상에 속해 있는 한 우리는 치열한 경쟁의 삶을 살아야 하며, 우리의 모든 성과에 대해 보상받기를 원하고 또 기대합니다. 그러나 우리가 아무런 조건 없이 사랑을 베푸시는 하나님께 속해 있다는 사실을 깨닫는다면 우리도 그분처럼 조건 없이 사랑을 베풀며 살 수 있습니다.[11]

나는 대학에 들어간 첫해 봄에 대학 축구팀에 들어가고 싶었다. 축구 장학생으로 스카우트되지 않았기 때문에 선수가 되려면 테스트 기간을 거쳐야 했다. 고등학교 시절 내내 축구를 꽤 잘했고 대학팀 선수 중에도 친구가 많았던 나는 틈만 나면 대학교 운동장에서 그들과 공차기를 즐겼다. 그런데 몇 주의 테스트 기간 후 부코치로부터 탈락 통보를 받았다. 황당했다. 나는 언제나 동료 선수들과 함께 축구팀에 속해 있다고 생각했는데 갑작스러운 탈락 통보를 받자 거부당했다는 느낌에 크게 실망하면서 방향감각까지 잃었다. 내 삶의 일부가 되어야 할 무엇이 허망하게 사라져 버렸다. 선수들을 볼 때마다 나는 그들 팀 소속이 아니라는 엄연한 현실을 깨달아야 했다. 또 홈경기가 있을 때면 관중석에서 우리 팀을 응원하며 과장되게 호탕한 웃음과 환호성으로 나의 심적 고통을 숨겨야 했다.

누구나 확실한 소속감을 갖지 못하면 거부당하는 느낌이 더욱 아프게 다가온다. 상대방으로부터 거부당하면 우리가 본질적으로 '사랑스러운 존재이며 사랑받는 존재'라는 사실을 곧바로 잊고 스스로 '난 부족해' 또는 '난 보잘것없어'라고 너무나 쉽게 단정해 버린다. 또 다른 사람으로부터 거부당하는 느낌은 우리 스스로 자신을 거부하는 것마저 당연하게 만든다. 그러면 우리는 '내가 실력이 없는 게 분명해' 또는 '난 여기에 속하지 않아'라고 생각하게 된다.

그러나 참된 소속감은 일상생활에서 다른 사람들에게 받아들여지거나 거부당하는 경험과, 그에 따른 느낌에 의해 이리저리 흔들리지 않는다. 거부당하는 일시적인 경험이 우리 인생을 결정하지 않는다. 그런 거부를 당할 때마다 참된 소속감은 우리가 서로에게 속해 있고, 또 우리 자신에게 속해 있으며, 그리고 세계에 속해 있다는 심오한 진실을 우리에게 상기시킨다. 왜 그럴까? 우리가 영원부터 영원까지 하나님께 속해 있기 때문이다. 참된 소속감은 우리가 영원히 '하나님의 사랑하는 자녀'라는 진리를 깨닫는 데서 비롯된다. 어떤 단체도, 어떤 스포츠팀도, 어떤 공동체도, 어떤 나라도 그 진리를 감출 수 없다. 우리는 하나님께 속하며 영원토록 하나님의 가족 안에 들어 있다. 우리가 머리로만이 아니라 가슴으로도 그것이 진리임을 확신할 때 우리는 인내와 회복과 믿음의 선물을 받는다.

나우웬은 삶에서 극심한 고뇌와 번민을 경험한 적이 있다. 그 내면의 혼란이 휩쓴 시기는 그가 캐나다 토론토에 있는 장애인 공동체 라르슈 데이브레이크에서 장애인들과 함께 생활하며 섬김의 삶을 살기 위해 명망 높은 하버드대학교 신학대학원 교수직을 떠난 직후인 1987년 12월에서 1988년 6월 사이였다. 그에게는 그 기간이 자신의 인생에서 가장 어렵고 고통스러웠던 시기였다. 나우웬은 이렇게 말한다. "당시 나는 내면의 공허함을 뼈저리게 느꼈습니다. 내 삶에 의미를 주던 모든 것이 갑자기 사라져 마음속이 완전히 텅 비어 버렸습니다. 내 앞은 바닥이 보이지 않는 심연이었습니다."[12]

그 어려운 시기를 보내면서 나우웬은 자신의 느낌을 그대로 일기에 적었다. 사적이고 은밀하며 강렬한 감정이 고스란히 담긴 '비밀' 일기였다. 남에게 절대로 보여 줄 수 없다고 생각했지만 그 글의 소중함을 직감했던 친구들의 끈질긴 설득으로 나우웬은 나중에 그 일기를 《마음에서 들려오는 사랑의 소리(The Inner Voice of Love)》라는 제목의 책으로 펴냈다. 그 책에서 나우웬은 우리가 반드시 해야 하는 중요한 일을 예순세가지로 제시했다. 그중에서 중요한 세 가지만 살펴보도록 하자. 그 각각은 우리의 참된 정체성이 무엇인지, 그것이 우리 삶에서 어떻게 형성되는지에 관한 소중한 교훈을 준다.

그중 첫 번째는 우리가 하나님의 자녀임을 잊지 않는 것이다. 나우웬은 자신에게 이렇게 말한다. "하나님의 자녀라는 것이 너의 참된 정체성이다. 네가 반드시 받아들여야 하는 정체성이 그것이다. 그 정체성을 완전히 자신의 것으로 만들고 나면 고통만이 아니라 큰 기쁨도 있는 삶을 살 수 있다."[13]

나우웬에 따르면 이 세상에서 우리의 삶은 일순간의 경험일 뿐이다. 하지만 그 경험은 우리를 향한 하나님의 사랑을 우리가 받아들이는 기회가 될 뿐 아니라 그에 대해 우리가 '하나님을 사랑합니다'라고 반응할 수 있는 기회가 된다. 그렇다고 오해해서는 안 된다. 하나님의 자녀라는 참된 정체성을 받아들인다고 해서 우리에게 다른 사람들의 사랑이 더는 필요하지 않다는 것은 결코 아니라고 나우웬은 강조한다. 오히려 우리에게는 가족과 친구의 '불완전한' 사랑도 반드시 필요하다. 그래야 모든 인간적인 사랑을 뛰어넘는 하나님의 위대한 사랑에 의해서만이 우리가 완벽하게 사랑받을 수 있다는 사실을 알 수 있기 때문이다. 나우웬은 자신에게 이렇게 계속 말한다. "너에겐 영적인 인도가 필요하다. 너의 참된 정체성에 닻을 내릴 수 있도록 도움을 주는 인도자가 필요하다."[14]

두 번째 중요한 일은 공동체 안에서 자신의 고유한 소명을 찾는 것이다. 나우웬은 또 자신에게 이렇게 말한다. "공동체에서 네가 맡는 고유한 역할은 하나님께서 너를 다른 사람들에게 나타내기 위해 부여하시는 소명이다. 사람마다 그 소명은 다르다. 너는 자신의 역할을 알고 받아들여야 한다. …… 그럼으로써 너는 무엇을 하고 무엇을 포기해야 할지, 무엇을 말하고 무엇에 대해 침묵해야 할지, 언제 나가고 언제 머물러야 할지, 누구와 함께하고 누구를 피해야 할지 결정할 수 있다."[15]

나우웬은 아주 비싼 대가를 치르고 나서 자신의 소명을 깨달았다. 그는 사람들과 함께하기를 좋아했지만 베풀고 싶은 사랑이 너무 많아 사람들을 돌보면서 자주 진이 빠졌다. 한편으로 나우웬은 사람들을 좋아하고 예수님의 사랑을 그들과 함께 나누고 싶어 했다. 그러나 다른 한편으로는 자신이 남들로부터 사랑을 받고 싶은 욕구 때문에 행동하는 경우가 많다는 사실을 깨달았다. 그런 욕구는 종종 사람들로부터 거부감을 불렀다. 그러고 나면 그는 거부당한 느낌에 낙담하면서 공허함에 빠졌다. 그래서 일과가 끝나고 나면 심한 외로움과 우울증에 시달렸다. 소진되더라도 다시 채워지는 지속 가능한 사랑을 구하려고 몸부림쳤지만 마치 그 사랑의 샘이 메말라 버린 듯했다. 그렇게 한참 시간이 흐르면서 마침내 나우웬은 진리에 도달했다. 끊임없이 다시 채워지는 위대한 사랑을 베풀 수 있는 존재는 오직 하나님뿐이라는 진리였다. 오직 하나님만이 그에게 참된 소속감을 깨닫게 해 주는 '생수'(요 7:37~38)를 베푸실 수 있었다.

나우웬은 자신에게 계속 말한다. "너의 공동체에서 네가 갖는 소명을 완수하려면 공동체를 떠남과 기도, 글쓰기, 고독의 시간이 필요할 수 있다. 이것 역시 너의 공동체를 위한 시간이다. 그런 시간은 네가 공동체 사람들에게 깊이 관여하고 너의 안에 거하시는 하나님께로부터 나오는 말씀으로 말할 수 있도록 해 준다."[16] 결국 나우웬은 고독한 생활과 기도를 통해 하나님과 함께하면서 더 잘 사랑하고 기쁨을 찾는 방법을 익혔다. 또 자신이 바라는 모든 것을 공동체가 맞추어 주기를 원하는 욕심을 비우고, 하나님의 사랑에 속함으로써 얻는 깊은 심령의 평안을 발견했다.

세 번째 중요한 일은 언제나 우리의 집을 안전하게 세울 수 있는 든든한 반석으로 돌아가는 것이다. 나우웬은 자신에게 이렇게 말한다. "너는 '주님은 나를 사랑하시나요?'라고 물을 때 돌아오는 '그렇다'라는 답변을 굳게 믿어야 한다. 주님의 사랑을 직접 느끼지 못하더라도, 그래서 그 대답이 진실이 아닐지도 모른다는 의혹이 일더라도 믿음을 갖고 '그렇다'라는 답변을 의식적으로 선택해야 한다. …… 주님의 사랑을 느끼지 못할 때에도 그 사랑에 힘찬 목소리로 화답할 수 있는 삶의 토대가 있다는 것을 굳게 믿는 선택을 해야 한다."[17]

여기서 핵심 단어는 '선택'이다. 믿음은 언제나 선택이다. 사랑도 늘 선택이다. 우리는 삶에서 끊임없이 '너는 여기에 속하지 않아'라는 거부의 메시지를 받는다. 또 열심히 일하거나 옷을 잘 입거나 돈을 많이 벌어야만 사회적으로 인정받는 집단에 속할 수 있다는 이야기를 듣는다. 그러나 우리는 매일의 시작과 끝에서 '나는 하나님께 속한다'는 믿음을 선택해야 한다. 이 진리는 세월이 흐르면서 우리 영혼 속에 깊이 뿌리를 내리고 우리 삶의 영적인 닻으로 자리 잡는다.

하나님의 형상
···

우리는 하나님의 사랑하는 자녀로서 하나님의 선택을 받았다
고 내가 말할 때 그 의미는 영원 전부터 하나님께서 우리를 고유
하고 특별하며 소중한 존재로 보셨다는 것입니다.[18]

　우리가 하나님의 사랑하는 자녀로 하나님의 선택을 받았다고 확
신하는 것은 참된 영적인 삶에 필수적이지만 진실하게 실천하기는
무척 어렵다. 그래서 이 진리를 다시 한번 강조하고자 한다. 우리가 하
나님의 자녀라는 사실을 어떻게 확신할 수 있을까? 나는 어릴 때부터
어느 정도는 그것이 사실임을 알았다. 교회가 나에게 반복해서 가르
친 내용이기 때문이다. 그러나 그 뜻을 완전히 깨달아 마음 깊이 진실
로 받아들이기는 거의 불가능할지 모른다. 지금까지 내 인생은 그런
깨달음과 받아들임으로 향하는 여정이었으며, 당연히 앞으로도 그럴
것이다. 우리의 참된 정체성이 '하나님의 자녀'라는 사실은 전혀 어렵
지 않은 이야기처럼 들린다. 하지만 그 의미를 한 번 자세히 풀어 보
자. 성경의 맨 첫 부분에서 히브리인 기자들은 피조 세계의 아름다움

과 창조주의 위엄을 드러내기 위해 장엄한 시적 서사로 우주 전체의 창조를 이야기한다.

하나님의 창조 사역에서 가장 놀라운 진리는 모든 피조물 중에서 오직 사람만이 하나님의 '형상과 모양'을 따라 지어졌다는 사실이다 (창 1:26~27). 하나님께서는 사람을 창조하시면서 하나님 자신의 품성과 지혜를 특별히 부여했다. 자연계를 다스릴 능력을 사람에게 주기 위해서였다. '하나님의 형상'을 라틴어로 '이마고 데이(Imago Dei)'라고 한다. 매우 긍정적인 '신학적 인간론'을 표현한 이 말은 우주에서 인간의 삶과 목적을 고매한 차원으로 인식한다는 의미를 담고 있다. 사람이 '이마고 데이'로 창조되었다는 것은 '원죄'가 있기 전에 '원복(원초적 축복)'이 있었다는 뜻이다.

우리는 흔히 자신이 하나님을 믿는다고 밝히지 않는 사람 중에서 다수가 도덕적으로 칭찬받을 만한 삶을 사는 반면에 하나님을 믿는다고 자신의 입으로 공언하는 사람 중에서 다수는 도덕적으로 타락했거나 혼란스러워하는 것을 본다. 도대체 왜 그럴까? 그 이유는 이렇다. 우선 '이마고 데이'는 그리스도인에게 국한되는 것이 아니라 모든 사람에게 해당된다. 이처럼 인류 전체가 하나님의 형상으로 창조되기 때문에 믿음을 가졌다고 공언하는 사람과 그렇지 않은 사람 사이의 도덕적인 차이를 볼 수 없는 경우가 많다. 하나님의 형상으로 지어졌다는 사실은 모든 사람 안에 하나님의 선하심과 친절하심, 사랑, 지혜, 자비, 인자하심이 들어 있음을 말해 준다.

그러나 모든 사람이 하나님의 형상으로 창조되지만 한편으로 모든 사람은 죄인이기도 하다. 따라서 때로는 하나님에 대한 믿음을 공언하는 사람과 그렇지 않은 사람 사이의 차이를 알아보기가 어렵다. 그 차이는 믿음을 가진 사람이 하나님의 은혜로 거듭나기 위한 영적인 여정을 추구하느냐 아니면 그런 노력을 하지 않느냐에 달려 있다. 이 여정은 참된 정체성의 인식을 향한 가장 중요한 첫걸음이다.

우리의 참된 정체성은 우리 자신의 선택만이 아니라 다른 사람의 선택에 의해서도 더럽혀진다. 그래서 우리는 참된 정체성을 회복하려고 애쓴다. 우리 정체성의 진리는 '창조된 우리의 존재 안에 하나님의 형상을 가진 하나님의 자녀'라는 것이다. 그러나 세월이 흐르면서 우리는 다른 사람들이 주는 상처를 받는다. 그에 대한 반응으로 우리도 다른 사람에게 상처를 준다. 애석하게도 우리는 스스로 자신에게도 상처를 입힌다. 우리는 우리가 누구인지에 관해 사회가 말하는 수많은 거짓말을 믿는다. 그 결과 우리는 대개 두려워하고, 방어적이고, 징벌적인 우리의 거짓된 자아로 살아간다.

나우웬은 저서 《마음의 길(The Way of the Heart)》에서 우리의 참된 자아와 거짓된 자아 사이의 차이를 이해하는 것이 중요하다며 다음과 같이 말한다.

토머스 머튼(Thomas Merton, 20세기의 대표적인 영성가로 나우웬의 멘토였다-옮긴이)에 따르면 거짓된 자아 또는 세속적 자아는 사회적

강박에 의해 조작된 자아를 가리킵니다. '강박적'이라는 단어야
말로 거짓 자아에 가장 잘 어울리는 수식어입니다. 그런 거짓 자
아는 끊임없이 더 인정받으려는 욕구와 맞닿아 있습니다. 나는
누구입니까? 나는 다른 사람들이 좋아하거나 칭찬하거나 존경
하거나 싫어하거나 미워하거나 멸시하는 존재입니다. …… 정
신없이 바쁘게 살아야 좋은 거라면 나도 바쁘게 살아야 합니다.
돈이 많은 것이 진정한 자유의 표시라면 나도 돈을 많이 벌어야
합니다. 아는 사람이 많아야 중요한 사람으로 인정받을 수 있다
면 나도 수많은 사람과 인맥을 쌓아야 합니다. 이런 강박은 실패
에 대한 잠재적인 두려움에서 비롯됩니다. 그래서 어떻게든 일
도 더 많이, 돈도 더 많이, 친구도 더 많이 모아 실패를 막으려고
발버둥칩니다. 바로 이런 강박증이 영적인 삶을 방해하는 두 가
지 주된 적을 만들어 냅니다. 그 적은 바로 분노와 탐욕입니다.
분노와 탐욕은 세속적인 삶의 내면적 실상이요, 우리가 이 세상
에 의존할 때 맺히는 상한 열매입니다.[19)]

✳   ✳   ✳

우리 정체성의 핵심에는 오직 사랑을 베푸시기만 하는 삼위일체
하나님의 넘쳐흐르는 사랑으로 우리가 창조되었다는 현실이 자리한
다. 사람이 그런 하나님의 형상으로 창조되었기 때문에 우리에게도

사랑하는 것이 지상 최대의 의무일 수밖에 없다. 하나님이 사람을 창조하실 때 서로를 위해 아담과 하와를 지으셨다는 창조 서사에서 이런 사실이 가장 먼저 드러난다. 아담과 하와는 서로 사랑할 뿐 아니라 하나님과도 사랑하는 관계로 만들어졌다. 우리 모두 기쁨과 평강을 위해, 경쟁이나 갈등 없는 원초적 화목의 세계를 위해 창조되었다는 뜻이다.

그러나 창세기 3장에서 보듯이 지금 우리는 타락한 세상에 살고 있다. 따라서 우리 안에 있는 '이마고 데이'의 진정한 의미를 발견하려면 먼저 우리 자신의 행동을 통해 만들어 내는 우리의 정체성은 아주 제한된 자아상이라는 사실을 깨달아야 한다. 운동을 잘하고, 외모가 준수하고, 하는 일을 인정받고, 영향력이 크고, 이름을 떨치는 것은 전부 덧없이 지나가는 세상의 일부일 뿐이다. 물론 그런 세상의 가치를 얻으려고 노력하다 보면 어느 정도는 우리 자신에 관해 알 수 있다. 전적으로 무의미한 것은 아니라는 뜻이다. 그러나 그 역시 일시적이다. 그와 완전히 대조적으로 하나님 안에서 발견할 수 있는 우리의 참된 정체성은 행동이나 노력으로 얻어지는 것이 아니라 아무런 값없이 우리에게 주어진 것이다. 따라서 그 정체성을 강화하거나 약화하려고 우리가 할 수 있는 일은 전혀 없다.

내 친구 스티브는 캘리포니아주 남부에서 태어나 건장한 젊은이로 성장했다. 키가 1미터 93센티미터로 군살 없이 단단한 체격에 갈색 피부와 무성한 갈색 머리카락을 자랑했다. 누구보다 뛰어난 파도

타기 선수였을 뿐 아니라 공부도 그에 뒤지지 않는 우등생이었던 스티브는 대학 졸업 후 아름다운 아내를 맞아들여 아들만 넷을 낳으며 부동산 중개업자로 성공하면서 든든한 남편에 좋은 아버지로 남부러울 것 없이 지냈다. 그러다가 갑자기 불행이 닥쳤다. 2015년 새해 전야에 그는 산악자전거를 탄 뒤 귀가하던 중 음주 운전자의 차량에 부딪혀 심한 뇌 손상을 입고 전신 마비로 혼수상태에 빠졌다.

지금도 스티브는 외부 세계와 전혀 소통할 수 없는 상태로 살아간다. 그는 순식간의 사고로 자신을 위해 공들여 쌓아 올린 정체성의 모든 것을 잃었다. 인기 있고, 잘생겼고, 운동 잘하고, 사업에 성공한 멋진 남편에 멋진 아버지라는 정체성 말이다. 그 모든 것이 새해 전야 파티를 즐긴 무책임한 한 사람의 통탄할 행동으로 한순간에 사라졌다. 그러나 여전히 변치 않는 것이 있다. '하나님의 사랑하는 자녀'라는 그의 가장 참된 정체성은 지금도 아무런 손상 없이 그대로 남아 있다.

인생은 종종 예기치 못한 방향으로 틀어진다. 힘들여 얻은 것을 한순간에 잃거나 만족을 가져다주리라고 생각했던 것이 오히려 더 큰 갈증만 남기는 참담한 현실에 부닥친다. 마치 우리 안에 두 개의 정체성이 있어서 그 둘이 서로 우위를 다투는 듯하다. 토머스 머튼은 그 두 정체성 중 하나를 '참된 자아', 다른 하나를 '거짓된 자아'라고 불렀다. 사도 바울은 그 둘을 '옛 사람'과 '새 사람', 또는 '육신'의 길과 '영'의 길로 칭했다. '참된 자아'는 우리 안에 살아 있는 정체성이다. 시간과 공간을 초월해 신비와 사랑과 선함과 진리 안에 존재하는 '집' 또는

'거처'를 말한다. 이 집에 들어가면 우리의 참된 자아가 모든 고난에서 벗어나 평안하고 안전한 상태에서 영원부터 영원까지 완벽하게 사랑받을 수 있다. 우리가 하나님의 형상으로 지어졌다는 사실을 깨달으면 우리가 어디에 속해 있는지, 어느 집에서 살아야 할지 알 수 있다. 이것이 우리 모두 되찾으려고 애쓰는 참된 정체성이다.

그러나 그 참된 정체성의 회복, 다시 말해 '주님의 집'에 들어가 산다는 것이 결코 쉬운 일이 아니다. 이 세상은 우리가 자신을 위해 스스로 짓는 집을 무조건 신뢰하라고 가르친다. 따라서 우리는 이 세상 삶에서 우리를 보호해 준다고 생각하는 것들을 덮어놓고 신뢰한다. 하지만 그렇게 할 때 상실과 비극이 닥치고 꿈이 좌절되면서 우리는 또다시 '나는 이제 누구인가?'라고 자문하게 된다. 따라서 우리는 이런 폭풍, 심지어 죽음의 폭풍까지 견딜 수 있는 안전한 처소를 찾아야 한다. 우리에게 진정으로 필요한 것이 그런 피난처다.

나우웬은 우리가 영원한 집에 들어가 살려면 스스로 귀하다고 여기는 것을 버리고 자신을 하나님께 완전히 맡겨야 한다는 사실을 깨닫도록 우리의 길을 안내한다.

하나님께서 원하는 방식대로 나를 사랑하시는 것에 순종하면 참된 기쁨을 얻을 수 있다는 사실을 나는 잘 압니다. 질병에 걸리든 건강하든, 실패하든 성공하든, 빈곤하든 부유하든, 거부당하든 존경받든 간에 나의 뜻이 아니라 하나님의 뜻대로 나를 사랑하시도록 맡겨야 한다는 뜻입니다. 그럼에도 나로서는 실제로 "주님께서 기뻐하시는 모든 일을 나는 감사하며 받아들이겠습니다. 주님의 뜻대로 하옵소서"라고 말하기가 매우 어렵습니다. 그러나 '하나님은 순수한 사랑'이라고 내가 진심으로 믿을 때는 마음에서 우러나는 진심으로 그렇게 말하기가 점점 더 쉬워진다는 사실 또한 나는 잘 압니다.

샤를 드 푸코(Charles de Foucauld, 1858~1916, '사막의 성자'로 알려진 수도사-옮긴이)는 다음과 같은 '의탁의 기도'를 남겼습니다. 내가 열망하는 영적인 태도를 어떻게 이처럼 아름답게 표현할 수 있을지 감탄할 따름입니다.

아버지,
저를 아버지께 맡기오니
아버지의 뜻대로 하소서.
아버지께서 어떻게 하시든지 감사드릴 뿐입니다.
저는 어떤 경우에도 준비되어 있사오며,
무엇이든 받아들이겠습니다.
저와 모든 피조물 안에서
오직 아버지의 뜻만이 이루어지게 하소서.
오 주여, 저는 그 이상을 바라지 않습니다.
내 영혼을 아버지의 손에 부탁하나이다.

이 마음의 사랑을 다하여 아버지께 바치겠나이다.

주여, 당신을 사랑하기에

아무런 주저 없이

끝없는 믿음으로

저를 바치고

저를 아버지의 손에 맡깁니다.

주는 저의 아버지이시기 때문입니다.

이 기도문을 자주 외우는 것이 나에게는 매우 유익합니다. 거룩한 수도사의 이 기도문이야말로 내가 가야 할 길을 잘 보여 줍니다. 나는 스스로의 노력으로는 이 기도를 실현하기가 불가능하다는 사실을 깨닫습니다. 그러나 내가 받은 예수님의 영이 이렇게 기도할 수 있도록, 또 이 기도가 실현될 수 있도록 힘을 줍니다. 이 기도를 나의 것으로 만들고 싶은 간절한 소망이 나에게 심령의 평안을 가져다줍니다.[20]

거짓 메시지

...

나의 고뇌와 몸부림이 잘 보여 주듯이 개인적으로 나는 내가 하나님의 사랑하는 자녀라고 잘 '느끼지' 못합니다. 그러나 나는 그것이 나의 가장 근본적인 정체성이라는 사실, 또 나의 주저함을 뛰어넘어 그 신분과 지위를 반드시 내가 취해야 한다는 사실을 잘 알고 있습니다.[21]

거의 모든 사람이 직면하는 인생의 크나큰 도전 중 하나는 살아가면서 받는 부정적이고 거짓된 메시지를 효과적으로 처리하는 것이다. 우리는 진지함이나 의도적인 생각 없이 우리 마음의 여러 구석에 이런 메시지를 쌓아 두면서 그런 사실을 잘 의식하지 못한다. 체내에 독소가 쌓이면 병이 나듯이 우리가 누구인지에 관한 부정적인 메시지가 계속 축적되면 정신질환까지는 아니더라도 나중에 후회할 불건전한 사회적 행동을 유발할 수 있다. 그런 해로운 메시지는 우리의 기쁨과 만족을 빼앗아 간다. 성경 창세기의 앞부분은 우리가 하나님의 형상으로 창조되었다는 신학적 진리를 일깨워 주지만 한편으로는 우리가 믿기로 선택한 최초의 거짓말에 관해서도 자세히 서술한다. 그것은 우리의 정체성에 관한 거짓말이었다. 뱀은 아담과 하와에게 창조주로부터 약속받은 것보다 더 나은 삶을 경험할 수 있다며 그들이 그 거짓말을 믿도록 유혹했다.

그런데 뱀은 여호와 하나님이 지으신 들짐승 중에 가장 간교하니라 뱀이 여자에게 물어 이르되 하나님이 참으로 너희에게 동

산 모든 나무의 열매를 먹지 말라 하시더냐

여자가 뱀에게 말하되 동산 나무의 열매를 우리가 먹을 수 있으나

동산 중앙에 있는 나무의 열매는 하나님의 말씀에 너희는 먹지

도 말고 만지지도 말라 너희가 죽을까 하노라 하셨느니라

뱀이 여자에게 이르되 너희가 결코 죽지 아니하리라

너희가 그것을 먹는 날에는 너희 눈이 밝아져 하나님과 같이 되

어 선악을 알 줄 하나님이 아심이니라(창 3:1~5)

뱀이 인간에게 전한 메시지의 속뜻은 이렇다. '지금의 너희는 부족함이 많다. 너희의 삶이 더 나아져야 마땅하다. 너희의 정체성을 얼마든지 더 낫게 만들 수 있다.' 그 이래 우리는 스스로 능력이 있음을 입증하려고 전력을 다해 왔다. 우리 자신의 삶과 정체성을 우리가 직접 더 낫게 만들 생각으로 팔을 걷어붙이고 나섰다.

우리가 살면서 여러 방식으로 받는 부정적인 정체성의 메시지는 크게 다섯 가지다. 그 메시지들은 아주 미묘해서 우리의 자기 이해에 자신도 모르게 슬며시 스며든다. 인간은 늘 그래 왔다. 앞서 지적했듯이 우리의 참된 정체성은 창조 당시 우리에게 주어졌고 창세기 1장 26~27절에서 확인된다. 반면 거짓 정체성은 우리의 정체성에 관해 우리가 믿어 온 모든 거짓말이 축적된 산물이다. 크게 보면 우리의 영적인 여정은 참된 정체성이 회복되어 우리 삶에서 작동하도록 거짓 정체성을 벗어버리는 과정이라고 말할 수 있다. 나우웬은 이 '거짓 정

체성' 각각에 관해 자세히 설명했다.

첫째는 '내가 가진 것이 나'라는 메시지다. 흔히 우리는 소유물이나 가까운 사람들과의 관계에 상당한 가치를 부여하며 자부심을 가진다. 그에 따라 우리에게 가장 가까운 사람들이 긍정적이든 부정적이든 우리의 정체성과 가치의 상당 부분을 자연스럽게 형성한다. 하지만 소유물을 잃거나 가장 가까운 사람들을 빼앗긴다면 어떻게 될까? 우리가 생각하는 정체성이 크게 흔들려서 절망과 혼란에 빠질까? 그럴 필요 없다. 이런 소유물은 이 세상에서 우리에게 하나님의 사랑으로 베풀어지는 축복으로 이해해야 마땅하다. 우리와 가까운 사람들이나 우리가 가진 것들은 궁극적으로 하나님께 속한다. 우리가 진실로 '가진 것'은 하나님께서 우리에게 주신 '하나님의 사랑하는 자녀'라는 정체성이다. 그 정체성은 하나님과, 그리고 다른 피조물과 사랑의 교제를 통해 영생을 누리게 해 주신다는 약속과 함께 우리에게 주어졌다.

나우웬은 이 주제에 관한 자신의 저서에서 이렇게 말한다.

우리는 이 세상의 실상을 드러내기 위해 그 위에 씌워진 허울을 계속 벗겨 내야 합니다. 속이려 하고, 조종하고 통제하려 들며, 권력을 탐하고, 궁극적으로는 파괴로 치닫는 것이 우리 세상의 실상입니다. 이런 세상은 우리에게 정체성에 관해 많은 거짓말을 늘어놓습니다. 따라서 이 세상이 거짓투성이라는 사실을 잊지 않기 위해 계속 정신 차리고 현실을 직시해야 합니다. 상처받고 무시되고 거부당한다고 느낄 때마다 담대히 자신에게 이렇게 말해야 합니다. "이런 느낌이 아무리 강렬하다고 해도 그것이 나 자신에 관한 진실을 말해 주지는 않는다. 내가 지금 당장은 실감하지 못한다고 해도 '나는 하나님의 선택받은 자녀로서 하나님이 보시기에 소중하며, 영원부터 사랑하는 자녀로 불렸으며, 하나님의 영원한 포옹 안에서 안전하게 보호받는다'는 것이 나 자신에 관한 진실이다."[22]

두 번째 거짓 메시지는 '내가 하는 일이 나'라는 것이다. 우리의 문화는 우리가 하는 일과 우리의 정체성을 일치시키도록 가르친다. 더구나 '내가 하는 일이 나의 정체성이 아니다'라고 말하기는 결코 쉽지 않다. 지금 우리가 누구이며, 앞으로 우리가 어떤 사람이 될 것인지는 우리가 하는 일에 크게 영향을 받을 수 있기 때문이다. 우리가 하는 일은 우리 자신을 이 세상에 내어 주는 수단이다. 그리스도인은 누구나 소명을 갖는다고 믿는다. 소명이란 예수님의 이름으로 각자가 이 세상을 위해 고유한 방식으로 봉사하도록 부름 받은 목적을 가리킨다. 그러나 우리가 활용하는 재능과 기술도 소유물과 마찬가지로 하나님께서 우리에게 주신 은혜의 선물이다. 우리가 일자리를 잃으면 '나는 이제 누구인가?'라고 자문하게 된다. 그 질문에 대한 진실한 답변은 상황이 달라진다고 해서 변하지 않는다. 우리의 참된 정체성은 능력이나 맡은 역할 그 너머에 뿌리를 두기 때문이다.

우리의 잠재의식에 곧잘 스며드는 거짓 정체성의 메시지 중 세 번째는 '다른 사람이 나에 관해서 하는 말이 나'라는 것이다. 이 메시지는 종종 어린 시절에 시작해 성인 시기까지 지속적으로 우리 삶의 방식에 상당한 영향을 미칠 수 있다. 미국 시애틀에 있는 대학장로교회의 목사였던 브루스 라슨(Bruce Larson)은 이렇게 설명했다. "어떤 사람은 인생을 살아가면서 지하실에서 나오는 목소리를 듣고, 또 어떤 사람은 발코니에서 들려오는 소리를 듣는다. 지하실에서 들리는 목소리는 아주 어렸을 때 사람들이 던진 가혹한 비판의 말이다. '넌 뭘 잘 못해. 넌 귀엽지 않아. 넌 똑똑하지 못해.' 우리는 그런 비판을 무시하려고 애쓰면서 아주 성공적인 삶을 살아가지만 여전히 지하실에서 흘러나오는 과거의 그 목소리에서 벗어나지 못한다. 그 목소리는 마룻바닥 틈에서 스며 올라와 우리가 살아가는 내내 우리를 괴롭힌다."[23]

라슨은 그렇게 설명한 다음 본론을 이야기했다. "지하실의 터무니없는 목소리를 잠재울 수 있는 유일한 것이 발코니의 목소리다. 하지만 문제는 발코니에서 나오는 목소리를 듣기가 매우 어렵다는 사실이다. 그것은 우리를 사랑하고 우리를 보고 기뻐하시는 하늘에 계신 하나님 아버지의 음성이다. 하나님께서 우리를 보고 기뻐하시는 이유는 우리가 한 일 때문이 아니라 예수님의 공로 때문이다. 예수님은 우리를 광야에서 찾아내어 집으로 데려가셨다."[24]

네 번째의 거짓 메시지는 '내가 처한 최악의 순간이 나'라는 것이며, 다섯 번째는 그 반대로 '내가 처한 최고의 순간이 나'라는 것이다. 이 두 메시지는 우리 안에 있는 '잘난이'라는 공명심과 영웅 심리에 호소하는 동시에 '못난이'라는 허구적인 압력으로 우리를 짓누른다. 예를 들어 네 번째 메시지는 우리 삶에서 가장 심하게 깨어진 부분인 최약자의 치욕에서 우리가 결코 벗어날 수 없다고 말한다. 우리를 위축된 자아의식 속에 가두어 성장이나 변화, 회복의 여지를 남기지 않는다. 반면에 다섯 번째 메시지는 우리가 절대로 잘못할 수 없으며, 나약함이나 실패를 인정해선 안 된다고 우리에게 말한다. 우리를 인위적으로 부풀려진 자아의식 속에 가둔다는 뜻이다. 이 두 가지 모두 비현실적이다. 인간이라면 가질 수밖에 없는 어두움과 빛이라는 혼합성을 허용하지 않기 때문이다. 둘 다 파괴력이 큰 메시지다. 어느 쪽을 믿더라도 절망으로 이어질 수밖에 없다.

　나우웬은 자신의 치열한 고뇌를 통해 내면의 투쟁을 성찰하면서 다섯 번째보다는 네 번째 거짓 메시지에 초점을 맞췄다. 이와 관련한 아래의 글에서 그는 우리에게 많은 힘을 준다.

격렬한 감정, 자기 거부, 자기혐오는 당연히 당신을 몸부림치게 합니다. 하지만 당신은 원하는 대로 반응할 자유가 있습니다. 당신의 실체는 남들의 생각, 아니 심지어 자신의 판단과도 다를 수 있습니다. '당신이 하는 일(직업이나 직장)'이 당신이 아닙니다. '당신이 가진 것(재산)'이 당신이 아닙니다. 당신은 인간 가족의 온전한 구성원으로서 어머니의 태 속에서 잉태되기 전부터 그 존재를 하나님께서 알고 계셨습니다. 스스로 쓸모없는 존재라는 생각으로 낙담할 때 당신이 진정으로 누구인지 말해 주는 그 진리를 굳게 붙잡으려고 노력하십시오. 매일 거울을 보며 자신의 참된 정체성을 확인하십시오. 감정을 느끼기 전에 먼저 행동하면서 언젠가 당신의 감정이 신념과 일치할 것이라는 사실을 확고히 받아들이십시오. 이 놀라운 진리를 지금 당장 선택하고, 앞으로도 계속 선택하십시오. 창조주가 사랑하는 자녀라는 당신의 참된 정체성을 영적인 훈련으로 확인하고 재확인하십시오.[25]

받아들이기

· · ·

자기 거부는 영적인 삶의 가장 큰 적입니다. 우리를 '사랑하는 자녀'라고 부르시는 하나님의 음성을 부정하는 개념이기 때문입니다. 하나님의 사랑하는 자녀라는 것이 우리 존재의 핵심 진리입니다.[26]

십 대 초반 이래 지난 25년 동안 나는 만성 우울증으로 고생했다. 우울증이 생긴 잠재적인 원인은 여기서 따질 일이 아니지만 우울증은 나의 삶 대부분에서 상당한 고통을 안겼다. 우울증의 원인 중 일부는 자기 거부를 둘러싼 내면의 투쟁과 관련되어 있다. 영성 지도자의 도움을 받으며 오랜 내면적인 노력 끝에 근년에 와서야 내가 다른 사람들을 즐겁게 하고 그들에게 좋은 인상을 주려고 애씀으로써 나의 불안을 과대하게 보상하려고 한다는 사실을 깨닫고 치유를 시작할 수 있었다. 그때까지 나는 사람들, 특히 내가 존경하는 사람들(비록 만나지 못하더라도)이 나를 받아 준다면 나도 나 자신을 받아들일 수 있다고 생각했던 것이다.

나는 스스로 나 자신이 너무 못났다고 괴로워했기 때문에 다른 사람들의 건설적인 비판도 받아들일 여유가 없었다. 비판을 피하는 최선의 길은 비판받을 이유를 만들지 않는 것이라고 생각했다. 내가 목회자의 길을 걷기 시작했을 때 이미 나는 결혼했고 자녀가 늘어나고 있었다. 식구들과 집안일 그리고 목회에 시간과 에너지를 적절히 배분하기가 여간 어려운 일이 아니었다. 게다가 주변에서 나의 리더십을 두고 말이 많았다. 나는 사람들 마음에 들기 위해 최선을 다하며 나 자신을 심하게 압박했지만 전혀 만족스럽지 않았다. 모든 사람을 기분 좋게 해 주기는 불가능하다는 사실을 깨달으면서도 포기하지 않으려고 애썼다. 그러다가 마침내 나 자신의 자기 거부를 해결하는 일이 급선무라는 사실을 깨달았다.

이는 비단 나에게만 해당하는 문제가 아니다. 나우웬도 그 비슷한 자신의 고뇌를 이야기한다.

> 오랜 세월에 걸쳐 나는 내 삶의 가장 큰 함정이 성공이나 명예나 권력이 아니라 자기 거부라는 사실을 깨달았습니다. 물론 성공과 명예와 권력은 뿌리치기 힘든 유혹이 될 수 있습니다. 그러나 그것들은 대개 그보다 훨씬 더 큰 유혹인 자기 거부의 일부일 뿐입니다. 우리를 쓸모없고 사랑받지 못하는 존재라고 부르는 목소리를 믿게 되면 성공과 명예와 권력이 매력적인 해결책으로 쉽게 다가옵니다. 그러나 진짜 함정은 자기 거부입니다. …… 누가 나를 비난하거나 비판하면, 또 내가 거부당하거나 버림받으면 즉시 나는 '내가 쓸모없는 사람이라서 그런 거야'라고 생각합니다. …… 나의 어두운 면은 이렇게 말합니다. "난 못난이야. …… 밀려나고, 무시당하고, 거부당하고, 버림받아도 싸지."[27]

내가 걸어온 그런 특별한 깨달음의 여정에서 나에게 많은 도움을 준 영적인 안내자 중 한 명이 나우웬이었다. 이십 대 중반, 나는 나우웬의 책《이는 내 사랑하는 자요(Life of the Beloved)》를 처음 읽으면서 나의 개인적인 삶을 새로운 관점으로 바라보기 시작했다. 그전에는 "하나님께서 나를 사랑하신다"고 말하고 또 그렇게 믿었지만 내 마음 뒤쪽에서는 늘 그 앞에 '어쨌든'이라는 말을 덧붙였다. "어쨌든 하나님께서는 나를 사랑하신다"고 말이다.

이 말은 나를 아무런 조건 없이 사랑하시는 하나님의 마음에 관한 진실된 선언임이 분명하지만 나의 내면적인 사랑스러움에 관해서는 상당히 자신감이 결여된 불완전한 표현이다. 내가 못나도 하나님께서 나를 사랑하신다는 뜻이 담겨 있기 때문이다. 하나님께서 아무런 조건 없이 나를 사랑하시는 것은 하나님 본인께서 사랑 그 자체이시기 때문일 뿐 아니라 더 중요한 점은 바로 그 사랑으로 하나님께서 나를 창조하셨기 때문이다. 아울러 하나님은 아름다움과 생명과 선함만을 창조하신다. 따라서 나의 원초적인 참된 자아는 아름답고 선할 수밖에 없다. 그렇다고 내가 '깨어지지 않는다'는 뜻은 아니다. 전혀 그렇지 않다. 하지만 나우웬은 그보다는 나의 참되고 우선되는 정체성인 내면의 선함이나 축복(이마고 데이: 하나님의 형상)을 믿도록 나를 가르쳤다. 그것이 나의 깨어짐이나 나쁜 행동보다 더 깊이 자리 잡은 나의 정체성이다.

인간 본성의 이 두 가지 측면을 융합하기는 결코 쉽지 않다. 신학자와 기독교 지도자 중 다수는 우리의 죄성에 거의 전적으로 초점을 맞추지만 일부는 인간 마음에 내재하는 원천적인 선함에 집중하면서 개별적인 죄의 영향을 무시한다. 그러나 나우웬은 자신의 가르침에서 그 두 가지 현실을 아울렀다. 그는 성찬에서 그 두 가지를 대비하면서 그 각각이 인간의 경험에서 어떤 위치를 차지하는지 보여 주었다. 구체적으로 나우웬은 '깨어짐'이 타락한 인간 본성의 현실인 건 분명하지만 그보다는 하나님의 사랑하는 자녀로 선택된 '축복'이 더 깊은 진리라고 주장했다. 그에 따라 하나님께서 자신의 독생자인 예수 그리스도의 희생을 통해 그 진리를 회복하고자 하신다는 것이다.

나도 종종 나의 깨어짐이 나의 사랑스럽지 못함을 입증하며 자기 거부를 부추긴다고 느끼지만 우리가 택할 수 있는 더 낫고 참된 길이 있다. 나우웬은 우리를 '사랑하는 자녀'라고 부르시는 하나님의 음성을 귀 기울여 듣는다면 우리는 깨어짐을 그리스도께 더 가까이 다가가고 하나님께서 베푸시는 축복으로 한 걸음 더 나아가는 기회로 삼을 수 있다고 강조했다. 그렇게 할 때 이전에는 자기 거부를 부추기던 우리의 깨어짐이 한층 더 깊은 하나님과의 교제를 가능케 해 주는 경로로 변한다. 형벌로 느껴지던 것을 사려 깊은 '가지치기'로 받아들일 수 있게 된다는 뜻이다.

*　　*　　*

누가복음에 나오는 세리장 삭개오의 이야기는 우리의 정체성에 관한 이 깊은 진리를 일깨움과 동시에 하나님께서 우리의 깨어짐과 죄 가운데서도 우리를 어떻게 인식하시는지 잘 보여 준다. 누가는 삭개오가 '키가 작다'고 밝힌다. 따라서 그는 군중의 머리 위에서 예수님을 보기 위해 나무에 올라가야 했다. 여기서 나는 가난한 사람들로부터 사취해 부를 쌓은 불의한 세리장이라는 삭개오의 삶과 그의 작은

키 사이에 은유적인 상관관계가 있다고 본다.

만약 우리의 깨어짐이 우리를 규정하도록 허용하면 우리는 아주 작고 편협한 삶을 살 수밖에 없다. 세상을 보는 눈과 이웃과 친구를 대하는 방식이 자잘하고 가혹해진다는 뜻이다. 우리 자신과 주변의 모든 것을 우리의 깨어짐이라는 렌즈를 통해 보게 되기 때문이다.

삭개오는 돈이 넘쳐났으나 여러모로 '아주 작은 사람'이었다. 그래서 예수님을 그토록 간절히 보고 싶어 했다. 일반적으로 당시 사람들이 예수님을 찾으려고 한 이유는 크게 두 가지다. 하나는 새로운 삶을 갈망하는 경우, 다른 하나는 예수님을 죽일 음모를 꾸미려고 안달이 난 경우다. 삭개오가 예수님을 가까이서 보려고 한 이유는 전자에 해당한다고 단정해도 무리가 아닐 듯하다.

예수님은 삭개오를 보시고 그에게 나무에서 내려오라고 하신 뒤 "내가 오늘 네 집에 유하여야 하겠다"(눅 19:5)라고 말씀하신다. 그 말씀은 다음과 같은 뜻을 가진 예수님 특유의 어법이었다. "삭개오야, 너 같은 사람도 하나님의 사랑하는 자녀다. 너는 심하게 깨어진 세상에서 심하게 깨어진 제도의 틀에 갇혀 있지만 그게 참된 너의 자아가 아니니라."

나는 이 대목을 묵상할 때 자주 이런 생각을 했다. 삭개오가 예수님으로부터 직접 그런 사랑의 말씀을 듣기란 하늘의 별 따기만큼 어렵지 않았을까? 나우웬 같은 뛰어난 영성가도 예수님으로부터 사랑의 말씀을 듣기가 쉽지 않았다. "걸핏하면 자기 거부와 자기 비하로 기울어지는 나의 성향 때문에 그런 말씀을 진정으로 듣고 내 마음 깊이 받아들이기가 매우 어려웠습니다. 하지만 일단 그 말씀을 온전하게 받아들인 뒤로는 이 세상 사람들 앞에서 나의 능력을 입증해야 한다는 강박에서 벗어나 이 세상에 속하지 않으면서도 그 안에서 살아갈 수 있게 되었습니다. 내가 하나님의 사랑하는 자녀이며 하나님이 아무런 조건 없이 베푸시는 사랑을 받는다는 진리를 받아들이면 나는 이 세상에서 예수님처럼 말하고 행동할 수 있습니다."[28]

나우웬은 자신의 저서 대부분에서 우리 인간성의 깨어짐과 축복을 융합시켰다. 다만 묘사 방식이 책에 따라 약간씩 다를 뿐이다. 예를 들어 그가 쓴 책《친밀함(Intimacy)》에서 나우웬은 요한복음에 자주 나오는 단어인 '빛'과 '어두움'을 사용해 그런 현실을 묘사한다.

우리는 "내가 의인을 부르러 온 것이 아니요 죄인을 부르러 왔노라"라는 그리스도의 말씀을 믿기가 매우 어렵습니다. …… 내면의 통합이라는 그 전체성에 도달하기 위해서는 우리 자아의 모든 부분이 받아들여지고 통합되어야 합니다. 그리스도는 우리 안의 빛을 상징합니다. 그러나 그리스도는 두 명의 살인자 사이에서 십자가에 달려 처형당하셨으며 우리는 그들을 부인할 수 없습니다. 특히 우리 내면에서 살고 있는 살인자는 절대 부정할 수 없습니다.[29]

나 개인적으로는 이런 내면의 통합을 허용하기가 너무나 어렵다고 느낀다. 대부분 나는 심적인 고통을 일으킬 만한 기억을 의도적으로 무시함으로써 그런 고통을 피하려 한다. 이런 회피는 상당히 편리하여 언제나 유혹적이다. 그러나 그런 선택의 장기적인 결과는 고통을 받아들이는 것보다 훨씬 더 파괴적이다. 그렇지만 나도 심한 고통을 마주 보며 그 고통을 받아들이고 느끼는 때가 있다. 이런 받아들임에 들어서는 순간 나는 그 고통을 내가 느끼는 것이 당연하다고 여기며, 생각만큼 그렇게 무시무시하지는 않다는 사실을 알게 된다.

때로는 내가 만약 내 마음속에 고통의 자리를 허용한다면 그 고통이 내 마음 전체를 차지하면서 사랑을 내쫓을지 모른다는 걱정이 든다. 그러나 고통과 사랑은 공존할 수 있다. 나는 고통을 허용해도 여전히 내 마음속에는 사랑이 남아 있다는 사실을 깨닫는다. 나우웬은 의도적인 고독 속의 묵상과 기도를 통해 우리를 아무런 조건 없이 사랑하고 받아들이시는 하나님을 만날 수 있다고 믿었다.

다음은 우리 자신의 영적 여정에서 우리가 반드시 명심해야 할 나우웬의 말이다.

> 우리 자신의 중심인 마음 깊은 곳으로 되돌아가 인간의 어떤 목소리도 할 수 없는 방식으로 우리에게 이야기해 주고 우리를 확신시키는 다정한 음성을 찾는 것이 무엇보다 중요합니다. 모든 사역의 기초는 우리를 사랑스러운 자녀로 품어 주시는 하나님

의 사랑을 경험하는 것입니다. 그 사랑은 무엇에도 제한받지 않으며, 또 무엇을 제한하지도 않습니다. 완전하며 전체적이고 전부를 감싸 안는 받아들임입니다. 그 사랑은 다른 사람에게 돋보이고 칭찬받고 존경받아야 한다는 강박에서 우리를 자유롭게 해 주며, 그리스도가 우리를 섬김의 길로 인도하실 수 있도록 해 줍니다.

하나님의 이런 받아들임을 경험하면 우리는 궁핍한 자아에서 벗어나 사심 없이 다른 사람에게 봉사할 수 있는 새로운 공간을 우리 마음속에 만들 수 있습니다. 그리스도 안에서 누리는 이런 새로운 자유에 힘입어 우리는 아무런 심적 강박 없이 이 세상을 살아가며, 비웃음을 당하고 거부당할 때나 우리의 말과 행동이 우리를 죽음으로 이끌 때에도 두려움 없이 우리가 믿는 대로 행동할 수 있습니다.[30]

– 묵상과 기도의 주제 –

다음 중에서 마음에 가장 와닿는 질문들을 골라 영성 훈련 노트에 답변을 써 보자.

1. 하나님께서 아무런 조건 없이 당신을 사랑하신다고 마음속으로 확신하는가?

   확신한다면 그 근거는 무엇인가?

   확신하지 않는다면 그 이유는 무엇인가?

   당신은 하나님의 눈에 당신이 사랑받는 존재라는 사실을 마음속 깊이 확고히 믿는가?

   무엇이 그런 믿음을 굳게 해 주거나 약화시키는가?

2. 당신의 소속감은 어디에 가장 깊이 뿌리를 두고 있는가?

   그 뿌리가 하나님의 사랑이라는 토양 속에 깊이 내리는가 아니면 다양한 세상적인 정체성 쪽으로 뻗어 가려 하는가?

   당신이 하나님의 사랑 안에 확고히 뿌리를 내리기 위해 해야 할 중요한 일이 무엇이라고 생각하는가?

3. 당신을 포함해 모든 사람에게 '하나님의 형상'이 이식되어 있다는 믿음이 당신에게는 어떤 의미를 갖는가?

하나님께서 가장 소중히 여기시는 것을 당신도 가치 있게 생각할 수 있도록 하는 데 그런 믿음이 어떻게 도움을 주는가?

우리의 '가장 참된 자아'가 순전히 하나님의 선물이라면, 그 자아가 어떻게 당신을 이 세상의 삶에서 자유롭게 해 주는가?

4. 이 장에서 제시된 정체성의 거짓 메시지 다섯 가지 중에서 어떤 것이 가장 유혹적이라고 생각하는가?

그 이유는 무엇인가?

정체성에 관한 이런 거짓 메시지에 어떻게 가장 효과적으로 대응할 수 있는가?

어떻게 해야 '지하실의 목소리'를 잠재울 수 있는 '발코니의 목소리'를 좀 더 잘 들을 수 있다고 생각하는가?

5. 어떤 경우에 자신이 스스로를 거부한다고 느꼈는가?

또 어떤 경우에 당신의 장점과 단점 둘 다를 스스로 진심으로 받아들인다고 느꼈는가?

각 경우의 결과는 무엇이었는가?

– 영성 심화를 위한 연습 –
하나님의 사랑을 받고 느끼는 셀프 가이드 묵상

- 예수님 앞에 고요히 앉아 예수님이 자신의 속마음을 다정하게 말씀하시는 것을 들어 보라. 그의 마음은 당신을 향한 하나님의 무한한 사랑을 담고 있다.
- 당신의 마음에서 그 말씀에 대한 저항이 느껴질 때마다 이렇게 말하라.
  "하지만 주여, 저는……."
  당신의 두려움을 말하고 부끄러움을 이야기하고 죄를 고백하라.
- 당신이 "하지만"이라며 저항할 때마다 예수님의 다음과 같은 말씀을 새겨들어 보라.
  "옳다. 이해한다. 그래도 너를 향한 나의 사랑은 변함이 없다. 너는 하나님의 사랑으로, 하나님의 사랑을 위해, 또 하나님께 사랑으로 응답하도록 창조되었다. 낙담할 필요 없다. 너의 삶은 미완성이며 계속 만들어져 가는 중이다. 나는 언제나 너와 함께하면서 나의 마음 안으로 너를 끌어들일 것이다."
- 마음이 진정되고 집중할 수 있다고 느낄 때까지 그런 대화를 계속하고, 또 감사하라.
- 이 묵상 중에서 한 단어나 어구를 골라 하루 중 나머지 시간에도 계속 되새겨라.

– 추가 또는 선택 사항 –

영성 훈련 노트에 자신에게 보내는 격려의 편지를 써 보라. 지혜로운 친구나 경험 많은 영적 인도자의 관점에서 당신을 보는 것처럼 자신을 격려하라. 어떤 말이 시끄러운 '지하실의 목소리'를 잠재울 수 있는가? 당신이 누구인지 확실히 아는 '발코니의 목소리'로는 어떤 말을 자신에게 해 줄 것인가?

달력에 표시해 두고 한 달 뒤에 이 편지를 다시 읽으면서 자신에게서 일어난 변화가 있는지 살피고 기록하라.

다음 장에서는 ──────────

우리는 영성 순례의 첫 여정으로 먼저 정체성이라는 주제 아래서 '삶의 기술'을 탐구했다. 인간으로서 우리는 누구인가? 수많은 사람 가운데 존재하는 개인으로서 나는 누구인가? 우리의 참된 정체성은 생명과 삶 그 자체의 신비로운 비밀에 속한다. 그래서 우리는 언제나 '나는 누구인가?'에 대한 답을 구하도록 원래부터 심리적으로, 또 영적으로 설계되어 있는지 모른다.

그러나 '나는, 그리고 우리는 누구인가?'라는 물음은 언제나 '하나님은 누구이신가?'라는 물음으로 이어진다. 수 세기에 걸쳐 수많은 신학자가 자신에 관한 지식과 하나님에 관한 지식은 서로 분리할 수 없다는 결론에 도달했다. 인간으로서 우리의 참된 정체성이 우리를 살아 계신 하나님의 자녀로서 인정하는 데서 나온다는 사실을 명확히 인식한다면 하나님의 형상으로 만들어진 우리는 자연스럽게 하나님의 본성에 좀 더 직접적으로 초점을 맞출 수 있다. 그런 하나님의 자녀가 된다는 것은 무엇을 의미할까?

우리가 소유하는 것, 우리가 하는 일, 또는 다른 사람이 우리를 보는 시각 등 무엇이 우리의 거짓 정체성인지 확실히 아는 것이 중요한

만큼 하나님의 정체성에 관한 잘못된 개념을 명확히 인식하는 것도 반드시 필요하다. 우리가 잘못 상상하는 하나님의 모습은 우리가 잘못 생각하는 우리 자신의 모습과 마찬가지로 혼란스럽고 우리의 영적인 삶에 해로울 수 있다. 그렇다면 그리스도인으로서 우리가 하나님이 어떤 분이신지 좀 더 정확히 알려면 어떻게 하면 될까? 하나님의 생명과 영을 이 세상에 그대로 나타내시는 예수님을 바라보면 된다. 예수님은 하나님의 참된 모습을 보여 주는 투명한 렌즈를 우리에게 제공한다. 우리는 예수님을 통해 하나님의 참된 본성, 다시 말해 "우리가 힘입어 살며 기동하며 존재하는(행 17:28)" 하나님의 살아 있는 모습을 볼 수 있다. 이제 다음 장의 주제인 '하나님은 누구이신가?'로 넘어가 보자.

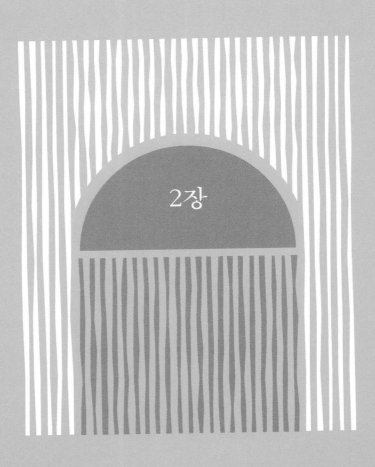

2장

하나님은
누구이신가?

자신의 형상으로 나를 지으신 창조주의 사랑에 눈을 떠라 우리는 흔히 이런 의문을 갖는다. '하나님을 어떻게 찾을 수 있을까?' 하지만 그렇게 물을 때는 이미 하나님께서 우리를 찾아내고 우리가 다가오기를 기다리시는 중이다. 문제는 우리가 그런 사실을 잘 모르거나 믿으려 하지 않는다는 것이다. 우리는 마치 하나님이 어디엔가 꼭꼭 숨어 있어서 우리 스스로의 노력으로 찾아내야 하는 듯이 여기저기 살피며 헤맨다. 그러나 명심하라. 우리가 하나님을 찾는다는 것은 하나님께서 우리를 찾아내셨다는 사실에 눈을 뜨는 과정일 뿐이다.

나우웬은 묵상 중에 자신이 하나님께 이렇게 고했다고 말한다. "주님의 마음은 늘 열려 있습니다. 온전하고 아무런 제한 없는 사랑으로 누구든 받아들이실 준비가 되어 있습니다. 그 마음 안에는 주님께로 가고 싶은 사람이면 누구든지 들어가 살 수 있는 자리가 마련되어 있습니다."[31] 나우웬은 그와 마찬가지로 우리도 하나님을 발견하려면 우리에게 계시된 존귀한 신성에 우리 마음을 열어야 한다고 강조했다. 우리에게 자신을 친히 알리신 하나님을 무시해서는 안 되며, 하나님의 존귀하신 임재가 우리 눈에 들어올 때 반드시 시기를 놓치지 말고 받아들여야 한다는 것이다. 성경이 그의 논리를 뒷받침한다.

예를 들어 성경에는 밭에 숨겨진 보물을 두고 예수님께서 비유로 말씀하시는 대목이 나온다. 쟁기로 밭을 갈려고 나가는 농부에 관한 이야기다. 이 대목은 단 한 절로 압축되어 있어 쉽게 이해하려면 약간의 상상력을 동원할 필요가 있다. "천국은 마치 밭에 감추인 보화와 같으니 사람이 이를 발견한 후 숨겨 두고 기뻐하며 돌아가서 자기의 소유를 다 팔아 그 밭을 사느니라"(마 13:44).

나는 이 이야기를 나우웬의 글과 연결시켜 마음속으로 상상의 그림을 곧잘 그린다. 고대 중동 지역을 연구하는 역사학자들에 따르면 당시에는 사람들이 재물을 모으면 땅에 묻어 두는 관습이 있었다. 도난 방지책이었다. 그러나 피치 못할 사정으로 재물을 묻어 둔 채 그 땅을 떠나야 하는 경우도 적지 않았다. 다른 사람들은 그 땅에 무엇이 묻혀 있는지 모른다. 확인하기 어렵지만 당시에는 누구든 자신이 소유한 땅에서 보물을 발견하면 그 보물은 찾아낸 사람이 소유한다는 법이 있었던 것 같다.

따라서 다른 사람이 소유한 땅에서 농사를 짓는 소작농이라면 자신이 경작하는 밭에 혹시나 보물이 묻혀 있는지 잘 살펴보는 게 현명한 처사였을 것이다. 나는 예수님이 비유로 말씀하신 그 이야기에 나오는 농부가 그런 소작농이라고 상상한다. 그가 쟁기로 밭을 갈 때 쩽그랑 소리가 난다. 쟁기가 금속으로 된 물체에 부딪힌 것이다. 그는 쟁기질을 멈추고 주변을 파기 시작한다. 무엇일까? 놀랍게도 그곳에 보물 상자가 들어 있다. 자물쇠를 깨뜨려 상자를 연다. 농부의 눈이 휘둥그레진다. 상자 안에 금화가 가득 쌓여 있다.

그는 혹시 주변에 누가 있는지 살핀다. 자신이 소유한 밭이 아니어서 누가 그 광경을 본다면 보물을 밭 주인에게 빼앗길 수 있기 때문이다. 주위에 아무도 없는 것을 확인한 그는 상자를 닫고 다시 땅에 묻는다. "이를 발견하고 숨겨 두었다"라고 예수님은 표현하셨다. 그런 다음 농부는 그 밭을 사기 위해 자기가 가진 것 전부를 팔기로 결심한다. 발견한 보물의 가치가 자신의 전 재산보다 더 크기 때문이다. 이제 그 보물이 자신의 소유가 된다는 생각에 그는 너무나 기뻐 어쩔 줄 모른다.

이 비유를 이해하는 한 가지 방식은 그 농부를 우리 자신으로 보는 것이다. 우리는 우연히 보물을 발견한다. 여기서 말하는 보물이란 예수님 안에 있는 하나님의 사랑이다. 우리는 예수님을 따르기 위해 우리의 개인적인 소망과 꿈 등 우리가 가진 모든 것을 다 판다. 그러나 이 비유를 이해하는 좀 더 심층적인 방식이 있다. 밭을 가는 농부가 만약 하나님이라면? 그리고 그가 찾은 보물이 우리 자신이라면? "에이, 말도 안 돼!"라고 말할지 모른다. "그럴 리가 없어."

그러나 복음서의 다른 부분에서 예수님은 밭에 나가 씨를 뿌리는 사람에 관한 또 다른 비유를 말씀하셨다. 그 이야기에서 씨를 뿌리는 농부는 다름 아닌 하나님이시다. 또 누가복음에 나오는 다른 비유에서 예수님은 양 아흔아홉 마리를 남겨 두고 잃어버린 한 마리 양을 찾아 나서는 양치기에 관해 말씀하셨다. 그 양치기는 누구인가? 예수님 안에 계시는 하나님이다. 누가복음에 소중한 동전을 잃어버린 한 여인에 관한 이야기도 나온다. 그 여인은 잃어버린 동전을 찾으려고 등불을 켜고 부지런히 집 안을 쓸며 모든 것을 들춘다. 그토록 소중하기 때문이다. 이 비유에서 여성은 누구인가? 예수님 안에 계시는 하나님이다.

보물 비유에서 만약 우리가 밭에 묻혀 있는 보물이고 농부가 하나님이라면 다음과 같은 논리가 가능하다. 하나님께서 밭에서 우리를 발견하시고는 그 밭을 사서 우리를 집으로 데려간 뒤 적절한 기술을 가르쳐 숙달시킨 다음 본인이 계획하신 목적에 우리를 사용하신다. 우리 자신을 그런 보물로 생각하기가 어렵다고? 그럴 수도 있다. 그러나 예수님 입장에서는 우리를 소중한 보물로 생각하기가 전혀 어렵지 않다. 우리는 그 점을 명심해야 한다.

나우웬에 따르면 하나님께서는 우리를 위해 특별히 집을 마련해 두셨을 뿐 아니라 그 집을 찾는 방법마저 친히 우리에게 알려 주신다. 그 방법이 바로 하나님을 찾는 길이다. 꼭꼭 숨은 하나님을 찾으려고 여기저기 헤맬 필요가 없다. 하나님께서 이미 우리를 찾으셨기 때문이다. 따라서 우리는 단지 하나님의 임재를 확신하기만 하면 된다. 우리를 집으로 데려가기 위해 자신의 독생자까지 내어 주신 하나님이 존재하심에 눈을 뜨기만 하면 된다.

하나님은 어떤 분이신가

...

나우웬은 자신이 하나님과 나눈 '마음과 마음'의 대화에서 이렇게 말한다. "주님은 모든 사람을 당신 품으로 끌어들여 그들에게 거처할 집을 주고 싶어 하십니다. 그 집은 인간의 모든 욕구를 충족시켜 주고, 인간의 모든 갈망을 채워 주며, 인간이 필요로 하는 모든 것을 갖추고 있습니다."[32]

나의 한 친구는 언젠가 대화 중에 이렇게 말했다. "예수님을 믿는다고 말하는 사람보다 무신론자가 예수님과 공통점이 더 많은 것 같지 않아?" 나는 그에게 이렇게 되물었다. "자칭 그리스도인 중에 다른 사람에게 몰인정하고 비판적인 사람이 많은데 비해 무신론자 중에는 오히려 다른 사람에게 선하고 친절을 베푸는 사람이 많아 보인다는 얘기야?"

그러나 그런 비교는 적절치 않다. 기독교는 도덕주의에 입각한 종교가 아니다. 예를 들어 어떤 사람은 도덕적으로 구렁텅이에 빠진 가운데서 그리스도의 은혜를 발견한다. 또 사람은 품성이 변하려면 오랜 시간이 걸린다. 따라서 도덕성으로만 보면 예수님과 일부 무신론자 사이에 공통점이 더 많을지 모른다. 그러나 세계관과 믿음에서는 전혀 그렇지 않다. 나우웬이 그 자리에 있었다면 기독교는 도덕성이 아니라 조건 없는 사랑에 바탕을 둔 종교라고 설파했을 것이다.

내가 머릿속으로 반론을 생각하고 있을 때 그 친구는 내 반문에 대해 놀라운 답변을 내놓았다. "그게 아니야. 대다수 그리스도인보다 무신론자가 예수님과 공통점이 더 많은 것은 무신론자와 예수님 모두 '존재하지 않는 하나님', 다시 말해 언제나 화를 내며 사랑하는 마음이 없는 하나님을 거부하기 때문이야."

예리한 지적이었다. 내 친구는 한 걸음 더 나아가 그리스도인 중 다수는 하나님이 냉혹하게 잘못을 심판하시기만 한다고 믿으며 실제로도 그런 것처럼 행동한다고 말했다. 그들이 간혹 다른 사람들에 대해 냉혹하고 비판적으로 행동하는 이유도 그로써 설명된다는 것이었다. 사람들은 대개 자신들이 생각하는 하나님의 모습을 이 세상에 투사하기 때문이다. 그러나 무신론자나 예수님은 하나님을 그렇게 생각하지 않는다. 나우웬이 그 자리에 있었다면 그는 분명히 우리가 찾으려고 갈망하는 하나님은 냉혹하게 심판하고 징계하는 하나님이 아니라 자비롭고 언제나 우리를 보살피는 좋은 친구 같은 하나님이라고 말했을 것이다.

요점은 이렇다. 성경과 기독교의 하나님을 믿는다고 공언한다고 해서 왜곡된 하나님의 모습에 의해 아무런 영향을 받지 않는다고 단정할 수는 없다. 왜곡된 모습이란 우리가 알려고 하고 사랑하려고 하고 신뢰하려고 하고 따르려고 하는 참된 하나님에 반대되는 이미지를 가리킨다. 따라서 하나님의 성품이 어떠한지, 또 어떤 것이 하나님의 본성인지 명확히 인식하는 것이 우리의 영적인 삶에 반드시 필요하다.

나우웬은 이렇게 말한다. "우리의 참된 하나님은 어떤 분이십니까? 멀리 떨어져 있는 소원한 하나님, 우리가 두려워하고 피하고 싶은 하나님, 또는 복수의 하나님이 아니라 우리의 고통을 공감하며 인간적인 삶의 투쟁에 전적으로 참여하는 하나님이십니다. 이보다 더 좋은 소식은 없습니다. …… 우리 하나님은 자비롭고 인자하신 하나님이십니다. 무엇보다 '우리와 함께'하기로 작정하고 선택하신 하나님이십니다. …… 우리가 '우리와 함께하는 하나님'이라고 말하는 순간 우리는 그분과 새로운 친밀함의 관계를 맺습니다. 우리는 그분을 '임마누엘(하나님이 우리와 함께하심)'이라고 부름으로써 그분이 우리와 연대하여 우리의 기쁨과 고통을 함께 나누시고, 우리를 방어하고 보호하시며, 우리와 함께 인간적인 삶의 모든 고난을 겪기로 작정하셨다는 사실을 인식합니다. '우리와 함께하는 하나님'은 가까운 하나님이십니다. 우리가 우리의 피난처, 우리의 견고한 요새, 우리의 지혜, 심지어 좀 더 친밀하게는 우리의 도움, 우리의 목자, 우리의 사랑이라고 부르는 하나님이십니다. '그가 우리 가운데 거하신다'(요 1:14)는 사실을 전심으로 이해하지 못한다면 우리는 사랑이 넘치는 자비로운 분으로서의 하나님을 결코 올바로 알 수 없습니다."[33]

나우웬은 네덜란드의 유복한 가정에서 태어나 성장했다. 그는 부모의 사랑과 돌봄 속에서 자유롭고 행복한 어린 시절을 보내며 인생과 하나님에 관해 마음껏 상상의 날개를 펼칠 수 있었다. 나우웬이 마음속에서 하나님을 친절하고 다정하고 관대한 분으로 비교적 쉽게 그릴 수 있었던 것은 그처럼 여유 있는 성장 환경 덕분이라고 말할 수 있을지 모른다. 그럼에도 그는 극심한 영적인 고뇌와 번민을 겪었다. 그런 처절한 경험은 자신이 그리는 하나님의 모습에 부정적인 영향을 미쳤고, 그는 그 모습을 바로잡고 그런 자신을 치유하는 길을 찾아야 했다. 마침내 나우웬은 예수님이 우리에게 하나님의 얼굴을 그대로 보여 준다는 사실을 마음 깊이 깨달았다. 따라서 우리는 예수님을 통해 하나님이 진실로 어떤 분이신지 정확히 알 수 있다. 그로써 우리가 알 수 있는 하나님은 우리 가까이 있는 분이시며 또한 그 자체가 사랑이신 분이다.

무엇보다 '하나님은 우리 가까이 있다'는 말은 물리적인 인접성만이 아니라 마음의 공감도 의미한다. 하나님은 우리와 함께 있기 위해 예수 그리스도 안에서 성령을 통해 오셨다. 요한복음 20장 21~22절은 부활하신 그리스도가 제자들에게 나타나 하신 말씀을 이렇게 기록한다. "너희에게 평강이 있을지어다 아버지께서 나를 보내신 것같이 나도 너희를 보내노라 이 말씀을 하시고 그들을 향하사 숨을 내쉬며 이르시되 성령을 받으라."

하나님은 성령을 통해 거리상으로 우리와 가까이 있는 동시에 무한한 사랑으로도 우리와 가까이 계신다. 성경 전체가 늘 사람을 찾으시는 하나님의 이야기다. 아담과 하와가 선악과를 먹은 뒤 하나님을 두려워하며 동산 나무 사이에 숨은 순간부터 하나님이 예수님 안에서 임마누엘로 오셨을 때(이 부분이 성경의 절정이다)까지 하나님은 끊임없이 사람을 찾으셨다. 또 요한계시록은 이렇게 기록한다. "보라 하나님의 장막이 사람들과 함께 있으매 하나님이 그들과 함께 계시리니 그들은 하나님의 백성이 되고 하나님은 친히 그들과 함께 계셔서"(계 21:3). 하나님이 우리와 가까이 있는 것은 우리를 사랑하시기 때문이다.

그것이 나우웬이 깨달은 진리였다. 나우웬은 그 메시지를 이 세상 사람들, 특히 스스로 자신이 사랑받지 못한다고 생각하는 이들과 나누고 싶어 했다. 하나님께서 가까이 계신다고 믿는 우리도 때로는 하나님이 멀리 있음을 경험하거나 하나님의 부재를 느낀다. 그럴 때는 우리가 하나님에 관해 진실로 믿는 것을 기억하면 도움이 된다. 그 진실을 통해 우리는 경험의 험한 골짜기를 무사히 건너고 그런 과정을 통해서만 배울 수 있는 영적인 교훈을 얻을 수 있기 때문이다.

그러나 나우웬은 사람들이 하나님의 본성에 관한 진리를 오래 기억하기가 여간 어려운 일이 아니라는 점을 인정한다. "하나님의 마음을 안다는 것은 하나님이 사랑이시며 오직 사랑뿐이라는 사실, 또 두려움이나 소외감, 절망이 인간의 영혼에 침투하려 할 때마다 그것은 하나님에게서 오는 게 아니라는 사실을 일관되고 철저히, 아주 구체적으로 선언하고 드러내는 것을 의미합니다. 아주 간단하고 심지어 뻔한 소리처럼 들리지만 자신이 아무런 조건이나 제한 없이 하나님의 사랑을 받는다는 사실을 인지하는 사람은 극소수에 불과합니다."[34]

나우웬이 마음속으로 하나님의 모습을 긍정적으로 그릴 수 있도록 도움을 준 것 중 하나가 화가 렘브란트의 유명한 작품인 〈돌아온 탕자〉였다. 나우웬은 자신의 저서 《탕자의 귀향(The Return of the Prodigal Son)》에서 렘브란트의 그 그림에 묘사된 아버지의 두 손이 보여 주는 특이한 점을 자세히 설명했다. 한 손은 여성적이고 다른 한 손은 남성적이다. 나우웬은 그 두 손을 통해 하나님을 사랑이 넘치는 어머니와 아버지 둘 다로 볼 수 있었다고 말한다. "아버지의 손은 부여잡고 어머니의 손은 쓰다듬습니다. 아버지는 확신을, 어머니는 위안을 줍니다. 아들을 얼싸안은 아버지는 하나님이십니다. 그 안에는 남성성과 여성성, 부성과 모성 둘 다가 충만합니다."[35] 나우웬은 이 렘브란트의 작품을 통해 부성적인 강인함과 모성적인 자비가 융합되는 더욱 완전한 하나님의 모습을 마음속에 그릴 수 있었다.

또 나우웬은 요한1서를 인용하면서 하나님의 조건 없는 사랑을 '하나님의 첫사랑'이라고 설명했다. "우리가 사랑함은 그가 먼저 우리를 사랑하셨음이라"(요일 4:19). 우리가 하나님을 사랑하기 전에 하나님이 먼저 우리를 사랑하셨다는 뜻이다. 이 '첫사랑'은 모든 '둘째 사랑'과 극명한 대조를 이룬다. 우리를 사랑하려 하지만 뜻대로 되지 않아 우리를 실망시키거나 때로는 심한 마음의 상처를 주는 사람들의 사랑, 예를 들어 부모와 선생님, 친구, 코치, 이웃의 불완전한 사랑이 '둘째 사랑'이다. 그런 사랑은 하나님의 조건 없는 사랑인 '첫사랑'의 부분적인 반영이 될 수 있을 뿐이다. 하나님의 사랑은 절대로 희미해지거나 변하지 않는다. 일시적이지도 않다. 물론 우리는 이 세상을 살아가면서 사람들의 사랑이 필요하다. 하지만 그 '둘째 사랑'의 한계를 받아들일 수 있어야 한다. 예수 그리스도의 마음 안에서만 사랑의 진정한 갈망이 채워질 수 있기 때문이다.

우리 마음속의 하나님 모습 바로잡기
...

나우웬은 이렇게 말한다. "우리 대다수는 하나님을 불신합니다. 우리 대다수는 하나님을 두려운 존재, 권위주의적으로 우리를 응징하는 존재, 또는 공허하고 무능한 존재로 간주합니다. 예수님이 전한 메시지의 핵심은 하나님께서는 결코 무능하거나 나약하지 않고, 징계를 일삼거나 윽박지르는 권위적인 보스가 아니라는 것입니다. 오히려 그와 정반대로 사랑이 가득한 분으로 오직 우리 마음이 가장 바라는 것을 우리에게 주려고만 하시는 존재라는 사실입니다."[36]

나우웬의 가장 존경받는 결정 중 하나는 하버드대학교와 예일대학교에서 약 20년 동안 교수로 지내다가 그 명예와 특권을 한순간에 내던지고 캐나다 온타리오주 리치먼드힐의 장애인 공동체 라르슈 데이브레이크에서 이웃을 섬기는 삶으로 여생을 보내기로 한 것이었다. 그곳에서 그는 신체적으로 또 지적으로 어려움을 겪는 사람들을 위한 목회자와 봉사자로서 그들을 돌보았다.

나우웬이 그런 결정을 내린 것은 사람들의 존경을 받기 위해서가 아니라 상아탑의 도서관이나 강의실에서는 찾을 수 없는 영적인 치유가 필요했기 때문이었다. 그는 이렇게 회상한다. "하버드를 떠나기로 한 것은 상당히 힘든 결정이었습니다. …… 그러나 점점 더 어두워지는 나의 내면, 일부 학생과 동료와 친구들로부터, 심지어 하나님께로부터 거부당한다는 느낌, 인정과 사랑을 받고자 하는 과도한 욕구, 마음 깊이 자리 잡은 소속감의 결여가 견디기 어려울 정도로 괴로웠습니다. 결국 나는 그것이 내가 성령의 인도를 따르지 않는다는 명백한 증거라는 사실을 깨달았습니다."[37]

나우웬은 라르슈 데이브레이크에서 지내면서 드디어 하나님의 참모습을 발견할 수 있었다. 그가 거기서 마주한 하나님은 무한하게 아름다우시며, 오로지 사랑과 아름다움으로 모든 인간을 창조하신다는 이유만으로 우리에게 한량없는 사랑을 베푸시는 존재였다. 그에 따라 업적과 성공, 찬사를 중시하시는 하나님의 잘못된 모습을 무한한 사랑을 베푸시는 하나님의 모습으로 수정할 필요가 있었다. 지적 장애가 있는 사람들 앞에서 학문적 성공을 바탕으로 형성된 나우웬의 자아는 아무런 의미가 없었기 때문에 명문대학 교수로서 그의 존재는 그곳에서 설 자리를 잃었다.

그곳에서 나우웬은 장애인 아담과 함께 많은 시간을 보냈다. 아담은 말도 못 하고 다른 사람의 도움 없이는 거동도 할 수 없었다. 그는 아담과 함께 지내면서 특히 다음과 같은 문제와 씨름했다. "내가 경쟁에서 유능하다는 사실이 아무런 쓸모가 없는데도 하나님께서 여전히 나를 사랑하실까? 그 답이 '아니오'라면 내 친구 아담도 하나님의 사랑을 받을 수 없어야 하지 않을까? 그런데 왜 아담은 하나님의 사랑을 그토록 많이 느낄까?"

나우웬은 하나님이 아담을 사랑하신다는 사실을 마음속 깊은 곳에서부터 알 수 있었다. 그렇다면 그가 상아탑에서는 찾을 수 없었던 하나님의 어떤 면이 있는 게 분명했다. 그는 자신이 가진 첫 의문의 답이 '하나님께서 나를 사랑하신다'가 되어야 한다는 사실을 머리로는 알았지만 자신이 전심을 다해서 그런 사실을 믿는 것은 아니라는 사실도 깨달았다. 그는 모든 힘을 다해 하나님의 '비(非)경쟁적인' 사랑이라는 개념을 거부하며 그에 맞서 싸우고 있었던 것이다. 바로 여기서 하나님의 사랑은 그의 진노보다 더 무서워진다. 하나님의 무조건적인 사랑을 명확히 인식한다면 우리 인생이 대부분 거짓 위에 세워졌다는 사실을 알게 되기 때문이다. 따라서 아담은 나우웬의 스승이자 치유의 동반자였다.

우리가 그리는 하나님의 모습은 하나님을 향한 우리의 태도를 결정하고, 또 그 태도는 우리가 이 세상을 어떻게 살아야 하는지에 영향을 미친다. 따라서 우리가 마음속에 어떤 하나님의 모습을 갖고 있는지 유심히 살펴보는 것이 중요하다. 사실 어느 누구도 완전하고 완벽한 하나님의 모습을 알지는 못한다. 사도 바울은 이를 두고 "우리가 지금은 거울로 보는 것같이 희미하나"(고전 13:12)라고 말했다. 그러나 하나님의 온전한 모습을 알아 가는 방향으로 나아갈 수는 있다. 때로는 우리가 그리는 하나님의 모습을 수정할 필요가 있다. 예를 들어 하나님을 냉혹한 재판관이나 소원한 먼 친척의 모습으로 상상한다면 반드시 그 그림을 고쳐야 한다. 한편으로 어떤 때는 우리가 그리는 하나님의 모습이 반드시 틀린 것은 아니지만 어느 한쪽으로 치우칠 수 있기 때문에 그보다 넓은 차원에서 하나님의 모습을 그리는 것이 우리에게 유익하다.

수 세기에 걸쳐 종교미술과 성상화가 그리스도인들에게 큰 도움이 된 것도 그 때문이다. 뛰어난 미술가가 상상하고 표현하고 그려 낸 하나님의 모습을 깊이 생각할 때 우리는 새로운 방식으로 사물을 볼 기회를 갖게 되며, 그에 따라 마음의 치유가 이루어질 수 있다.

수년 전 남아메리카 콜롬비아의 바랑키아에 있는 메트로폴리타나 대성당을 방문한 적이 있다. 성당 전면의 성소 중앙에 거대한 조각상이 높이 세워져 있었다. 강하고 웅장한 예수님이 십자가를 하늘로 높이 들며 승천하는 모습이다. 감옥에서 풀려난 죄수들이 손이 한데 묶인 채 예수님의 발을 향해 팔을 뻗치며 예수님과 함께 하늘로 오른다. 이 조각상은 '해방자 그리스도'로 불린다. 이 이미지가 내 기억에 깊이 새겨졌다. 콜롬비아를 생각할 때마다 그 조각상이 떠오르면서 그 아래에 서서 받은 강렬한 느낌을 되새기게 된다. 나는 이 조각상을 오랫동안 깊이 생각하면서 내가 그리는 하나님의 모습을 아주 특별한 방식으로 바로잡을 수 있었다. 나는 몇 달 동안의 묵상을 통해 이 조각상이 내게 미친 영향의 의미를 비로소 깨달을 수 있었다.

그 이전까지 나는 삶에서 많은 시간을 예수님이 못 박힌 십자가상과 빈 십자가의 이미지를 묵상하며 보냈다. 나에게는 매우 중요한 이미지였다. 하나님께서 성육신으로 친히 사람이 되셔서 십자가에서 당하신 고난과 그 위대한 사역으로 인해 내가 얻은 죄 사함과 구원의 소망을 상기시키기 때문이었다. 그러나 문제는 그로 인해 내가 오랫동안 잘못된 죄의식을 갖게 되었다는 것이었다.

그 십자가는 어린 시절의 트라우마와 연관되어 나의 내면에서 형성된 이미지였기 때문에 나로서는 거기에 의존할 수밖에 없었다. 그래서 나는 십자가에 달리신 예수님의 모습을 볼 때마다 하나님의 사랑은 느낄 수 없었고, 오로지 나의 주님께서 십자가형을 당한 것이 전부 내 잘못 때문이라는 생각만 들었다. 나 자신의 잘못된 결정으로 그런 일이 일어났다는 죄책감이 나를 짓눌렀다. 그러다가 빈 십자가와 영생의 약속을 생각하면 나의 잘못된 죄책감은 더욱 무거워졌다. 내가 주님을 죽게 했는데 그런 나에게 주님이 오히려 영생을 주신다니

말이 안 된다고 생각했다. 나에게 양심이 있다면 어떻게 모른 체하고 그 큰 선물을 덥석 받을 수 있겠는가? 그로 인해 나는 거의 모든 것에 관해 죄책감을 느꼈다. 하나님의 사랑과 예수 그리스도 안에서 죄 사함을 얻을 수 있다는 사실을 알고 있었지만 나 자신을 용서하고 하나님의 사랑을 받아들일 수가 없었다.

그처럼 잘못된 죄책감을 떨치고 감사하며 하나님의 사랑을 받아들이는 과정이 나에게는 평생의 여정이 되고 있지만 그 중도에서 '해방자 그리스도' 조각상이 나에게 어느 정도의 치유를 가져다주었다. 하나님은 나의 죄를 용서해 주실 뿐 아니라 그런 잘못된 행동을 하도록 이끄는 모든 것, 즉 나의 두려움, 이기심, 나의 상처, 심지어 나의 죄책감에서도 나를 자유롭게 해 주신다는 것을 보여 주기 때문이었다.

나의 삶을 돌아보면 수많은 위협과 어려운 상황에서 하나님께서 나를 구해 주셨다는 사실을 믿지 않을 수 없다. 또 하나님은 내가 영생을 누릴 수 있도록 궁극적으로 나의 죄를 사하여 주실 뿐 아니라 하나님은 살아 계셔서 매일 나에게 구원을 가져다주신다는 사실도 늘 되새기게 된다. 이제 나는 무엇도 두려워하지 않는다. 모든 피조물을 사랑으로 다스리시는 하나님께서 나를 자유케 하셨기 때문이다. 예수님 안에 있는 하나님의 사랑은 무엇보다도 그 힘이 강하며, 우리 모두 그리스도가 주는 자유 안에서 살아가는 축복을 누린다.

앞서 언급했듯이 나우웬에게 가장 효력이 컸던 치유의 그림 중 하나는 렘브란트의 〈돌아온 탕자〉였다. 나우웬은 프랑스에 갔다가 트로

즐리라는 작은 마을에서 우연히 이 작품의 복사본을 발견했다. 그 뒤 그는 러시아 상트페테르부르크의 에르미타주 미술관을 찾아 그 작품의 원본을 감상했다. 그림의 인상이 너무 강렬해 그는 예수님이 말씀하신 탕자의 비유와 거기서 영감을 받은 렘브란트의 작품을 해설하는 책까지 펴냈다. 나우웬을 깊은 묵상으로 인도한 렘브란트의 그림은 그의 책 《탕자의 귀향》의 핵심을 이룬다. 나우웬은 그 책에서 이렇게 말한다. "렘브란트 그림의 진정한 중심은 아버지의 손입니다. 그 손 위에 모든 빛이 모입니다. 곁에서 아버지와 아들의 포옹을 쳐다보는 사람들의 눈길도 그 손에 쏠립니다. 그 손안에서 자비로운 사랑이 구현됩니다. 그 손에서 용서와 화해, 치유가 합쳐집니다. 또 그 손을 통해 탈진한 아들만이 아니라 지친 아버지도 안식을 얻습니다."[38]

나우웬은 예수님이 말씀하신 그 비유의 의미를 분석하고 렘브란트의 그림을 황폐함과 원망에서 화해와 치유와 회복으로 이어지는 자신의 삶과 연관시킴으로써 그림의 힘을 설파한다. 그는 그림 속 아버지의 손을 통해 하나님의 강인함이 부드러움을 가리지 않으며, 하나님의 부드러움이 강인함을 약화시키지도 않는다는 사실을 이해할 수 있었다. 실제로 하나님의 긍휼은 강인함과 부드러움이라는 양극단을 아우른다. 그로써 이전보다 더 온전한 하나님의 모습을 되찾은 나우웬은 이제 자신도 그와 같이 살아가려고 노력할 수 있다고 느꼈다. 그는 이렇게 말한다.

예수님이 선포하신 말씀 중 가장 근본적인 메시지는 "너희 아버지의 자비로우심같이 너희도 자비로운 자가 되라"(눅 6:36)일 것입니다. 예수님은 하나님의 자비를 설명하시면서 하늘의 아버지께서 길 잃은 자녀를 찾고 또 찾으며, 기꺼이 그 죄를 용서하고 새로운 생명과 행복을 선사하고 싶어 하신다는 사실을 보여주는 데 그치지 않으시고 우리도 그분처럼 되어 우리 자신이 받은 그대로 다른 이들에게 거룩한 자비를 베풀도록 하나님께서 우리를 초대하신다는 점도 지적하셨습니다.

……

아버지는 내가 맏이가 됐든 둘째가 됐든, 사랑이 넘치는 자비로우신 아버지의 아들이라는 사실을 믿으라고 요구하십니다. 나는 아버지의 상속자입니다. 사도 바울은 누구보다 확신에 찬 목소리로 그런 사실을 밝힙니다. "성령이 친히 우리의 영과 더불어 우리가 하나님의 자녀인 것을 증언하시나니 자녀이면 또한 상속자 곧 하나님의 상속자요 그리스도와 함께한 상속자니 우리가 그와 함께 영광을 받기 위하여 고난도 함께 받아야 할 것이니라"(롬 8:16~17).

아들이자 상속자로서 나는 그분의 후계자가 됩니다. 그로써 나는 아버지의 자리를 물려받아 아버지께서 나에게 베푸신 자비를 그대로 다른 사람에게 베풀어야 합니다. 아버지께로 돌아감은 궁극적으로 아버지가 되기 위한 과정입니다.[39]

치유와 성장을 위해 마음속에 그리는 하나님의 모습을 두고 오랜 시간 묵상할 때 우리는 하나님의 모습이 처음 상상한 것보다 더 커진다는 사실을 깨닫는 동시에 이제 더는 유익하지 않은 작은 하나님의 모습을 지울 수 있다. 또 그 과정에서 우리는 우리가 마음속에 상상하려고 애쓰는 하나님의 모습과 점점 더 닮아가게 된다.

하나님께서는 나에게 무엇을 원하실까

…

나우웬은 이렇게 말한다.

하나님께서 내 삶의 일부분이 아니라 전체를 원하신다는 사실을 나는 갈수록 깊이 깨닫습니다. 예를 들어 나의 시간과 관심 중 많은 부분을 하나님께 드리고 나머지는 나에게로 돌리는 것으로는 충분하지 않습니다. 또 자주 열심으로 기도하고 나머지 시간에는 나 자신의 일을 하는 것으로는 충분하지 않습니다. ……
하나님께로 돌아감은 나 자신 전부와 내가 가진 전부를 가지고 하나님께로 돌아감을 의미합니다. 나의 절반만 가지고 하나님께로 돌아갈 수는 없습니다. 오늘 아침에도 나는 돌아온 탕자의 비유를 묵상하면서 아버지의 포옹을 나도 경험하려고 노력했습니다. 그러나 그토록 완전히, 전적으로 포옹을 받는 것에 갑자기 저항감이 생겼습니다. 포옹을 받고 싶은 욕구와 동시에 독립성을 잃어버릴지 모른다는 두려움이 컸습니다. 나는 하나님의 사랑이 질투하는 사랑이라는 사실을 깨달았습니다. 하나님께서는 나의 일부분이 아니라 전체를 원하십니다. 하나님 아버지의 사랑에 나 자신을 완전히 바칠 때만이 끝없는 방황으로부터 자유로워지며, 사랑이 가득한 음성을 들을 준비가 되고, 나의 고유한 소명을 깨달을 수 있습니다.[40]

나는 열여섯 살이 되던 해 2월의 어느 날 밤을 결코 잊을 수 없다. 내 인생이 180도로 방향을 틀어 그 이후로 더 나은 삶을 살게 되었기 때문이다. 그날까지 나는 내 인생에서 가장 어두운 시절의 바닥에 놓여 있었다. 폭력과 마약에 찌든 갱단 생활에 지쳐 내 삶은 급속도로 무너져 내리고 있었다. 극단적인 선택까지 고민하게 되었다. 그날 밤 나는 창턱에 앉아 고통과 분노 속에서 내가 어릴 때 알았다고 생각한 하나님을 향해 울부짖으며 내 마음의 모든 것을 털어놓았다. 심지어 하나님께서 진짜 존재하시는지 따져 묻기도 했다. 밤새 그러다가 새벽녘이 되자 갑자기 희한하게도 그전까지 몰랐던 평강과 사랑이 나를 감쌌다. 모든 일이 잘 풀릴 것이니 걱정할 필요가 없다고 느꼈다. 나는 임재하시는 하나님께서 나에게서 그처럼 거의 기적 같은 심적 변화를 이끄셨다는 사실을 알았다.

그 순간 내 친구 에릭에게 전화해야겠다는 생각이 들었다. 에릭은 분명히 예수님을 따르는 삶을 살아가고 있었다. 그는 토요일 밤이면 청소년들을 위한 성경 공부를 이끌었고, 다니는 교회의 청소년들과 전도 여행을 자주 떠났으며, 예수님의 사랑을 중심에 둔 삶을 살기 위해 의식적으로 노력했다. 에릭은 곧바로 내 아파트에 찾아와 나를 힘차게 안아 주며 로버트 멍어(Robert Boyd Munger) 목사가 쓴《내 마음, 그리스도의 집(My Heart, Christ's Home)》이라는 소책자를 내 손에 쥐어 주었다.

나는 그에게 마음의 평안과 사랑을 느꼈다고 말하며 도대체 밤사이에 나에게 무슨 일이 일어났는지 물었다. 에릭은 "넌 지난 밤 그리스도인이 된 거야"라고 말했다. 나는 혼란스러웠다. "난 평생 신자였는데 어떻게 내가 이제야 그리스도인이 되었다고 말하는 거지?" 그러자 에릭은 이렇게 말했다. "이제 네가 진짜 그리스도인이 되었다는 말이지. 너는 지난밤 네 삶의 중심에 그리스도를 받아들였고 예수님을 따르기로 결심했어." "내가 그랬다고?" "그렇다니까." "그게 무슨 뜻이지?" 에릭은 이렇게 말했다. "우리 교회의 청소년 모임에 와 보면 알 거야." 나는 그의 말대로 했다. 그 순간부터 나는 예수님을 의식적으로 따르기 시작했다.

내가 어려서부터 알던 초월적인 하나님이 그 특별한 날 밤부터 나에게 내재하는 하나님이 되셨다. 다시 말해 우주 만물을 창조하신 전지전능하신 하나님이 나의 친구가 되기를 원하는 하나님이 되셨다. 내가 그날 밤 처음 그리스도인이 되었다는 게 아니라 모든 시간과 장소에 사랑의 하나님이 임재하신다는 사실에 눈을 떴다는 뜻이다. 이제 더는 예배나 교회 건물에 국한된 하나님이 아니었다. 밤에 침실에서, 바다나 산에서, 친구와의 대화 속에서, 축구장에서, 심지어 학교 수업에서도 언제나 쉽게 다가갈 수 있는 하나님이었다.

그날 밤 일어난 일은 어떻게 보면 나의 '귀향'이었다. 그러나 세월이 흐르면서 나는 우리의 삶 전체가 귀향의 긴 여정이라는 사실을 알게 되었다. 우리가 이 세상에서 사는 동안에는 목적지에 완전히 도달할 수 없는 여정이다. 우리는 언제나 하나님이 계시는 집으로 돌아가는 중이다. 궁극적으로 하나님께서 우리에게 바라시는 것이 바로 그 귀향이다. 집으로 돌아오라는 부르심이다.

렘브란트의 〈돌아온 탕자〉 그림이 나우웬에게 무엇보다 중요했던 것은 그림 속 아버지의 모습에서 그가 복음의 정수와 삶의 의미를 깨달을 수 있었기 때문이다. 나우웬은 이렇게 말한다.

철이 든 이후로 줄곧 하나님을 찾으려고, 하나님을 알려고, 또 하나님을 사랑하려고 몸부림쳤습니다. 항상 기도하며, 다른 이들을 섬기고, 성경을 읽으며 영적인 삶의 지침을 따르기 위해 애썼습니다. 또 방탕의 구덩이로 빠지게 만드는 숱한 유혹을 피하려고 안간힘을 썼습니다. 실족하고 실패하기를 거듭했지만 언제나 다시 일어났습니다. 절망의 문턱에 다가간 적도 많았지만 늘 새로운 각오로 도전했습니다.

그러나 지금 이런 생각이 듭니다. 예전에도 지금도 줄곧 하나님께서 나를 찾으려고, 나를 알려고, 또 나를 사랑하려고 애쓰신다는 사실을 내가 충분히 깨닫고 있을까? 문제는 '내가 하나님을 어떻게 발견할 수 있을까?'가 아니라 '내가 어떻게 하면 하나님께서 나를 발견하실 수 있을까?'입니다. 또 '내가 하나님을 어떻게 알 수 있을까?'가 아니라 '내가 어떻게 하면 하나님께서 나를 아실 수 있을까?'입니다. 마지막으로 '내가 어떻게 하나님을 사랑할 수 있을까?'가 아니라 '내가 어떻게 하면 하나님의 사랑을 받아들일 수 있을까?'입니다. 하나님께서는 혹시 내가 보일까 아득히 먼 곳을 뚫어지게 살피십니다. 어서 나를 찾아 집으로 데려가려고 쉬지 않고 보고 계십니다.[41]

누가복음에 기록되었듯이 '돌아온 탕자'의 비유에서 두 아들 중 동생은 자애롭고 부유한 아버지에게서 유산 중 자신의 몫을 미리 받아 객지로 가서 쾌락에 탐닉하며 무모하게 돈을 낭비하고는 알거지 신세가 되어 결국 돼지우리 바닥에 내쳐진다. 그가 정신을 차리고 '스스로 돌이켰을 때'(눅 15:17) 그는 아버지께 돌아가 용서를 빌 각오를 하고 아들로서가 아니라 품꾼으로 살며 탕진한 재산을 갚을 계획을 세운다. 결심이 서자 그는 남루한 모습으로 비틀거리며 아버지가 계신 집으로 돌아간다. 아버지는 돌아오는 아들을 멀리서 보고는 당시의 부자 아버지로서는 어울리지 않는 반응을 보인다. 겉옷을 걸치지도 않고 그냥 손에 들고 맨발로 뛰어가 돌아온 아들을 반기며 얼싸안는다. 아들이 품꾼으로 일하면서 빚을 갚겠다며 용서를 빌지만 아버지는 들은 체도 하지 않고 마냥 기뻐한다. 오로지 아들이 돌아온 것을 축하하고픈 마음뿐이다.

우리의 선택이든지 또는 다른 사람의 선택이든지 아니면 우리와 다른 사람 모두의 선택이든지 간에, 또 우리가 어떤 경험을 했든지 혹은 우리가 어디서 방황했든지 간에 우리를 창조하시고 우리 삶을 지탱해 주시는 하나님께서는 우리가 당신의 집으로 돌아오기를 바라신다. 그 집이 우리가 있어야 할 곳이다. 그런 귀향은 단지 도덕적으로 나아진 행위만을 의미하지는 않는다. 탕자의 비유 이이야기에는 두 아들이 있다. 큰아들은 도덕적으로 나무랄 데 없지만 아버지의 마음에서는 그가 집을 나간 작은아들만큼이나 멀리 떨어져 있었다. 여기서도 요점은 행위가 아니라 사랑과 친밀함의 관계다.

나우웬은 우리의 영적인 삶에서 나타나는 이 같은 귀향의 개념을 자주 이야기했다. 그는 저서 《두려움을 떠나 사랑의 집으로(Lifesigns: Intimacy, Fecundity, and Ecstasy in Christian Perspective)》에서 하나님께서 우리에게 바라시는 것을 세 가지로 요약했다. 첫째는 우리가 하나님(그리고 다른 사람들)과 친밀하게 교제하는 것이다. '친밀함'으로의 초대다. 둘째는 우리가 유익한 삶을 살 수 있도록 변화에 열린 마음을 갖는 것이다. '풍성함'으로의 부르심이다. 셋째는 우리가 하나님으로부터 기쁨의 약속을 받는 것이다. '희열'의 선물이다.

나우웬에 따르면 하나님(그리고 다른 사람들)과의 친밀한 교제에 초대받으려면 우리가 '두려움의 집'에서 '사랑의 집'으로 옮겨 가야 한다. 두려움과 사랑은 단순한 감정이라기보다 우리가 살기로 선택한 장소를 의미한다. 우리가 단순히 어떤 것은 두려워하고 어떤 것은 두려워하지 않는다는 것이 아니라 나우웬이 지적하듯이 지금 우리에게는 터무니없게도 두려움이 "우리의 확실한 거처"가 되었다. "두려움은 결정을 내리고 삶을 계획하는 데 있어서 누구나 예외 없이 받아들이는 기초가 되었다는 뜻입니다."[42] 그는 또 이 세상에서 우리가 취하는 일반적인 자세가 두려움에 의해 명백하게 좌우되거나 또는 교묘하게 영향을 받는 여러 상황을 자세히 설명했다. 두려움은 또 다른 두려움을 낳기 때문이다. 따라서 이성적인 판단으로는 우리가 두려움에서 벗어날 수 없다. 오직 사랑을 통해서만이 가능하다. "사랑 안에 두려움이 없고 온전한 사랑이 두려움을 내쫓나니"(요일 4:18)라는 성경 구절이 우리에게 그런 사실을 일깨운다.

나우웬에 따르면 "두려움의 집에서 사랑의 집으로 옮겨 가는 것"이 가장 중요한 영적인 이동이다.[43] 그는 이렇게 설명한다. "왜 더는 두려워할 이유가 없을까요? 예수님이 이 질문에 직접 간결하게 답하셨습니다. 호수 위를 걸어 제자들에게 다가갔을 때였습니다. 제자들이 두려워하자 예수님은 '내니 두려워하지 말라'(요 6:20)라고 말씀하셨습니다. 사랑의 집은 그리스도의 집입니다. 두려움이 가득한 세상의 방식이 아니라 하나님의 방식으로 우리가 생각하고 말하고 행동할 수 있는 곳입니다. 이 집에서 사랑의 음성이 계속 흘러나옵니다. '두려워하지 말라. …… 나와서 나를 따라오라. …… 내가 사는 곳을 보라. …… 창세로부터 너희를 위하여 예비된 나라를 유산으로 물려받아라.'"⁴⁴⁾

하나님께서는 우리가 두려워하지 않기를 바라신다. 그게 무슨 뜻일까? 두려움에 굴복하지 말고 두려움에서 벗어나라는 뜻이다. 두려움이 닥치면 우리 안에 거하시는 그리스도의 사랑으로 극복할 수 있다. 하나님을 이길 수 있는 두려움은 없으며, 하나님의 사랑보다 더 큰 사랑은 없다. 우리 일생의 목표는 하나님의 사랑을 전적으로 받아들이고 그 사랑을 절대로 놓치지 않는 것이 되어야 한다.

내가 어떻게 하면
하나님께서 나를 발견하실 수 있을까
...

나우웬은 이렇게 말한다. "우리 모두는 '나는 의인을 부르러 온 것이 아니요 죄인을 부르러 왔노라……'라고 하신 그리스도의 말씀을 믿기가 매우 어렵습니다. 자아실현의 방도로 자기 수용의 필요성을 칼 융(Carl Gustav Jung)만큼 강조한 심리학자는 없을 것입니다. 융은 자아의 어두운 면인 그림자를 밝고 긍정적인 면과 통합해야 자아실현을 이룰 수 있다고 생각했습니다. 우리 성격의 어두운 면을 우리의 의식 속으로 받아들이는 자기수용의 능력을 발달시켜야만 자아실현에 도달할 수 있다는 뜻입니다. 그래야 외부 세계에 번듯이 내놓을 만한 면만이 우리 자신의 실질적인 부분으로 여겨지는 편파적인 삶을 고칠 수 있기 때문입니다. 우리가 내면의 통합으로 온전한 전체를 이루기 위해서는 우리 자아의 모든 부분을 수용하고 통합해야 합니다. 그리스도는 우리 안의 빛을 상징합니다. 그러나 그리스도는 두 명의 살인자 사이에서 십자가형을 당하셨습니다. 우리는 그들을 부인할 수 없습니다. 특히 우리 내면에 존재하는 살인자들을 모른 체할 수 없습니다."[45]

몇 년 전 나는 동료 목사님들과 함께 연구 출장차 홍콩에 갔다. 우리 셋이 저녁 식사를 하는 중에 한 목사님이 이성 관계 문제에서 도움을 주고 싶은 교회 성도에 관해 이야기했다. 젊은 여성인 그 성도는 사귀는 남자를 계속 바꿨다. 그 여성은 가장 최근에 만난 남자 친구와도 크게 싸웠지만 얼마 전 그와 당장 결혼하겠다며 목사님에게 주례를 부탁했다.

우리 동료 목사님은 그 성도가 두 사람 사이의 관계를 복원하는 시간도 갖지 않은 채 결혼식을 올리는 것이 옳지 않다고 생각했다. 그 성도도 "사실 무엇보다 외로움이 두려워서 그래요"라고 인정했다. 돌려 말하는 성격이 아닌 우리 동료 목사님은 그 성도에게 이렇게 지혜로운 조언을 건넸다. "혼자 있는 것이 괜찮다는 생각이 들기 전에는 아무리 많은 사람을 사귀어도, 어떤 관계를 가져도, 아니 어떤 사람이라도 그 공허함을 메울 수 없을 겁니다. 진지하고 성숙한 관계를 원한다면 먼저 혼자 있는 것이 괜찮다고 느껴져야 합니다."

나는 이 목사님이 아주 현명하다고 생각했다. 그에게서 진실된 조언을 들은 그 성도처럼 우리 중 다수도 외로움이 너무 두려워 혼자서는 편안히 쉴 수 없다고 느낀다. 그러나 우리가 '홀로 있는 것에 괜찮아지기' 전에는 우리 자신이 누구인지 충분히 알 수 없다. 나우웬은 그림자와 빛으로 구성된 우리의 삶 전체를 받아들이고 통합해야 한다는 칼 융의 이론에 지혜가 담겨 있다고 판단했다. 치유를 위해서는 상처와 그림자를 하나님의 빛으로 가져와야 하지만 홀로 있는 것에 대한 두려움이 어두운 면에 대한 인식을 방해한다. 그처럼 의식되지 않는 상처가 건전한 관계를 손상시킨다. 우리는 생명과 성취감을 주는 활기찬 관계를 원한다. 그러나 우리의 어두운 면인 자아의 그림자로부터 계속 도피하기만 한다면 우리는 다른 사람과의 관계에서 참기 어려운 외로움을 느끼고 하나님을 그리워하는 향수병으로 고통을 받게 된다.

우리가 하나님을 그리워하는 향수병에 시달리게 되는 데는 신학적으로 두 가지 주된 이유가 있다. 첫째는 우리가 하나님의 형상으로 창조되었다는 사실이다. 그 결과 우리도 하나님이 가지신 이성과 의

지와 지능의 일부를 공유한다. 또 하나님은 삼위일체 하나님으로서 성부와 성자와 성령 사이에서 끊임없는 자기희생적인 사랑을 나누며 존재하신다. 하나님은 교제에 관심이 있을 수도 있고 없을 수도 있는 개별적인 독립 존재가 아니다. 하나님은 언제나 친밀한 관계로 존재하신다. 사도 요한은 "사랑하지 아니하는 자는 하나님을 알지 못하나니 이는 하나님은 사랑이심이라"(요일 4:8)라고 기록했다. 사랑은 '관계'를 떠나서는 존재할 수 없다. 사랑은 대상 사이의 관계로 존재한다. 우리는 하나님의 형상으로 지어졌기 때문에 반드시 교제를 하도록 원래부터 설계되어 있다. 우리는 하나님 그리고 모든 피조물과 사랑으로 교제하며 평강과 화목을 이루도록 프로그램되어 있다. 히브리어의 '샬롬'이 의미하는 바가 바로 그것이다.

두 번째 이유도 첫 번째와 연관되어 있다. 우리는 하나님의 형상으로 창조되었지만 깨어진 세상에 태어났다. 이 깨어진 세상에서 우리는 사랑을 주는 방법을 모른다. 사랑을 받는 방법조차도 모른다. 우리가 상처를 입으면 우리의 사랑이 왜곡되고 우리의 고통이 다른 것으로 전환되기보다는 다른 사람에게 전염된다. 그래서 우리는 이 깨어진 세상을 회복하지 못하고 그냥 그대로 살아간다. 조화롭고 자애롭고 생명을 주는 관계를 위해 만들어진 세상이지만 깨어져 있다. 그래서 사랑을 잘 받지 못하고 사랑을 잘 주지도 못한다. 그것이 외로움의 근본 원인이다. 특히 어떤 사람들은 외로움을 더욱 깊이 느낀다. 그러면서 하나님을 그리는 향수병이 깊어 간다.

이런 향수병과 외로움에 우리는 어떻게 대처하고 있을까? 애석하게도 종종 우리는 이 공허함을 다른 것들로 채우려 한다. 외로움을 느끼면 다른 곳으로 눈을 돌려 위안을 찾으려 한다. 외로움에 찔려 심한 고통을 느끼면 그 속으로 들어가 나 자신에 관해 배우거나, 또는 외로움에서 비롯된 고통으로 인해 나 자신에게서 벗어나 다른 사람에게 사랑을 쏟아야 하지만 그렇지 못하고 느낌과 감정을 회피하고 스트레스를 푼다면서 다른 곳으로 주의를 돌린다. 예를 들어 페이스북이나 인스타그램 같은 SNS에 매달리거나 넷플릭스에서 드라마나 영화를 본다. 또 폭음을 하거나, 수다 떨기에 빠지거나, 과로할 정도로 일에 몰두하거나, 마구잡이 쇼핑으로 자신을 위로하기도 한다.

나우웬은 외로움을 달래기 위한 우리의 기분 전환 수단에 추가되는 또 다른 자극원으로 하나님을 생각해서는 안 된다는 점을 강조했다. 다음에 인용한 그의 기도문이 그런 진실을 말해 준다.

하나님,
저의 움켜쥔 주먹을 펴기가 너무 두렵습니다.
저의 손에 쥘 것이 하나도 남지 않는다면 저는 어떤 사람이 되겠습니까?
빈손으로 주님 앞에 설 때 저는 누구이겠습니까?
제가 손을 서서히 펼 수 있도록 도와주소서.
그리하여 제가 소유하는 것이 아니라 주님께서 저에게 주고

싶어 하는 것이 바로 저 자신이라는 사실을 깨닫도록 도와주

옵소서.

주님이 제게 주시려는 것은 사랑입니다.

무조건적이고 영원한 사랑입니다.[46]

프랑스의 사상가 블레즈 파스칼(Blaise Pascal)은 이런 명언을 남겼다. "인간의 모든 문제는 단 한 시간도 자신의 방에서 홀로 조용히 앉아 있을 수 없다는 단 한 가지 사실에서 비롯된다."[47] 한번 생각해 보라. 단 한 시간 동안만이라도 모든 자극과 오락, 모든 기분 전환 거리를 끊고 자기 방에서 홀로 아무것도 하지 않고 가만히 앉아 있으면서 만족할 수 있겠는가?

그럴 수 없다고 해서 나쁜 사람이라거나 특별히 뭔가 잘못된 사람이라는 뜻은 아니다. 다만 외로움을 참지 못해 무엇이든 기분 전환 거리를 통해 위안을 찾으려고 하는 것이다.

이 문제와 관련해 나우웬은 이렇게 말한다.

영적인 삶을 추구하려면 먼저 외로움의 사막으로 과감히 들어가는 용기를 가져야 합니다. 그곳에 들어가서 온화하면서도 지속적인 노력으로 외로움의 사막을 고독의 정원으로 가꾸어야 합니다. 그렇게 하려면 용기만이 아니라 강한 믿음도 필요합니다. 메마르고 황량한 사막이 헤아릴 수 없이 많은 종류의 꽃을 피울 수 있다고 믿기가 어려우며, 우리의 외로움 속에 알려지지 않은 아름다움이 숨어 있다고 상상하기도 힘들기 때문입니다. 그러나 외로움에서 고독으로 옮겨 가는 것이 모든 영적인 삶의 시작입니다. 불안에서 평안으로, 외부로 치닫는 갈망에서 내면으로 향하는 탐구로, 두려운 매달림에서 두려움 없는 자유로 옮겨 가는 것이기 때문입니다.[48]

믿음은 우리를 내면의 탐구로 초대하면서 마음 깊숙한 곳에 안전하게 자리 잡은 참된 우리 자신을 알기 위한 영적 여정을 시작하도록 이끈다. 우리가 신실한 믿음으로 내면을 탐구할 때 그 여정은 우리를 위로 향하도록 인도한다. 우리의 외로움을 십자가로 가져가신 그분이 바로 그 고통의 십자가에서 우리를 만나겠다고 약속하신 분이기 때문이다. 예수님이 "내 안에 거하라 나도 너희 안에 거하리라"(요 15:4)라고 말씀하신 이유가 그것이다. 그리스도를 믿는 것과 그리스도 안에 거하는 것 사이에는 큰 차이가 있다. 우리는 그리스도를 인지적으로 믿는 것만이 아니라 그의 삶 안에 푹 잠기는 몰입을 요청받는다. 하나님은 바다, 우리는 골무다. 바다를 골무에 넣을 수는 없지만 골무를 바다에 넣을 수는 있다.

고독은 우리가 홀로 하나님과 함께 있는 연습이다. 고독을 연습하다 보면 우리가 외부 자극에 얼마나 크게 의존하는지 쉽게 알 수 있다. 일상생활에서 오락 등 우리의 주의를 끄는 수많은 요인이 없으면 우리는 때로 불안을 느끼고 긴장하게 된다. 아무도 우리에게 말을 붙이지 않거나, 우리를 찾아오지 않거나, 우리의 도움을 구하지 않으면 우리는 스스로 하찮은 존재라고 느낀다. 우리가 과연 다른 사람들에게 유용한지, 가치가 있는지, 도움을 줄 수 있는지 스스로 따져 물으며 초조해한다. 이런 두려운 고독에서 신속히 벗어나 우리가 가치 있음을 스스로 확인할 수 있도록 다시 바빠지고 싶어 한다. 그러나 그것은 잘못된 방향으로 이끄는 유혹이며 시험이다. 우리를 가치 있게 만드는 것은 우리에 대한 다른 사람들의 반응이 아니라 우리에게 베푸시는 하나님의 영원하신 사랑이기 때문이다.

고대의 사막 교부 중 한 명인 아바 모세(Abba Moses)는 한 수도사에게 이렇게 말했다. "독방 수도실에 들어가서 앉아 있으면 수도실이 당신에게 모든 것을 가르쳐 줄 것이다."[49] 우리 대다수는 독방 수도실의 수도사들처럼 살지 않는다. 그러나 그들의 생활에서 교훈을 얻고 그들의 수행 방식을 현대적 삶의 경험에 응용할 수는 있다. 영성의 스승들은 자기 내면의 자신과 직접 대면하는 것이 가장 좋은 학습 기회 중 하나라는 사실을 오래전부터 알고 있었다. 영성가 제임스 핀리(James Finley)는 매일 짬을 내어 고독 안으로 들어가 마음속 깊은 곳으로부터 하나님의 음성을 듣는 '주님과의 일일 만남'을 갖도록 권했다.

나우웬은 이렇게 말한다.

하나님께서 우리의 목자, 우리의 피난처, 우리의 요새가 되시면 우리는 깨어진 세상 가운데서도 하나님께 다가갈 수 있고, 그 도중에도 평안을 느낄 수 있습니다. 하나님께서 우리 안에 거하시면 우리는 '하나님께서 우리를 위해 예비하신 거처'(요 14:2)로 우리를 인도하시는 날을 기다리는 동안에도 그분과 말 없는 대화를 나눌 수 있습니다. 그러다 보면 우리는 기다리는 사이에 이미 도착하고, 구하는 동안 이미 얻을 수 있습니다. 그러면 우리는 사도 바울의 말에서 서로 위안을 얻을 수 있습니다. "아무것도 염려하지 말고 다만 모든 일에 기도와 간구로 너희 구할 것을 감사함으로 하나님께 아뢰라 그리하면 모든 지각에 뛰어난 하나님의 평강이 그리스도 예수 안에서 너희 마음과 생각을 지키시리라"(빌 4:6~7).[50]

두려움에서 믿음으로 옮겨 가기

···

나우웬은 이렇게 말한다. "'무서워하지 말라, 놀라지 말라'는 우리가 반드시 들어야 하는 목소리입니다. 하나님의 천사 가브리엘이 주의 성소에서 사가랴에게 나타나 그의 아내 엘리사벳이 아들을 낳을 것이라고 알려 줄 때 사가랴가 들었던 목소리, 같은 천사 가브리엘이 나사렛에 있는 마리아의 집에 들어가 그녀에게 '네가 수태하고 아들을 낳으리니 그 이름을 예수라 하라'고 일렀을 때 마리아가 들었던 목소리, 또 예수님의 무덤을 찾아가서 그 입구의 돌이 굴려진 것을 본 여자들이 들은 목소리도 그것이었습니다. '무서워하지 말라, 두려워하지 말라, 놀라지 말라.' 하나님의 사자들의 이 목소리는 역사 전체를 통해 울려 퍼졌습니다. 그것은 완전히 새로운 존재 방식, 다시 말해 사랑의 집, 주님의 집에 거하게 된다는 것을 알리는 목소리였습니다. …… 사랑의 집은 단순히 내세의 장소, 이 세상 저편에 있는 하늘의 처소가 아닙니다. 예수님은 이 불안한 세상 한가운데서 우리에게 이 집을 주십니다."[51]

　　폭풍을 잠잠하게 하신 예수님의 이야기는 복음서에서 두려움을 다룬 여러 부분 중 가장 잘 알려진 것이다. 마가에 따르면 그날 예수님은 갈릴리 바닷가에서 많은 무리를 가르치느라 힘들고 지치셨다. 그래서 예수님과 제자들은 군중이 없는 곳에서 잠시 쉬기 위해 바다로 나갔다. 예수님이 너무 피곤해 배의 고물에서 잠이 들었을 때 큰 광풍이 일어났다. 하늘이 어두워지고 바람이 울부짖으며 파도가 덮쳐 배 안으로 물이 들어왔다. 경험 많은 어부였던 제자들도 목숨을 잃을지도 모른다며 두려움에 떨었다. 우리 모두 살아가면서 그런 극심한 공포를 겪을 수 있다. 독일의 목사였던 디트리히 본회퍼(Dietrich Bonhoeffer)는 제자들이 겪은 그런 원초적인 두려움의 경험을 두고 이 세상에서 악의 발현과 가장 근접한 것이라고 말했다. 그처럼 끔찍한 폭풍이었던 듯하다.

우리는 예수님이 배의 뒤편에서 베개를 베고 주무시며 다음에 할 일을 꿈꾸는 모습을 상상할 수 있다. 겁에 질린 제자들이 예수님을 깨우며 부르짖는다. "선생님이여 우리가 죽게 된 것을 돌보지 아니하시나이까?"(막 4:38). 제자들의 이런 부르짖음이 이 이야기에 나오는 매우 중요한 질문 세 가지 중 첫 번째다.

나우웬은 우리가 언제나 두려움에 사로잡혀 있기 때문에 그 공포가 모든 것에 스며든다며 이렇게 말한다. "우리는 늘 두려워하는 사람들입니다. 내가 더 많은 사람을 알게 되고 그들에 대해 더 많이 알게될수록 두려움의 부정적인 힘에 더 많이 압도당합니다. 종종 두려움이 우리 존재의 모든 부분에 침투함으로써 두려움 없는 삶이 어떤지조차 알 수 없을 정도입니다. 언제든지 무서워할 무엇인가가 있는 것같습니다. 우리 내부 또는 우리 주변에, 가까이 또는 멀리, 눈에 보이든지 보이지 않든지, 우리 자신 안에, 다른 사람들 안에, 또는 하나님 안에 두려워할 무엇인가가 있다고 느낍니다."[52]

공포가 엄습하는 그 순간 당신이 기도하는 사람이라면 당연히 선장인 예수님을 바라보며 "선생님이여 우리가 죽게 된 것을 돌보지 아니하시나이까?"라고 말할 것이다. 제자들의 질문이 "예수님, 어떻게 좀 해 보실 수 없나요?"가 아니라는 점에 주목하라. 그들은 예수님이 어떤 능력을 갖고 계신지 이미 잘 안다는 뜻이다.

예수님은 그런 기도에 반응하신다. 그는 폭풍이 몰아치는 와중에 잠에서 깨어나신다. 이 사실이 매우 중요하다. 예수님은 폭풍을 사전에 막지 않으신다. 그는 폭풍이 한창인 상황에서 깨어나신다. 우리는 예수님께서 폭풍을 사전에 막아 주기를 더 바라겠지만 그의 목적은 폭풍 속에서 우리와 함께하시는 것이다. 나우웬은 이렇게 말한다. "우리의 눈을 '무서워하지 말라'라고 말씀하시는 분에게 고정시키면 우리는 두려움에서 서서히 벗어날 수 있습니다. 그러면 우리는 철통같이 방어되는 경계가 없는 세상에서 사는 법을 배우게 됩니다. 또 우리는 자유롭게 되어 다른 사람의 고난을 살펴며, 방어적으로 행동하지 않고 자비와 평화로 우리 자신이 직접 그 고난을 덜어 주려고 노력할 수 있습니다."[53]

예수님은 그렇게 묻는 제자들을 보며 이 이야기에서 세 가지 중요한 질문 중 두 번째를 던지신다. "어찌하여 이렇게 무서워하느냐? 너희가 어찌 믿음이 없느냐?" 물론 믿음이 폭풍을 막아 주지는 않는다. 그러나 믿음은 폭풍의 한가운데서 두려움에 맞설 수 있도록 해 준다. 믿음은 두려움이 휘두르는 폭압에서 우리를 해방한다. 여기서 예수님이 말씀하시는 믿음은 신학적 교리의 본체가 아니다. 심지어 이 사건이 마가복음의 본문이 기록한 대로 실제로 있었던 일이라고 믿어야 한다는 것도 아니다. 물론 개인적으로 나는 이 사건이 실제로 일어났다고 믿는다. 나로서는 그렇게 믿기가 쉽다. 하나님께서 우주를 창조하실 수 있고 예수님께서 사망 속에서 부활하실 수 있다면 바다를 잠잠하게 진정시킬 능력도 충분히 갖고 계시리라고 믿기가 어렵지 않다. 다만 믿기 어려운 것은 예수님의 그런 이적이 지금도 일어난다는 사실이다. 지금 이 순간 우리의 삶이 폭풍에 휩쓸릴 때도 예수님은 그 폭풍을 잠잠하게 하실 수 있다.

우리에게 믿음이 필요한 것은 바로 그 때문이다. 천지를 창조하신 하나님의 성육신으로 오신 예수님, 바다를 지배하는 권능을 가지신 예수님이 우리 배에 함께 타고 계시다는 사실을 받아들이는 것이 믿음이다. 이 이미지에서 말할 수 없는 기쁨이 느껴지지 않는가? 우리는 홀로 바다에서 표류하는 것이 아니다. 구주께서 우리 배에 함께 타셨다. 왜 함께하실까? 그분이 우리를 사랑하시기 때문이다. 여기서 우리는 또다시 예수 그리스도의 은혜를 발견한다. 우리는 하나님의 집으로 돌아오라는 초대를 받는다. 하나님께서 그리스도 안에서 우리를 찾았기 때문에 기쁨에 넘쳐 우리를 집으로 데려가신다. 이제 하나님께서는 우리를 포기하지 않으신다. 우리 배가 어디를 향하는지는 문제가 되지 않는다. 그분이 우리와 함께하시기 때문이다. 구주가 우리와 함께하시는 것은 그분이 우리를 보고 기뻐하시기 때문이다. 이런 사실을 알고 받아들이면 폭풍이 닥쳐도 무서워할 필요가 없다.

나는 누군가를 두려움에서 벗어나도록 설득하는 데 성공한 적이 없다. 사실 나 자신도 스스로의 설득으로 무섭지 않다고 느낀 적이 없다. 요한1서는 오직 "온전한 사랑이 두려움을 내쫓나니"라고 기록한다. 그런 사실을 잘 아는 나우웬은 이렇게 말한다. "영적인 삶에서 가장 큰 장애물은 두려움입니다. 두려움에서는 기도와 묵상, 교육이 나올 수 없습니다. 하나님은 온전한 사랑이십니다. 사도 요한은 '온전한 사랑이 두려움을 내쫓나니'(요일 4:18)라고 기록했습니다. 예수님의 핵심 메시지는 하나님이 우리를 아무런 조건 없이 사랑하시며 그 답례로 우리에게서 어떤 두려움도 없는 사랑을 원하신다는 것입니다."[54]

부모라면 그것이 무슨 뜻인지 잘 알 것이다. 부모는 아이가 괴물을 더는 떠올리지 않고 엄마 아빠의 사랑스러운 보살핌을 받는다고 확신할 때까지 아이를 꼭 안아 준다. 그런 온전한 사랑이 두려움을 몰아낸다. 우리가 고독 속에서 하나님께 의지하는 이유가 거기에 있다. 고독은 한밤중에 아버지의 침실로 뛰어들어 그의 따뜻한 포옹을 받는 것과 같다.

나우웬은 바로 이런 이유에서 독자들에게 일정 시간을 고독 속에서 지내도록 끊임없이 권면했다. 그는 이렇게 설명한다. "고독은 우리가 심오한 교제에 도달할 수 있는 곳입니다. 그 교제로 연결되는 관계는 두려움과 분노에 의해 긴박하게 이루어지는 결속보다 더 단단합니다. 물론 두려움과 분노도 우리를 몰아붙여 결속시킬 수 있지만 거기에서는 서로가 한마음이 되는 '공동의 증언'이 나올 수 없습니다. 그러나 고독 속에서는 우리가 함께 몰아붙임을 당하는 게 아니라 자의적으로 함께 연결됨으로써 교제할 수 있습니다. 고독 속에서는 주변 사람들을 우리의 가장 깊은 욕구를 충족시킬 수 있는 파트너가 아니라 모든 것을 감싸는 하나님의 사랑을 함께 명확히 볼 수 있는 형제와 자매로 인식할 수 있습니다."[55]

예수님이 폭풍을 잠잠하게 하신 뒤 세 번째 중요한 질문이 나온다.

제자들이 서로를 쳐다보며 이렇게 묻는다. "그가 누구이기에 바람과 바다도 순종하는가?" 이처럼 우리가 아무리 오랫동안 예수님을 알았다고 해도 그에게는 여전히 우리가 모르는 점이 많다.

폭풍에 대한 제자들의 두려움은 이제 구주와 함께 있다는 사실에 대한 경외심으로 바뀐다. '경외심'도 하나님을 두려워하는 것을 말한다. 성경이 우리에게 허용하는 유일한 두려움이 하나님을 향한 경외심이다. 우리가 어디에서든 하나님을 유일한 경외의 대상으로 인식한다면 우리는 다른 어떤 것도 두려워하지 않게 된다. 신학자들이 지적했듯이 우리 위에 존재하시는 하나님을 두려워하지 않는다면 우리는 주변의 모든 것을 두려워하게 될 것이다.

다시 강조하지만 우리는 심판과 정죄로 인해 하나님을 두려워하지는 않는다. 그 문제는 십자가 위에서 완전히 해결되었다. 우리는 사랑으로 인해 하나님을 두려워한다. 하나님의 사랑이 우리의 삶을 완전히 바꾸기 때문이다. 하나님의 긍휼은 우리를 회개로 이끈다. 하나님의 사랑은 우리 자신의 개인적인 애착과 꿈을 포기하고 다른 사람을 사랑할 수 있도록 해 준다. 십자가 아래서는 우리와 하나님의 사이를 떼어 놓는 모든 것이 사라지며, 그곳에서 우리는 예수님을 통해 하나님과 하나가 될 수 있다. 십자가는 우리가 하나님의 가장 참된 모습을 발견하는 곳인 동시에 하나님을 향한 우리의 믿음이 가장 진실하게 나타나는 곳이다.

- 묵상과 기도의 주제 -

다음 중에서 마음에 가장 와 닿는 질문들을 골라 영성 훈련 노트에
답변을 적어 보자.

1. 하나님이 어떤 분이냐는 질문을 받는다면 어떻게 대답하겠는가?
   지금까지 살아오면서 하나님에 대한 생각이 어떻게 바뀌었는가?
   무엇이 또는 누가 그런 변화에 가장 큰 영향을 미쳤는가?

2. 지금까지 살아오면서 고민했던 잘못된(또는 부적절한) 하나님의 모
   습이 있는가?
   있다면 어떤 모습이었는가?
   하나님의 본성이 남성성(부성)과 여성성(모성)의 특징을 균형 맞게
   가졌다는 설명에 거부감이 있는가?
   당신이 생각하는 하나님의 모습을 좀 더 넓게 확장하는 데 도움을
   받은 그림이나 시 또는 노래가 있는가?
   있다면 어떤 식으로 도움을 받았는가?

3. 돌아온 탕자의 비유에서 자신과 비슷하다고 생각되는 인물은 누
   구이며, 그 이유는 무엇인가?
   자신과 동일시하기가 가장 어렵다고 생각되는 인물은 누구이며,

그 이유는 무엇인가?

당신의 답변은 당신의 '영적인 귀향'과 관련해 무엇을 말해 주는가?

4. 자기 이해와 하나님과의 관계 둘 다를 심화시키는 기회로 고독을 경험한 적이 있는가?

있다면 어떤 식으로 경험했는가?

어떤 두려움이 하나님의 '바다'에 당신의 '골무'를 담그지 못하도록 가로막았는가?

5. '두려움의 집'에서 '사랑의 집'으로 옮겨 간 경험이 있는가?

있다면 어떤 경험이었는가?

두려움을 몰아내는 그 온전한 사랑에 마음을 열도록 도움을 준 것이 무엇인가?

- 영성 심화를 위한 연습 -

앞으로 며칠 동안 언론이나 오락 매체, 교회 등 문화의 다양한 측면에서 보거나 듣게 되는 하나님에 관한 메시지에 주목하라. 거기서 보거나 들은 하나님의 모습 중 어떤 식으로든 자신에게 도움이 되지 않는다고 생각되는 것을 이야기해 보라. 예수님의 면모가 그런 잘못된 하나님의 모습을 어떻게 반증하고 수정해 주는지 영성 훈련 노트에 적어 보라.

- 추가 또는 선택 사항 -

18세기 퀘이커교 전도사였던 존 울먼(John Woolman)은 인간의 죄와 고난으로 만들어진 거대한 어두움의 바다를 비전으로 보았다. 그가 비통해하면서 하나님께 울부짖자 성령이 그에게 새로운 비전을 제시했다. 그보다 훨씬 더 거대한 바다, 끝없는 빛의 바다가 어두움의 바다를 완전히 가리는 비전이었다. 이 비전을 한번 상상해 보라. 마음의 상처와 두려움을 어두움의 바다로 흘려보내라. 그런 다음 빛의 바다가 밀려오는 것을 보고 그 사랑이 당신의 두려움을 씻어 내는 것을 느껴 보라. 하나님께 감사하면서 이 비전의 영적인 현실성을 신뢰하라.

다음 장에서는

지금까지 우리는 하나님에 대한 이해와 하나님의 모습을 탐구했다. 물론 우리는 무한히 신비롭고 비밀스러운 하나님의 모습을 명확하고 온전하게 파악할 수 없다. 사람들이 그 진리를 발견했다고 확신하고 다른 사람들에게도 자신들의 그런 믿음을 강요할 권위가 있다고 생각할 때 우리 삶에 많은 문제와 갈등이 불거진다. 하지만 비록 우리가 하나님을 온전히 안다고 주장할 수 없다고 해도 우리가 부분적으로나마 알 수 있는 하나님의 모습 중 일부는 다른 이미지보다 훨씬 더 올바르며 우리에게 생명을 줄 수 있다. 그리스도인으로서 우리는 하나님의 본성과 성품을 참되게 알기 위해 예수님을 바라본다.

우리가 예수님의 삶과 가르침이라는 렌즈를 통해 하나님을 바라볼 때 그 핵심에는 사랑이 자리한다는 사실을 명확하게 알 수 있다. 일부 신학자들은 하나님이 가지신 속성의 핵심이 무한한 능력(전능)이나 무한한 지식(전지)이라고 주장하지만, 다른 많은 신학자는 그보다는 사랑이 하나님의 지배적인 속성이라고 본다. 초기 교회의 신학자들도 그중에 속한다. 그들은 하나님의 본질을 우리가 알 수는 없지만 하나님의 사랑이 발하는 에너지가 모든 곳의 피조물 전체에 넘쳐흐른다는 사실은 명확히 알 수 있다고 가르쳤다. 예를 들어 4세기의 성 바실리우스(St. Basilius)는 "어느 누구도 하나님의 본질을 보지 못했지 만 우리는 거기서 나오는 사랑의 기운을 경험하기 때문에 그 본질이 존재함을 믿는다"고 적었다. 그로부터 10세기 뒤 그리스의 한 신학자 는 그 맥을 이어 이렇게 말했다. "하나님과 인간의 영혼 사이에서 일 어나는 가장 중요한 일은 사랑하고 사랑받는 것이다."[56]

사랑의 본질은 자신에게 머물지 않고 외부로 나가는 것이다. 사랑 은 사랑하는 사람과의 교제를 통해 실현된다. 아울러 하나님께서는 자신이 모든 피조물, 특히 자신의 형상으로 창조한 우리 인간과 사랑 을 나누듯이 우리도 그처럼 서로 사랑을 나누라고 명하신다. 우리는 사랑에 의해, 사랑을 위해 창조되었다. "사랑하는 자들아 우리가 서로 사랑하자 사랑은 하나님께 속한 것이니"(요일 4:7). 이제부터 본격적으 로 사랑을 탐구해 보자. 우리를 향한 하나님의 사랑, 그리고 하나님과 다른 사람을 향한 우리의 사랑이 그 주제다. 주제의 중요성에 알맞게 다음 장은 우리 책의 정중앙에 위치한다.

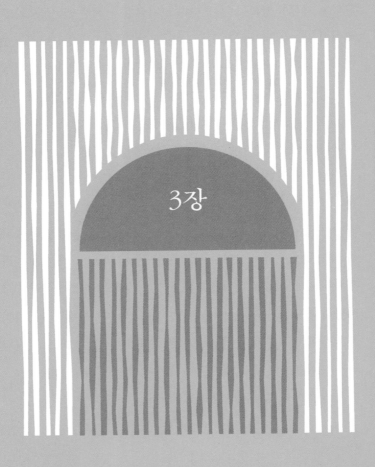

3장

사랑의
본질은
무엇인가?

그리스도 안에서 하나님과 갖는 친밀한 교제의 기쁨을 이웃과 나누어라

'사랑'이란 말의 의미는 아주 다양하다. 무엇이든 긍정적 감정을 과장되게 표현할 때 가장 먼저 선택받는 단어로, 자주 남용될 뿐만 아니라 때로는 혼동을 일으키기도 한다. 예를 들어 영어에서 'love'는 이성은 물론 가족이나 친구에게 느끼는 감정을 표현하는 데 사용하지만 '피자를 좋아하거나 영화 관람을 즐긴다고 할 때도 쓴다('I love pizza' 또는 'I love going to the movies'). 다른 문화권에서도 상황은 비슷하다. 사랑에 관한 우리의 경험이 그처럼 아주 다양하다는 뜻이다. '사랑'의 개념을 그토록 복잡하게 만드는 요인 중 하나는 흔히 우리가 느낌과 행동 둘 다를 일컬을 때 그 단어를 똑같이 사용한다는 사실이다.

우리 마음 한가운데는 '늘 사랑하고 또 사랑받고 싶은' 욕구가 깊이 자리 잡고 있다. 사랑이 우리 존재의 본질이기 때문이다. 우리는 무엇이든 사랑을 약속하는 것에 이끌린다. 하나님께서 이 세상을 창조한 제일의 목적이 사랑이기 때문이다. 에덴동산이 그 예다. 에덴동산은 창조의 여명기에 하나님의 사랑을 완벽하게 나타낸 상징이었다.

나우웬은 하나님의 사랑과 자기 사랑, 그리고 다른 사람의 사랑을 두고 깊이 고민하면서 사랑을 주제로 하는 많은 글을 남겼다. 그에게 사랑은 하나님의 본질이다. 따라서 사랑이 있는 곳에는 반드시 하나님이 계신다고 그는 생각했다. 나우웬은 또 고통이 사랑의 반대가 아니라는 사실도 깨달았다. 사랑의 반대는 두려움이다. 고통이나 심지어 분노도 사랑의 표현일 수 있다. 비록 빗나간 사랑이지만 말이다. 우리가 고통과 분노에 휩쓸릴 때 그 아주 가까이에 사랑이 자리한다.

사랑하기 그리고 사랑받기

...

우리가 깊이 사랑하는 사람은 우리의 일부가 됩니다. 오래 살수록 우리의 사랑을 받으며 그처럼 우리 마음속 공동체의 일부가 되는 사람이 더 많아질 수밖에 없습니다. 우리의 마음속 공동체가 넓어질수록 주변의 낯선 사람들 사이에서 우리의 형제자매를 더 쉽게 알아볼 수 있습니다. 우리 마음속 공동체에서 '살아 있는' 사람들은 우리 주변에서 '살아 있는' 사람들을 잘 알아보기 때문입니다. 우리 마음속 공동체가 넓을수록 우리 주변의 공동체도 넓어집니다. 따라서 거부당함과 버림받음과 죽음의 고통이 결과적으로 영적인 성숙으로 이어져 유익한 열매를 맺을 수 있습니다. 물론 깊이 사랑할수록 상처받기가 더 쉬워 마음이 더 많이 깨어집니다. 그러나 땅을 갈듯이 그 깨어짐의 고통이 더욱 풍성한 열매를 맺어 우리는 그 속에서 기뻐할 수 있습니다.[57]

스물네 살 때 나에게 뜻밖의 중대한 여정이 시작되었다. 그 여정은 남은 생애 동안 하나님과 이 세상 그리고 나 자신을 바라보는 새로운 관점을 형성했다. 출발점은 고환암 3기 진단이었다. 아내 데번과 결혼한 지 1년 남짓한 시점으로 풀러신학대학원에 다니던 중이었다. 당시 나는 우리 지역에 있는 장로교회의 청소년 담당 부목사직에 지원한 상태였다. 그 교회에서 자원봉사를 하고 있어서 교회 사무실에 내 책상도 있었다. 어느 날 나는 등에 생긴 발진을 치료받으려고 병원을 찾았다. 건강검진을 받은 지 5년이 넘었다고 털어놓자 의사는 전신 검진을 실시했다. 그때 나의 왼쪽 고환에서 종양이 발견되었다.

병원에서 나오자마자 아내에게 전화를 걸어 그 고통스러운 소식을 전했다. 다음 날 수술로 종양을 제거하고 생체검사를 맡겼다. 이틀 뒤에는 전신 CT를 찍었다. 그다음 날 종양이 정상피종(전이되는 악성 종양의 일종)이라는 생검 결과를 통보받았다. CT 영상은 목 아래부터 몸 전체 여러 곳에 종양이 전이된 상태를 보여 주었다. 암 전문의는 캘리포니아주 두아르테에 있는 시티오브호프 암센터에서 집중 항암 치료를 받으라고 권했다.

무섭기도 했지만 희망을 완전히 잃지는 않았다. 다만 그런 상태로 목회를 할 수는 없다는 생각이 내 마음을 짓눌렀다. 목회자로 나를 사용하시겠다는 하나님의 부르심을 받았지만 그 소명을 따를 기회를 잃는다는 두려움이 컸다. 하나님께서 내 곁에 계신다고 여전히 믿었지만 솔직히 많이 혼란스러웠다.

이 암울한 통보를 받은 다음 날 나는 부목사 채용에서 나를 제외해 달라고 요청할 생각으로 교회에 갔다. 항암 치료를 받으면서 충실하게 목회자 직분을 감당하기는 불가능하다는 나의 최종 판단에 따른 결정이었다. 목회자로 쓰임 받기를 너무나 간절히 원했기 때문에 심적인 충격이 상당히 컸다.

교회 사무실에서 담임목사의 서재로 가는 길에 그와 마주쳤다. 그는 나에게 채용 통보를 하기 위해 내 책상이 있는 곳으로 오고 있었다. 중간에서 만났을 때 나는 이렇게 말했다. "잭 목사님, 죄송하지만 좋지 않은 소식이 있어서 목사님께 가던 중입니다. 저는 이제 목사 직분을 맡을 자격이 없습니다." 담임목사가 물었다. "무슨 일인가요?" 나는 고환암 3기 진단이 나와서 시티오브호프 암센터에서 집중 항암 치료를 받아야 한다고 설명했다. 거기서 한 번에 일주일씩 병원 부근의 아파트에서 지내며 아침저녁으로 항암제 세 종류를 섞어 투여받아야 하고, 그 후 집으로 돌아와 2주 동안 회복한 다음 다시 항암 치료를 받으러 그곳으로 가야 한다고 말했다. 적어도 그렇게 네 차례는 치료를 받아야 하기 때문에 목사 직분을 제대로 수행할 수 없을 것 같다며 채용을 취소해 달라고 요청했다.

담임목사는 이해할 수 없다는 표정을 지었다. 항암 치료와 목회자 직분 수행 사이에는 아무런 연관성이 없다고 생각하는 듯했다. 당연히 그는 내가 젊은 나이에 그런 진단을 받아서 안타깝다며 나의 건강과 자녀를 갖는 문제를 두고 유감과 걱정을 표했다. 그러나 나의 목회자직과 관련해서는 전혀 우려하지 않았다. 오히려 그는 이렇게 말했다. "당신의 목회자 소명은 신체적인 건강과 아무런 상관이 없어요." 나는 그의 사랑과 나를 받아들이는 마음에 감동하여 말문이 막혔다.

그 후 몇 달 동안의 체험을 통해 나는 사랑이란 주거나 받거나 둘 중 하나가 아니라 언제나 서로 주고받는 상호적인 감정과 행동이라는 사실을 깊이 깨달았다. 목회자로서 하나님의 부르심을 처음 받아들였을 때 나는 교회 회중에게 사랑을 주는 것이 나의 임무라고 생각했다. 사랑을 받는 것이 얼마나 중요하며 얼마나 어려운지에 관해 배우리라고는 전혀 기대하지 않았다.

청소년 전담 목회자라는 새로운 직분을 시작하면서 집에서 차로 두 시간 떨어진 곳에 있는 암센터에 가서 일주일 동안 항암 치료를 받은 뒤 2주 동안 집에서 회복하는 과정을 반복했다. 집에 있는 동안 나는 청소년 모임을 이끌며 그들에게 예수 그리스도를 믿는 것이 무엇이며 왜 믿어야 하는지 가르치고, 멘토로서 그들의 신앙생활을 지도했다. 암센터에 있는 동안에는 청소년들과 부모들이 나를 찾아와 아파트 내부를 밝은색으로 장식해 주고 아내와 나를 위해 음식을 만들어 주었다. 머리카락이 빠지자 우리 교회의 남자아이 중 일부는 나를 응원한다는 뜻으로 자발적으로 삭발까지 했다. 그 일을 계기로 믿음의 공동체 안에서 그리스도의 사랑을 주고받는 것이 나의 목회 사역에서 가장 중요한 사명으로 확고히 자리 잡았다. 17년이 지난 지금도 마찬가지다.

그처럼 사랑은 일방통행이 아니라 쌍방향이라는 사실에 새로이 눈을 뜨게 된 것은 나에게 크나큰 은혜의 선물이었다. 내가 섬기는 공동체를 나 자신도 의지하지 않으면 안 된다는 사실을 체득할 수 있게 해 주었기 때문이다. 그들이 나를 필요로 하는 만큼 나도 그들을 필요로 했다. 하지만 사실 나 자신이 뭔가 부족하고 필요한 사람이 되는 것에 대한 거부감도 컸다. 우선 나는 내가 필요한 것을 충족하기 위해 교회를 '이용'하지 않고 오로지 성도들에게 사랑을 주고 싶었다. 내가 목회자로서 하나님의 부르심을 받은 것은 성도들의 섬김을 받기 위해서가 아니라 내가 그들을 섬기기 위해서가 아닌가? 그러나 역설적이게도 사랑을 받는 것이 사실은 사랑을 주는 또 다른 방식이었다. 내가 공동체의 사랑을 받아들일 때 나의 생각은 이랬다. '여러분은 나에게 줄 뭔가 소중한 것을 갖고 있습니다. 여러분 안에는 주변 사람들과 나눌 하나님의 사랑이 있습니다. 여러분은 그 사랑을 심지어 목회자인 나에게도 나누어 주려 합니다. 나는 그런 사실을 알기에 여러분의 사랑을 기꺼이 받고자 합니다.'

그처럼 내가 그들의 사랑을 받음으로써 나도 그들을 사랑한다는 사실을 우리는 서로 확인할 수 있었다. 그러면서 사랑을 서로 주고받는 목회의 아름다운 시절이 꽃을 피웠다. 목회 사역을 통해 내가 그들의 사랑만 받고 그들을 사랑하지 않았다면 나를 향한 그들의 사랑은 힘을 잃고 말았을 것이다. 또 내가 그들의 사랑을 받지 않고 그들을 '안전한 거리'에 떼어 두며 가까이 다가가지 않았다면 나의 가르침도 그들의 마음속 깊이 도달하지 못했을 것이다.

사랑은 본래 상호주의 원칙을 따른다. 사랑을 주고 싶다면 사랑을 기꺼이 받을 준비가 되어 있어야 한다. 또 사랑을 받고 싶다면 사랑을 기꺼이 줄 준비가 되어 있어야 한다. 물론 그런 상호성에 대한 우리의 이해는 제한적이다. 하지만 누구나 분명히 아는 사실이다. 서로 너무 사랑해서 우리가 가진 전부를 그들에게 주고 싶고, 또 그들도 그들이 가진 모든 것을 우리에게 주고 싶어 하는 가족과 친구가 있을 것이다. 그러나 그런 경험은 그보다 훨씬 거대한 하나님의 사랑을 부분적으로 반영할 뿐이다.

신학적으로 볼 때 사랑이 상호적인 것은 삼위일체 하나님의 품에 사랑이 들어 있기 때문이다. 요한1서는 '하나님은 사랑'이라고 말한다. 그렇다면 '사랑은 하나님'이라는 그 역도 성립하지 않을까? 삼위일체 하나님은 성부-성자-성령이라는 신격의 삼위 사이에서 사랑을 주고받는 완벽한 상호적인 관계로 존재하신다. 사도 바울의 대표적인 축도가 이런 역동적인 교류를 잘 나타낸다. "주 예수 그리스도의 은혜와 하나님의 사랑과 성령의 교통하심이 너희 무리와 함께 있을

지어다"(고후 13:13). 우리는 서로 사랑을 주고받음으로써 삼위일체 하나님께서 가지신 본질적인 생명의 충만하심과 교통하심과 은혜 속으로 들어갈 수 있다.

암 투병을 하는 동안 풀러신학대학원에서 내가 이수한 여러 과정에서 헨리 나우웬의 저서를 다루었다. 나우웬의 설명은 사랑을 주는 것과 받는 것이 서로 분리할 수 없이 연결되어 있다는 사실을 이해하는 데 도움을 주었다. 그의 메시지는 나의 경험과 일치했다. "더 많이 사랑할수록, 또 사랑으로 인해 고통을 더 많이 받을수록 마음은 더 넓고 깊어집니다. 사랑을 진정으로 주고받을 때 당신이 사랑하는 사람은 멀리 떨어져 있어도 당신의 마음을 떠나지 않습니다."[58]

이 언급에서 나우웬은 사랑의 상호성만이 아니라 사랑과 고통의 통합적인 연결성도 지적했다. 그는 일반적으로 담담하게 말하지만 사랑의 주제를 논할 때는 상당히 열정적이다.

사랑은 씨앗이 뿌리를 잘 내리고 튼튼한 싹을 틔울 수 있도록 땅을 가는 쟁기와 같습니다. 우리는 거부당하거나 버림받거나 죽음의 고통을 경험할 때마다 선택을 하게 됩니다. 비통해하며 다시는 사랑하지 않겠노라고 결심하는 쪽을 택할 수도 있지만, 고통 속에서 곧게 서서, 땅이 더 풍요로워져 새로운 씨앗에 생명을 줄 힘이 더 강해지도록 쟁기로 더욱 깊이 땅을 가는 쪽을 택할 수도 있습니다.[59]

잘못된 곳에서 찾는 사랑

...

나우웬은 생애 마지막 수년 동안 캐나다 온타리오주 토론토 외곽의 리치먼드힐에 있는 라르슈 데이브레이크 공동체에 들어가 살며 장애인들을 위해 봉사하는 삶을 살았다. 그가 초기에 쓴 글 중 다수는 진실된 영적인 삶을 찾으려는 자신의 끊임없는 노력을 묘사했다. 가톨릭 사제로 서품받고, 박사 학위를 따고, 예일과 그다음에는 하버드에서 신학 교수로 학생들을 가르치고, 신학교를 떠나 뉴욕주 제네시의 트라피스트 수도원에서 임시 수도사가 되고, 남아메리카에서 선교사로 활동함으로써 충족시키려 했던 영적 탐구였다. 이처럼 다양한 경험을 통해 그는 영적인 삶에 관해 자신이 얻은 교훈과 깨달음을 전하는 심오한 책들을 펴냈다. 그러나 그가 진정으로 찾으려 했던 것은 다른 어디서보다 라르슈 데이브레이크에서 장애인들과 가졌던 소탈한 교제를 통해서 그에게 다가왔다.

그곳에서 지낸 첫해 동안 나우웬은 매일 일과의 첫 두 시간을 아담이라는 한 남자를 돌보는 데 할애했다. 아담은 중증 장애인으로 말을 하지 못했다. 나우웬이 맡은 일은 아담을 깨워 씻기고 옷을 입힌 다음 그와 함께 아침 식사를 한 뒤 아담이 낮에 시간을 보내는 곳으로 그를 데려가는 것이었다. 처음에 나우웬은 그 일을 감당할 수 있을지 자신이 없었다. 사실 두려웠다. 그러나 머지않아 아침마다 그 시간이 기다려졌다. 언제나 아담의 눈에서 예수님의 사랑이 비치는 것을 볼 수 있었기 때문이다.

사람들은 나우웬의 학식이 그처럼 높고 수많은 사람이 그의 책에서 감명을 받는다는 사실을 지적하면서 지금 하는 일이 과연 그에게 이 세상을 위해 봉사하는 최선의 길인지 의구심을 가졌다. 실제로 라르슈 데이브레이크는 공동체의 규모가 아주 작았고, 그와 아담의 관계 역시 다른 사람들이 특별히 관심을 가질 만한 점이 없었다. 한 사람은 내면을 탐구하는 학자요, 또 한 사람은 거동이 어렵고 말을 못 하는 장애인이었을 뿐이다. 그러나 나우웬은 무슨 거창한 일을 하기 위해 자신이 아담과 함께 지내는 게 아니라고 설명했다. 그가 그 일을 한 것은 예수님이 그곳으로 그를 이끌었기 때문이었다. 그는 사람의 장애가 분명히 드러나는 공동체에서 지냄으로써 스스로 자유로워질 수 있으며, 숨겨진 자신의 '장애'도 그곳에서 치유할 수 있다고 믿었기 때문에 그 일을 선택했다. 또 자신이 자비를 베푸는 것만큼 자신도 자비를 받을 수 있어서 그 일을 했다. 무엇보다 그는 기나긴 영적 탐구의 여정 끝에 마침내 그곳에서 기쁨을 찾았기 때문에 그 일을 했다. 나우웬은 이렇게 말한다. "기쁨은 자비가 주는 은밀한 선물입니다. 우리는 그런 사실을 계속 잊어버리고 아무 생각 없이 다른 곳에서 기쁨을 찾으려고 합니다. 그러나 우리는 고통이 있는 곳으로 돌아갈 때마다 이 세상에 속하지 않는 기쁨의 일부를 새롭게 맛볼 수 있습니다."[60]

고통 없는 기쁨을 찾는 것은 고통 없는 사랑을 찾는 것과 같다. 사랑한다는 것은 사랑이 식거나 사랑으로 상처받거나 사랑이 거부된 고통을 충분히 이해한다는 뜻이다. 그러나 우리는 고통에 저항하며, 단지 공허감이나 불안감을 달래 주는 '사랑'을 원한다. 또 우리는 내면의 갈망을 채워 줄 수 없는 곳이나 인간관계에서 그런 사랑을 찾는 경향을 보인다. 완전히 헛짚는 일이다.

받아들여짐과 사랑을 우리가 어디서 찾을 수 있다고 생각하는가? 지식이나 능력, 명예, 성공, 놀라움, 쾌락, 꿈 또는 인위적으로 유도된 의식 상태에서 찾을 수 있을까? 어떤 사람은 자유분방한 성적인 관계에서 사랑을 찾는다. 또 어떤 사람은 인종적, 민족적, 종교적, 이념적 순수성을 가진 사람들의 집단에서 소속감과 의미를 찾는다. SNS의 '좋아요'나 칭찬 댓글을 사랑이라고 생각하는 사람들도 있다. 그러나 이런 것은 하나같이 피상적이며, 일시적인 연대감과 안정감을 줄 뿐이다.

이 같은 우리 상황을 잘 일깨워 주는 성경의 한 대목이 떠오른다. 요한복음 시작 부분에서 세례 요한은 자신을 따르는 제자들에게 예수님에 대해 이렇게 말한다. "곧 내 뒤에 오시는 그이라 …… 내가 전에 말하기를 내 뒤에 오는 사람이 있는데 나보다 앞선 것은 그가 나보다 먼저 계심이라 한 것이 이 사람을 가리킴이라"(요 1:27~30). 또 그는 예수님을 가리키며 "세상 죄를 지고 가는 하나님의 어린 양"이라고 부른다. 그러자 베드로의 형제 안드레와 이름이 밝혀지지 않은 한 친구가 세례 요한을 떠나 예수를 따른다. 그들이 뒤따르는 것을 본 예수님은 뒤를 돌아보며 이렇게 묻는다. "무엇을 구하느냐?" 요한복음에 기록된 예수님의 첫 말씀이다. 진실로 영원히 남을 질문이다.

오랜 세월을 거치며 우리에게까지 메아리쳐 들려오는 이 질문에 우리는 귀를 기울여야 한다. 우리는 인생에서 무엇을 구하는가? 신변의 안전인가? 많은 재산인가? 사람들로부터 인정받는 것인가? 죄책감으로부터 자유로워지는 것인가? 재능을 사용할 기회를 구하는가? 그 외에 어떤 더 깊은 욕구가 인생이라는 이 탐구에 의욕을 불어넣는가? 예수님은 이 두 제자에게 던진 질문을 통해 2000년이 지난 지금의 우리에게 이렇게 물으신다. "너희가 진정으로 찾는 것이 무엇이냐? 너희 영혼이 무엇을 구하기에 나를 따르려고 하느냐?" 우리의 질문에 답을 알려 주어야 마땅하다고 생각되는 분이 오히려 우리에게 묻다니 당혹스러울 수 있다. 그러나 예수님의 그 질문은 우리를 자아성찰의 길로 이끈다. 우리가 막연히 인생에서 원한다고 생각하는 것이 아니라 우리의 마음이 진실로 구하는 것이 무엇인가?

'무엇'을 원하는지 정확히 모른다면 그것을 '어디서' 찾아야 할지는 더더욱 알 수 없다. 나우웬처럼 나도 우리가 찾는 것이 무한한 사랑이라고 말하고 싶다. 그러나 우리는 이것이 우리 마음의 가장 깊은 욕구라고 깨닫지 못하는 경우가 많다. 예를 들어 우리는 무엇보다 부와 번영을 원한다고 생각할 수 있다. 물질적인 안락을 더 많이 누리면 보람을 느끼며 스스로 자랑스러워할 것이라고 상상할지 모른다. 우리 문화에서는 부와 지위가 늘 함께 움직인다. 재산이 많으면 스스로 중요한 사람이라고 느낀다. 하지만 갑부가 된다고 해서 당연히 무한한 사랑을 받는다고 느낄 수 있을까? 물론 그럴 수 없다. 부자 중에서도 만족스러워하고 관대하며 행복해하는 사람이 있는가 하면, 초췌하고 삶에 좌절한 사람도 있다. 왜 그럴까? 물질적 풍요는 무한한 사랑을 느끼는 것과는 전혀 다른 문제이기 때문이다. 부는 기껏해야 피상적인 안락을 주며 우리가 이 세상에 머무는 나날을 약간 더 늘려 줄 수 있을지 모르지만 우리가 무한한 사랑을 받는다고 느끼게 해 줄 수는 없다.

아니면 또 우리가 가장 원하는 것이 인기라고 생각할 수도 있다. 대개 우리는 우리를 좋아하거나 존경하는 사람들이 많기를 원한다. 또 친구를 많이 만들려고 애쓴다. 왜 그럴까? 인기가 우리를 행복하게 해줄 것이라고 믿기 때문이다. 그러나 순간적으로 스쳐 지나가는 여느 덧없는 감정과 마찬가지로 그 행복도 순식간에 왔다가 사라진다. 인기는 행복한 상태를 지속시켜 주지 않는다. 그보다 우리가 진정으로 바라는 것은 지속적으로 사랑받는다는 느낌일 것이다. 인기를 얻으면 사랑받는 것을 느낄 수 있다고 생각하겠지만 실상은 어떤가? 물론 우리에게 동조하고 박수 치는 사람들로부터 사랑받는다고 느낄 수 있지만 그건 일시적일 뿐이다. 그들은 우리가 조금이라도 만족스럽지 않다고 생각되면 곧바로 등을 돌린다. 우리도 마음 깊은 곳에서는 인기를 얻으려고 애쓰는 것이 헛수고라는 사실을 잘 안다. 우리가 언론을 통해 흔히 듣고 보듯이 세계에서 유명한 인기인 중 다수가 외로움과 약물 중독, 절망으로 고통당하며 심지어 극단적인 선택을 하는 경우도 적지 않다. 따라서 우리는 인기가 떨어졌을 때도 여전히 사랑받는다고 느낄 수 있기를 간절히 원한다. 우리가 찾는 것은 한결같이 지속되는 사랑, 이 세상의 변화무쌍한 바람에 의해 이랬다저랬다 하지 않는 사랑이다.

삼십 대 중반에 나는 워싱턴주에서 성도 수가 약 오백 명인 교회의 담임목사를 맡았다. 담임목사를 처음 맡았기 때문에 경험이 턱없이 부족했다. 돌이켜보면 그때 나는 성도들이 나를 좋아해 주기를 너무나 간절히 바랐던 것 같다. 설교에 그들의 삶을 변화시킬 수 있는 감동적인 메시지가 없으면 큰일 날 것 같아 노심초사했다. 성도 모두가 특히 나와 함께 있을 때 행복하게 느껴야 한다는 중압감 속에서 최선을 다하려고 애썼다. 어느 정도 성공한 때도 있었지만 대부분 도달하기 불가능한 목표였다. 또 그것이 하나님의 뜻에 맞지 않는다는 생각이 들 때도 있었다. 특히 내가 모든 것의 기본으로 찾고 있었던 무한한 사랑은 그 교회에서나 어떤 다른 곳에서도 여전히 발견할 수 없었다.

우리가 구하는 것이 무엇인지 명확히 알면 그것을 어디서 찾을 수 있는지 알기가 더 쉽다. 우리가 진실로 구하는 것은 영혼을 만족시킬 수 있는 유일한 것, 바로 무한한 사랑이다. 우리가 그런 사랑을 구한다는 사실은 어린 시절 부모님의 아주 '유한한' 사랑을 경험할 때 가장 먼저 드러난다. 생물학적으로 우리를 이 세상에 낳아 주신 부모님이 최선을 다해 우리를 보살피고 양육할 때 그들의 그 '유한한' 사랑은 우리를 모태에서 조성해 주신 하나님의 '무한한' 사랑을 상징적으로 증거한다.

그러나 만약 부모님이 하나님의 무한한 사랑을 증거하지 못하고 오히려 우리를 다치게 하거나 학대하거나 우리에게 스스로 사랑받을 만한 가치가 있는지 증명해 보이도록 요구한다면 우리는 불안에 떨며 전전긍긍하게 된다. 그럴 때는 우리의 신뢰가 무너지면서 어떠한 제한이나 조건 없이 우리를 받아들이고 기뻐하시며 영원한 사랑을 베푸시는 하나님의 존재를 믿기가 훨씬 더 어려워진다. 인간적인 사랑이 깊은 실망감을 안기면 우리는 완전히 엉뚱한 곳에서 무한한 사랑을 애타게 찾으며 우리 자신의 유능함을 입증하려고 몸부림친다. 지위나 명예, 부와 같은 세상적인 기준에 맞는 외적인 가치를 추구한다는 뜻이다. 나우웬은 사랑을 찾으려는 우리의 열망에 관해 이렇게 말한다.

인간의 마음은 사랑을 갈망합니다. 아무런 조건도 한계도 제약도 없는 사랑을 찾으려고 애를 씁니다. 그러나 사람은 그 누구라도 그런 사랑을 줄 수 없습니다. 우리가 그런 사랑을 사람에게 요구할 때마다 우리는 폭력의 길로 들어서게 됩니다. 그렇다면 우리는 어떻게 비폭력적인 삶을 살 수 있을까요? 다음과 같은 깨달음으로 시작해야 합니다. 완벽한 사랑을 찾으려고 안달하는 우리의 마음은 그 마음을 창조하신 하나님과의 교제를 통해

서만이 그 사랑을 찾을 수 있다는 깨달음을 말합니다.[61]

하나님의 무한한 사랑을 모른 채 사람과 사람이 서로에게 무조건적인 사랑을 요구하면 폭력적인 행동이 나올 수 있다.

예수님은 "무엇을 구하느냐?"라고 물으신다. 지금까지 살아오면서 늘 이 질문을 깊이 생각해 온 나로서는 그에 합당한 대답을 찾는 것이 얼마나 어려운지 잘 안다. 만약 예수님이 우리 면전에서 그렇게 물으신다면 여러분은 어떻게 대답하겠는가? 어떻게 보면 이 질문에 '잘못된' 대답이란 없다. 외면적으로 우리는 아주 다양한 것을 구한다. 그중 일부는 이기적이며, 또 일부는 불안이나 고통에서 생겨난다. "새로운 이성 친구를 사귀고 싶다"거나 "치유를 원한다" 등이 그 예다. 또 일부는 고상하며 다른 사람들을 향한 배려에서 비롯될 수도 있다. "세계 평화를 바란다"거나 "빈민을 위한 정의를 원한다"거나 "온정이 넘치는 공동체를 만들고 싶다" 등이 그 예다. "무엇을 구하느냐?"에 대한 우리의 대답은 인생 여정에서 현재 우리가 어디에 위치하고 있는지를 드러내며, 우리가 가장 중시하는 것이 무엇인지 보여 준다.

그러나 우리 영혼은 가장 고차원적이라고 생각되는 욕구를 뛰어넘어 궁극적으로 갈망하는 것이 있다. 무한하고 무조건적인 사랑이다. 무한한 사랑은 무한한 마음에만 존재한다. 오직 하나님만이 그런 마음을 가지셨다. 그러나 좋은 소식이 있다. 우리의 영혼이 바로 이런 무한한 사랑을 위해 만들어졌다는 사실이다. 나우웬은 성찬을 논하면서 우리 신앙의 핵심인 이 무한한 사랑의 갈망에 관해 이렇게 설명한다.

> 하나님께서는 하나님만이 이룰 수 있고 또 이루시기를 원하는 교제를 우리 마음이 늘 갈망하도록 만드셨습니다. 하나님께서는 이런 사실을 아시지만 우리는 잘 모릅니다. 그래서 우리는 무한한 사랑이 가득한 교제의 경험을 줄곧 잘못된 곳에서 찾습니다. 자연의 장려함과 역사의 흥분되는 순간들에서, 또는 사람들의 매력에서 그 사랑을 찾으려고 합니다. 떡을 떼어 나누는 성찬은 너무 단순하고 일반적이며 수수해 보입니다. 그래서 우리가 갈망하는 그 친밀한 사랑의 교제를 성찬에서는 찾을 수 없다고 생각하기 쉽습니다.[62]

나우웬은 이런 깊은 진실을 알면서도 "무엇을 구하느냐?"라는 예수님의 중요한 질문과 계속 씨름했다. 그는 이렇게 말한다. "세상의 사랑은 항상 조건적입니다. 지금도 그렇고 앞으로도 그럴 것입니다. 나는 이 세상의 사랑에 계속 '중독'되어 쳇바퀴 돌듯이 시행착오를 거듭합니다. 이 세상은 중독을 유발하는 곳입니다. 세상이 주는 것은 내 마음 가장 깊이 자리 잡은 갈망을 충족시킬 수 없어서 계속 더 많이 바랄 수밖에 없기 때문입니다."[63] 나우웬은 이 세상 것 중에서 성취를 구하면 공허함만 얻게 되지만 그런 사실을 알더라도 그 유혹은 언제나 너무 강하다는 것을 인식했다.

세례 요한의 제자였다가 예수님을 따라나선 안드레와 그의 친구도 우리처럼 예수님의 그런 예리한 질문을 받고 어떻게 대답해야 할지 몰라 당혹스러워했다. 그러면서도 그들은 예수님이 자신들에게 무엇을 줄 수 있을지 직감한 듯하다. 그들이 예수님의 질문을 받고서 주저하는 모습이 눈앞에 선히 그려진다. 그들은 눈을 내리깔고 팔꿈치로 서로 밀치며 땅바닥의 자갈에 신발을 문지른다. 그들 마음속의 긴장감이 고스란히 느껴진다. 예수님이 물으신 것이 그냥 단순한 일반적인 질문일까 아니면 신중하게 생각하고 답해야 할 중요한 질문일까?

마침내 그들 중 한 명이 되묻는 방식으로 예수님의 질문에 대답한다. "랍비여 어디 계시오니이까?"(요 1:38). 어떤 면에서 이 질문은 말 그대로 간단한 물음일 수 있다. 그러나 요한복음에 나오는 질문과 답들은 대부분 한 가지 이상의 뜻을 갖는다. 정통 유대인 성경(OJB)은 이 질문을 "랍비여 당신의 처소가 어디입니까?"로 번역한다. 예수님이 사는 곳은 물리적인 공간으로 해석될 수도 있고 신성한 삶에서 내면의 거처를 의미할 수도 있다. 이 제자들은 자신들이 무한한 사랑을 찾고 있다는 사실을 깨닫지 못한 채 무작정 예수님을 뒤쫓았다. 하지만 그들은 예수님이 '계시는(사시는)' 곳에서 그와 함께 있고 싶다고 직감적으로 느꼈다.

우리는 이 이야기가 주는 은혜를 예수님의 대답에서 찾을 수 있다.

예수님은 그의 무한한 사랑으로 그냥 "와서 보라"고 답한 뒤 그들을 자신의 처소로 데리고 가신다. 그들은 그곳에서 예수님과 함께 지내며 자신들이 구하는 것을 찾는다.

하나님께서는 우리가 가진 얕거나 깊은 모든 욕구를 고독과 기도속으로 가져오도록 우리를 초대하신다. 우리는 이런 욕구들을 두고 기도하는 과정에서 우리가 원하고 구하는 것에 대한 조바심을 서서히 떨치고 우리와 대화하시는 하나님께 좀 더 집중하기 시작한다. 그러면 우리도 하나님과 함께 하나님의 처소에 있다는 사실을 깨닫기 시작한다. 그로써 기도는 우리를 예수 그리스도 안에서 하나님의 무한한 사랑을 느끼도록 해 준다. 그것이 기도의 목적이다.

우정

...

인간적인 사랑이 아주 고결한 형태로 나타나는 것이 우정이다. 그 중에서도 최고는 예수님이 제자들에게 베푸신 우정이다. 제자들은 그 우정을 바탕으로 예수님과 '주인' 대 '종'의 관계에서 한층 더 깊은 친밀함의 관계로 성숙해 갔다. 예수님은 공생애의 막바지에서 제자들에게 이렇게 말씀하셨다. "이제부터는 너희를 종이라 하지 아니하리니 종은 주인이 하는 것을 알지 못함이라 너희를 친구라 하였노니 내가 내 아버지께 들은 것을 다 너희에게 알게 하였음이라"(요 15:15).
이런 수준의 우정은 사랑의 가장 깊은 형태에 뿌리를 둔다. 예수님은
인류의 구원을 위해 자신의 삶을 포기하기 직전에 제자들에게 "내가
너희를 사랑한 것같이 너희도 서로 사랑하라"고 명하셨다. 그런 다음
또 이렇게 말씀하셨다. "너희는 내가 명하는 대로 행하면 곧 나의 친
구라"(요 15:12~14). 예수님과 갖는 진정한 우정의 표시는 온전한 사랑
을 우리 사이에서 서로 나누는 것이다. 남을 위해 자신의 모든 것을 기
꺼이 포기하는 것이 온전한 사랑이다. 이런 수준의 우정이 가능하다
고 느끼는 사람은 거의 없다. 그러나 우리 모두 그 수준을 향해 조금씩
나아갈 수는 있다.

　지금까지 내가 경험한 다양한 우정을 돌아보며 그중에서 가장 풍
요롭고 생명을 주는 우정이 어떤 공통점을 갖는지 생각해 보면 그런
우정은 서로 약한 면을 많이 드러내는 특징이 있는 것 같다. 그처럼 서
로 약점이 많은 상태에서는 신뢰가 필수다. 좋은 친구와는 오랫동안
삶의 경험을 나누면서 신뢰를 쌓는다. 그러면서 그런 친구에게는 우
리의 내밀한 고민과 문제들을 털어놓아도 안전하다고 느낀다. 서로
시간과 노력, 무엇보다 마음을 주고받으며 돕는 법을 배워 간다. 나의
경우 최고의 우정은 오랜 세월에 걸쳐 서서히 자라났다.

　십 대 시절 나는 작은 동아리에 들었다. 우리는 원하든지 원치 않든
지 돌아가며 우리의 죄를 고백했다. 시험 부정행위나 절도 또는 거짓
말 같은 죄에는 벌칙이 따랐다. 주로 동료들이 팔로 몇 차례 가볍게 몸

을 치는 벌이었다. 십 대 소년들이 예수님을 따르려고 노력하면서 동시에 스스로 강인해지려는 뜻으로 만든 벌칙으로 진지함 반 재미 반이었다. 그러나 자신의 약한 면을 드러내도록 강요받는다는 느낌을 지우기 어려웠다.

성인들도 서로의 약한 점에서 비롯되는 잘못을 드러내면서 그에 형식적으로 벌을 주는 방식을 취할 수 있다. 그러나 진실한 우정은 서로 약점과 잘못한 점을 드러내는 것이 아주 자연스러워질 때 풍요로움과 깊이와 중요성이 커진다. 모든 우정이 그런 식으로 깊어질 필요는 없다. 서로 다른 관계는 서로 다른 목적을 갖는다. 우리는 성숙해가면서 자신의 약한 면을 드러내도 안전하고 적절하다고 생각되는 사람을 신중하게 선택하며, 또 어느 정도까지 드러낼지 판단하는 것이 중요하다는 사실을 알게 된다. 목회 사역자로서 나는 성도들이 자신의 삶을 정직하게 털어놓고 죄를 고백할 수 있는 안전한 상대가 되어야 한다. 그래야 그들을 신앙으로 인도할 수 있기 때문이다. 그와 마찬가지로 우리 각자도 가장 가까운 친구나 가족이 자신들의 약한 면을 드러내도 좋을 만한 안전한 상대가 되어 줄 수 있어야 한다. 우리는 모두 다른 사람의 말을 경청하고, 자신이 얻은 교훈을 공유하며, 죄를 사하여 주시고 상처를 치유해 주시는 하나님의 사랑을 서로 나눌 소명을 갖는다.

누구에게나 자신의 약한 면을 마음 놓고 보여 줄 수 있는 친구가 필요하다. 우리의 나이나 성별, 성격, 인종이 어떠하든지, 또 성격이 부드럽든지 강하든지, 내성적이든지 외향적이든지, 성적 지향이 어떠하든지, 노동자든지 예술가든지 그런 것은 아무런 상관이 없다. 삶을 나눌 수 있는 동료를 원하는 것이 인간의 내면 깊이 자리한 강한 욕구다. 그러나 지금 우리는 시민적 불안과 정치적 적대감이 갈수록 심화되는 사회에서 살아간다. 사람들은 쟁점 현안을 두고 반목을 일삼는다. SNS에서 밝힌 아주 개인적인 견해를 두고 친구들이 서로 갈라선다. 흔히 보수주의와 진보주의의 가치관을 둘러싼 '문화전쟁'이라고 부르는 극단적 감정 다툼이 우리 사회를 지배한다.

나우웬이 지금 살아 있다면 그는 과연 이 문제에 관해 무엇이라고 할지 궁금해진다. 아마도 그는 스마트폰이 우리 삶을 지배하는 상황에서는 특히 더욱더 우리에게 물리적인 대면 공간이 필요하다고 말할지 모른다. 문자만 주고받을 게 아니라 서로 마주 앉아 눈을 똑바로 바라보며 이야기하고, 만나면 서로 포옹하거나 악수를 할 수 있어야 좀 더 깊이 사랑을 나누고 삶을 나눌 수 있기 때문이다. 최근 코로나19 팬데믹에 따른 방역 조치로 개인적인 연결과 교류가 더욱 어려워지면서 실제로 그런 물리적인 대면 공간의 필요성이 더욱 부각되고 있다. 서로 약한 면을 마음 놓고 보여 줄 수 있는 안전한 공간의 중요성을 강조한 나우웬의 지혜는 지금 우리의 양극화된 문화에도 그대로 적용될 수 있다. 그는 화해를 위해서는 서로에 대한 비판을 삼가는 것이 중요하다며 다음과 같이 역설한다.

남의 행동에 대한 비판이나 비난의 필요성에서 해방되는 순간 우리는 서로에게 안전한 장소가 될 수 있습니다. 그러면 각자의 약점과 잘못을 드러내고 공감하고 동정하며 서로를 분리하는 장벽을 허물 수 있습니다. 하나님의 사랑 안에 깊이 뿌리 내리면 우리는 사람들이 서로 사랑하도록 권할 수밖에 없습니다. 우리에게 숨겨진 생각이나 은밀한 의도가 없고, 우리가 우리 자신만을 위한 이득을 고집하지 않으며, 우리의 유일한 바람이 평화와 화해라는 사실을 사람들이 인식하면 그들은 문 앞에 나와 총을 내려놓고 적들과 대화할 내적인 자유와 용기를 가질 수 있습니다.

이런 일은 사전 계획 없이도 자주 일어납니다. 화해 사역은 우리가 거의 인식하지 못할 때 가장 잘 이루어집니다. 남을 비판하지 않는 우리의 소박한 존재가 화해를 부릅니다.[64]

그런 화해의 능력은 우리가 그리스도인으로서 현시대의 골이 깊은 분열을 치유하는 데 사용할 수 있는 유용한 선물이다. 요즘 우리의 '문화전쟁'에서 서로 드러내는 적대감 뒤에는 많은 두려움과 불안감이 도사린다. 두려움은 우정과 친밀함의 가장 큰 적이다. 두려움은 우리를 서로 멀어지게 하거나, 또는 어쩔 수 없이 서로 매달리게 하되 참된 친밀함은 형성하지 못하게 만든다. 예수님이 겟세마네 동산에서 붙잡히셨을 때 제자들은 두려움에 떨며 달아났다. "이에 제자들이 다 예수를 버리고 도망하니라"(마 26:56). 두려움은 우리를 '안전한 거리'로 서로에게서 떨어지게 한다. 물론 어떤 경우에는 '안전한 가까움'으로 서로에게 다가가게 만들지만 참된 친밀함이 가능한 공간을 만들어 주지는 않는다.

흔히 우리는 두려움에 완전히 사로잡혀 우리 내면의 가장 깊은 곳이 하나님과 친밀하게 만날 수 있는 장소라고 믿으려 하지 않고 터무니없이 외부에서 그런 곳을 찾으려고 초조하게 헤매고 다닌다. 그 결과 우리는 스스로 자신에게 낯선 사람이 된다. 집 주소는 갖고 있지만 한 번도 그 집에 들어가 본 적이 없는 사람처럼 진실한 사랑의 목소리를 들을 수 없는 비극적인 상황에 처한다.

그처럼 마음 깊이 원하는 친밀함을 어디서 찾을지 몰라 두려움 속에서 필사적으로 사랑의 집을 찾아 헤매는 사람들을 향해 예수님은 이렇게 말씀하신다. "너도 네 집이 있다. 나를 네 집으로 삼아라. 그러면 너는 그곳이 내가 나의 집을 둔 한 안락한 곳이라는 사실을 알게 될 것이다. 그 장소는 다른 데가 아니라 네가 있는 바로 그곳이다. 너의 내면 가장 깊숙이 있는 너의 마음이 바로 그 장소다." 이 말씀에 귀를 기울일수록 우리는 그곳을 찾기 위해 멀리 헤맬 필요가 없다는 사실을 더욱 확실히 알 수 있다.

나우웬은 무엇보다 예수님이 우리의 가장 진실한 친구이며 우리의 가장 안전한 피난처라는 사실을 우리에게 상기시켰다. 성경에서 예수님은 이렇게 말씀하셨다. "수고하고 무거운 짐 진 자들아 다 내게로 오라 내가 너희를 쉬게 하리라"(마 11:28), "내가 곧 길이요 진리요 생명이니"(요 14:6), "너희는 마음에 근심하지 말라 하나님을 믿으니 또 나를 믿으라"(요 14:1). 예수님은 자신의 무한한 사랑으로 우리를 위로하시며, 우리에게 방향을 알려 주시고, 우리 심령에 평안을 주신다. 그러면 우리는 심령의 안전과 평안을 누리는 경험을 바탕으로 다른 사람들에게 진실한 친구가 될 수 있는 자유와 용기를 얻는다.

용서

...

용서를 다루지 않고서 사랑을 논할 수는 없다. 용서, 다시 말해 죄사함은 예수님이 십자가에 달리심으로써 우리에게 주신 놀라운 선물이다. 그 십자가는 하나님의 사랑이 어떤 것인지 그 정수를 우리에게 보여 준다. 예수님이 십자가에 달려 처형당하셨을 때 한낮인데도 온 땅에 어두움이 닥쳤다. 그 어두움은 우리 인간이 지은 죄를 상징한다. 우리가 하나님에게서 멀어진 상태, 또 우리가 서로에게서 멀어진 상태를 의미한다. 용서가 절실한 상황이다.

나우웬은 그런 어두움 속에 사는 것과 하나님의 사랑 안에 사는 것 사이의 차이를 이렇게 설명한다.

어두움의 힘이 세상의 모든 부분에 스며들었기 때문에 우리가 거기서 완전히 벗어나기는 불가능합니다. 하지만 이런 힘에 속박받지 않을 방법이 있습니다. 그 속에 우리의 처소를 두지 않고 사랑의 집을 우리 처소로 선택하면 됩니다. 이 선택은 최종적입니다. 항상 기도함으로써 하나님의 숨결로 호흡하는 영적인 삶을 통해 그런 선택이 가능합니다.[65]

신학자이자 영성 작가인 리처드 포스터(Richard Foster)는 저서《영적 훈련과 성장(Celebration of Discipline)》에서 이 선택이 어떤 것인지 잘 보여 준다. 포스터는 그 책에서 자신의 비밀을 털어놓아야 한다고 느꼈을 때를 돌아본다. 그는 그때까지 고백하지 않았던 내면의 은밀한 부분을 밝혀야 한다고 생각했다. 그런 숨겨진 비밀이 자신의 삶에 하나님의 능력이 흘러들어 오지 못하도록, 다시 말해 자신을 사랑의 집에 거하지 못하도록 가로막고 있다고 느꼈기 때문이다. 그래서 그는 자신의 삶을 어린 시절, 청소년 시절, 성인 시절로 구분했다. 그런 다음 필기 준비를 하고 기도와 묵상으로 하나님 앞에 나아가 용서나 치유 또는 그 둘 다가 필요한 자신의 어린 시절 일들을 밝혀 달라고 간구했다. 하나님께서 그런 비밀들을 밝혀 주신다고 굳게 믿고 조용히 기다리며 머리에 떠오르는 모든 것을 메모지에 적었다. 다음 날에는 자신의 청소년 시절에 관해, 셋째 날에는 성인 시절에 관해 그와 똑같이 했다. 그런 다음 그 메모지를 들고 가장 친한 친구에게 찾아가 거기에 적힌 모든 내용을 하나씩 읽어 가며 그때까지 한 번도 발설하지 않았던 모든 것을 털어놓았다. 고백이 끝난 다음 포스터가 메모지를 챙겨 가방에 넣으려 하자 친구가 그 메모지를 빼앗아 잘게 찢어 쓰레기통에 버렸다. 그런 다음 그 친구는 포스터의 어깨에 손을 얹고 과거의 모든 슬픔과 마음의 상처를 치유해 달라고 하나님께 간구하는 기도를 올렸다.

포스터는 그 저서에 이렇게 적었다. "그 기도의 힘이 지금도 나의 삶과 함께하고 있다. 그때 내가 대단히 극적인 경험을 했다고 말할 수는 없다. 사실 그런 일은 없었다. 전혀 강렬한 느낌 없이 순전히 복종하는 행위였을 뿐이다. 그러나 이것 하나는 분명하다. 그 경험이 내가 전에 알지 못하던 방식으로 나를 해방하였다. 이전에 몰랐던 영성의 새로운 면을 탐구할 수 있도록 나를 자유롭게 풀어 주는 듯했다."[66]

하나님께서 예수 그리스도 안에서 우리에게 약속하신 죄 사함의 용서는 죄에 대한 영원한 형벌에서만이 아니라 지금 이 세상에서 우리 삶을 지배하는 죄의 힘으로부터도 우리를 자유롭게 해 주는 것을 의미한다. 우리가 죄를 고백하면 하나님께서는 우리에게 자비와 용서를 베푸신다. 죄를 고백하는 것은 그 숨겨진 죄를 드러내어 예수 그리스도의 빛으로 가져가는 행위다. 성경은 우리에게 이렇게 말한다, "만일 우리가 우리 죄를 자백하면 그는 미쁘시고 의로우사 우리 죄를 사하시며 우리를 모든 불의에서 깨끗하게 하실 것이요"(요일 1:9). 그리스도를 통해 죄 사함을 받아 깨끗하게 되면 그리스도의 빛이 우리의 영광이 된다.

그러나 때로는 우리의 어둡고 은밀한 습관이 오랫동안 숨겨져 있으면서 우리 삶의 다른 부분에 지대한 영향을 미칠 수 있다. 예수님은 그런 문제를 이렇게 설명하셨다. "네 몸의 등불은 눈이라 네 눈이 성하면 온몸이 밝을 것이요 만일 나쁘면 네 몸도 어두우리라"(눅 11:34). 그처럼 죄의 어두움은 모든 것이 빛을 잃게 만든다.

어두움을 쫓아내고 그리스도의 사랑이 발하는 빛 속으로 좀 더 온전하게 들어가기 위해서는 목회자나 그리스도인인 친구의 도움을 받아 자신을 돌아보고 점검하는 시간을 갖는 것이 영적으로 가장 건전한 방법 가운데 하나다. 그런 자기 성찰은 우리를 어두움의 힘에서 해방한다. 예수님은 이렇게 말씀하셨다. "네 온몸이 밝아 조금도 어두운 데가 없으면 등불의 빛이 너를 비출 때와 같이 온전히 밝으리라"(눅 11:36). 우리가 어두움을 고백하면 하나님께서 용서로 우리 마음에 들어오시면서 우리는 위로부터 내려오는 축복 속에서 환히 빛나게 된다.

고백은 하나님께서 모르시는 것을 고하는 것이 아니다. 그건 불가능하다. 또 고백은 불평을 늘어놓는 것이 아니다. 만약 자신의 문제나 고민만 되풀이한다면 고백이 아니라 징징거리는 하소연일 뿐이다. 고백은 누구를 탓하는 것도 아니다. 자신을 항변하며 다른 사람을 비난하면 기분은 좋아질지 모르나 치유는 더욱 멀어진다. 무엇보다 고백은 하나님의 은혜에 전적으로 기대며, 하나님의 선하심에 대한 우리의 신뢰를 선언하는 행위다. '내가 한 행동은 다른 사람에게 해를 끼쳤지만 주님의 은혜가 나의 죄보다 훨씬 크기 때문에 내가 나의 잘못을 고합니다'라고 인정한다는 뜻이다. 따라서 은혜에 대한 이해가 미흡하다면 고백도 미흡할 수밖에 없다. 그럴 경우 진실 밝히기를 꺼리며, 주저하고, 변명과 핑계와 단서 달기로 자신의 잘못을 조금이라도 줄이려고 한다.

하나님의 징계에 대한 두려움만 생각한다면 우리는 자신의 내면을 깊이 세밀하게 들여다볼 용기를 잃는다. 그러나 예수 그리스도의 무한한 은혜를 올바로 이해한다면 우리는 정직한 고백으로 죄를 씻어 내고 과거의 족쇄에서 해방되어 삶을 변화시킬 수 있다. 이처럼 은혜는 정직한 고백을 이끌어 낸다.

나우웬은 용서와 밀접하게 연관된 '열린 마음'에 관해서도 이렇게 말한다. "그러나 열린 마음은 그냥 자연히 생기지 않습니다. 마음을 열려면 자신이 부족하며 허약하고 누군가에게 의존해야 하며, 심지어 죄인이라는 고백이 필요합니다. 기도할 때마다 우리 자신은 하나님이 아니며 하나님이 되고 싶지도 않으며, 아직 우리의 목표에 도달하지 못했을 뿐 아니라 이 세상에서는 그 목표에 결코 도달하지 못할 것이며, 끊임없이 손을 내밀고 생명의 선물을 기다려야 한다는 사실을 알고 있다고 말해야 합니다. 이런 태도를 취하기는 쉽지 않습니다. 자신을 허약하게 만들기 때문입니다."[67] 용서를 주고받는 것은 사랑을 주고받는 것이다. 거기에는 분명히 나약함과 잘못이 존재한다. 용서는 우리 모두에게 필요하다. 그럼에도 우리가 용서를 주고받는 것에 반드시 열린 마음을 갖고 있지는 않다.

마태복음 18장에서 베드로는 예수님께 "형제가 내게 죄를 범하면 몇 번이나 용서하여 주리이까?"라고 묻는다. 예수님은 그 대답으로 어느 임금과 그에게 1만 달란트를 빚진 종의 비유를 이야기하셨다. 당시 1달란트는 거금이었다. 일반적인 근로자가 1달란트를 모으려면 약 15년이 걸렸다. 오늘날의 원화 시세로 대략 환산하자면 1만 달란트는 4조 원에서 5조 원 정도가 된다. 천문학적인 금액으로 종의 신분으로서는 갚기가 불가능하다.

당신이 그 종이라고 상상해 보라. 당신은 헤어날 수 없는 곤경에 처했다. 어떻게 그런 빚을 지게 되었을까? 도저히 이해할 수 없겠지만 아무튼 빚을 갚아야 하는 운명의 날이 다가왔다. 지금까지 알았던 삶은 이제 끝났다. 아내와 자녀 그리고 애써 얻었던 모든 재산을 잃고 아주 오랫동안 채무자 감옥에 갇혀야 한다. 인생을 완전히 망쳤다. 사람들이 당신의 이름을 서글프게 속삭일 것이다. 그래서 당신은 임금 앞에 무릎을 꿇고 빚을 다 갚겠다고 약속하며 그때까지 제발 기다려 달라고 빈다. 그러나 그게 불가능하다는 사실을 당신도 알고 임금도 안다. 다행히 임금은 너그러운 마음으로 당신의 부채를 탕감해 주기로 마음먹고 놓아준다. 죽었다가 살아난 것과 다름없는 안도를 느낄 것이다.

계속되는 이야기에 따르면 빚을 탕감받은(죄 사함을 받았다는 뜻이다)

이 종은 임금 앞을 떠난다. 비유하자면 주일날 성찬을 마친 후 교회를 나선 것과 같다. 그는 곧 자신에게 100데나리온을 빚진 사람을 찾아낸다. 1데나리온은 일반적인 근로자의 일당으로, 오늘날 원화로 치면 200원이 약간 넘는 금액이다. 따라서 100데나리온이라면 2만 원 정도다. 종은 이 남자의 목을 잡고 그 2만 원을 갚으라고 몰아붙인다. 그 가난한 남자는 당장 갚을 돈이 없어서 기다려 주면 갚겠다고 애원한다. 그러나 종은 그의 간청을 외면하고 그를 채무자 감옥에 가두도록 한다. 임금이 그 사건에 관해 듣고 크게 노하여 배은망덕한 그 종을 잡아들여 평생 동안 감옥에 가둔다.

예수님은 베드로를 포함해 여러 제자를 보시며 이렇게 말씀하셨다. "너희가 각각 마음으로부터 형제를 용서하지 아니하면 나의 하늘 아버지께서도 너희에게 이와 같이 하시리라"(마 18:35). 요점은 이렇다. 우리가 다른 사람을 용서해 주지 않는다는 것은 하나님께서 우리를 용서해 주심을 인정하지 않는다는 뜻이다. 그러면 결국 우리는 옥에 갇힌 것같이 속박된 상태에 계속 머물 수밖에 없다.

문제는 우리가 계속 마음의 상처와 원망을 끌어안고 그것이 우리에게 가장 중요한 일인 양 살아간다는 사실이다. 우리에게 상처 준 사람을 용서해 주면 그 상처는 더는 생각하지 말아야 한다. 하지만 그럴 경우 마음의 상처가 자신의 전부라고 생각했던 우리가 이제 자신이 누구인지 알지 못하게 될 수 있다. 마음의 상처와 원망이 없다면 TV의 인생 상담 토크쇼도 사라질 것이다. 하지만 우리가 TV에서 보는 노출증은 극단적인 예시일 뿐이다. 사실 우리는 모두 내면 깊이 생긴 상처에 미묘하게 집착하는 경향을 갖고 있다.

누군가에게 우리를 진실하게 알 수 있도록 허용할 마음의 준비가 되면 우리는 그에게 우리의 깊은 상처에 관해 솔직하게 말하게 된다. 예를 들면 우리는 어떤 사람이 나를 부당하게 대했다고 그에게 밝힌다. 그렇게 나를 대한 사람이 부모나 배우자, 친구 또는 고용주가 될 수 있다. 우리는 그런 이야기를 털어놓으면서 그 당시의 고통을 다시 생생하게 느낀다. 대개 고통은 그 단짝인 분노를 동반한다. 그러면 분노가 마음의 상처를 후벼 파면서 치유는 더욱더 멀어진다.

막상 그런 이야기를 털어놓을 때는 상처가 우리의 전부라고 생각할 만큼 매력적이지 않다는 사실을 잘 깨닫지 못한다. 사실 벌어진 상처는 결코 매력적이지 않다. 하지만 흉터는 다르다. 흉터는 사람을 흥미롭게 만든다. 흉터는 더는 아프지 않은 상처다. 잘 치유되어 아물었기 때문이다. 그러나 상처가 치유되려면 분노와 원망을 떨쳐야 한다. 누군가를 향한 분노를 떨치는 유일한 길이 용서하는 것이다.

예수님이 이야기하신 비유의 요점은 이렇다. 우리가 하나님께 입힌 상처에 대해 자비로운 하나님께서 긍휼을 베푸셔서 용서하셨다는 사실을 기억하고, 우리도 다른 사람에게 똑같이 하라는 것이다. 그리스도 안에 거한다고 공언하는 그리스도인이라면 용서를 어떻게 하는 것인지 몰라서는 안 된다. 상처가 아물려면 당연히 시간이 걸린다. 용서는 단 하나의 결정이나 선언이 아니라 오랫동안 이어지는 과정인 경우가 대부분이다. 그러나 적어도 우리는 상처의 치유를 진지하게 추구할 필요가 있다. 그래야 그 상처의 감정적인 속박에서 벗어나 하나님의 사랑으로 다른 사람들도 자유롭게 풀어줄 수 있다.

나우웬은 우리가 더 큰 자유, 그리스도 안의 새로운 피조물로서 얻는 자유를 향해 나아갈 수 있도록 해 주는 기도에 관해 이렇게 말한다.

> 그리스도인은 하나님이 '그 무엇'이 아니라 온전한 사랑이라는 본질을 가지신 인격적인 존재라고 믿습니다. 그리스도인은 이처럼 사랑으로 가득한 하나님과 일대일 대화를 통해 이 세상을 다시 새롭게 만들 수 있다는 사실을 인식합니다. 따라서 기도는 우리가 할 수 있는 가장 중요한 활동입니다. 기도할 때 우리는 지금의 이 세상에 결코 만족할 수 없다는 사실을 깨닫고 새로운 세계를 실현하기 위해 끊임없이 노력하게 됩니다. 그 새로운 세계의 첫 모습을 우리는 희미하게나마 이미 목격했습니다.[68]

용서는 온전한 사랑의 일부분이다. 용서는 이 세상에서 상처를 없애고 대신 그 부분을 다시 사랑으로 채워 준다.

지금 세계는 도처에서 자행되는 끔찍한 만행으로 신음하고 있다. 수많은 사람이 굶주림과 가난, 폭력과 인종차별의 혹독한 불의에 시달린다. 그럼에도 우리 중 다수는 우리에게 2만 원을 빚진 누군가의 목덜미를 잡고 싶어 안달하며 밤잠을 설친다. 우리의 상처가 그보다 좀 더 실체적인 경우에도 이런 질문이 계속 떠오른다. '나에게 상처를 준 사람, 어렸을 때 나를 괴롭힌 사람, 나의 일자리를 빼앗아 간 사람, 또는 나를 버리고 떠난 사람 때문에 내가 얼마나 오래 과거에 발목이 잡혀 있어야 하는가?' 물론 우리를 학대하거나 해치는 사람과 관계를 유지할 필요는 당연히 없다. 그러나 우리에게 해를 끼친 사람을 용서하는 법을 배울 수는 있다. 분노와 원망은 우리 심령의 평안을 좀먹고 우리의 창의적인 에너지를 약화한다. 용서는 그 같은 우리 내부의 감옥에서 우리를 해방하여 준다.

앞서 말했듯이 지금 이 세상에는 심각한 불의가 횡행한다. 우리는 이런 상황에 강하고 변함없는 하나님의 사랑으로 대응하기에도 바쁘다. 그런데도 다른 사람에게 받은 마음의 상처 같은 개인적인 빚에 계속 얽매이고 싶은가? 오직 자비와 긍휼만이 혐오와 상처를 이길 수 있다. 지금이 바로 그런 상처를 치유할 시점이다. 나우웬은 이렇게 촉구한다. "기도할 때 우리는 사랑으로 나타나는 '힘'의 영향력에 마음을 열게 됩니다. 그 힘에서 우리는 자유를 얻을 수 있습니다. 이 힘의 영향력을 전심으로 받아들이면 우리는 우리 내면에 가득한 수많은 견해나 생각이나 감정에 의해 더는 휘둘리지 않습니다. 삶의 중심을 찾았기 때문입니다."[69] 하나님의 사랑이 우리 삶의 중심에 자리 잡으면 자연스럽게 용서가 우리에게서 다른 사람에게로 흘러간다. 하나님께서 사랑으로 우리에게 베푸시는 죄 사함의 용서는 우리 자신과 주변 사람들을 위한 새로운 생명과 새로운 사랑을 가져다준다. 그에 대한 우리의 합당한 반응은 깊이 감사하는 것뿐이다.

사도 바울은 에베소 교회의 성도들에게 보낸 서신에서 다른 사람을 용서하는 것이 하나님께 감사를 표하는 행위라고 강조한다. "서로 친절하게 하며 불쌍히 여기며 서로 용서하기를 하나님이 그리스도 안에서 너희를 용서하심과 같이 하라"(엡 4:32). 우리 시대의 큰 죄는 올바로 감사하지 않는 것이다. 우리 쪽으로 오는 모든 것을 움켜쥐려 안달하고, 우리가 빌려준 사소한 개인적인 빚도 남김없이 받으려고 발버둥 치게 되면 잠시라도 멈춰 서서 하나님께서 베푸시는 긍휼에 감사할 여유가 없어진다. 실질적으로 변화한 사람이 되지 않고서 단지 교회에서 "예수 그리스도 안에서 우리가 죄 사함을 받았다"라는 말을 들었다고 해서 홀가분한 마음으로 나다닐 수 있을까? 우리에게 필요한 가장 큰 변화는 하나님께 깊이 감사하는 사람이 되는 것이다. 그런 사람이 될 수 있다면 우리가 하나님의 긍휼과 자비를 다른 사람들과 나누기가 전혀 어렵지 않다는 사실을 깨달을 수 있을 것이다.

외로움에서 속함으로

...

사랑은 우리가 누군가의 마음에 속해 있다는 사실을 알게 해 준다. 그것이 사랑이 우리에게 주는 선물이다. 사랑을 받으면 자신이 가치가 있으며, 인정받고, 받아들여지며, 심지어 소중히 여김을 받는다고 느낄 수 있다. 사랑과 우정의 관계가 없으면 우리는 외로움에 시달린다. 외로워지면 사랑의 표시가 새로운 의미를 갖게 된다. 나우웬은 그런 경험을 이렇게 묘사한다. "나를 사랑하는 친구가 있다면 그는 외부 세계에서 무슨 일이 일어나도 우리가 서로에게 속해 있다는 사실이 무엇보다 중요하다는 확신을 줍니다. 그 사실이 고통이나 질병, 심지어 죽음보다 더 중요합니다."[70]

나우웬은 평생 외로움과 씨름하면서 이런 깨달음을 얻었다고 밝힌다. "나는 지난 생애 대부분을 내가 하는 일의 성과와 업적으로 나의 가치가 정해진다고 철석같이 믿고 살았습니다. 초등학교부터 대학까지 나는 우등생이었습니다. 또 학위를 따고 상을 받고 학계에서 잘 나갔습니다. 그렇습니다. 많은 다른 사람과 치열하게 경쟁하며 나는 '외로운' 정상에 도달했습니다. 하지만 그곳에서 얻은 것은 약간의 성공과 약간의 인기, 그리고 약간의 권력뿐이었습니다."[71]

여기서 특히 주목할 점은 나우웬이 자신과 개인적인 성취에 집착한 것을 외로움의 근원으로 본다는 사실이다. 우리는 다른 사람들보다 뛰어나려고 애쓸 때 그들에게서 멀어지게 된다. 이런 문제의 효과적인 해결책이 자신을 낮추는 것이다.

그러나 예수님은 자신의 이익에 매달리지 않았는데도 외로움을 경험하셨다. 우리는 다른 사람으로부터 오해를 받거나 버림받거나 배신을 당할 때마다 우리 자신이 혼자라고 느낀다. 예수님은 온전한 인간이셨다. 외로움은 인간의 조건 중 하나다. 예수님은 사십 일 동안 광야에서 지내시는 동안 때때로 인간으로서 극심한 외로움을 느꼈을 것이다. 누구도 그와 함께할 수 없었기 때문이다. 또 예수님이 처형을 앞두고 겟세마네 동산에서 마지막으로 아버지 하나님께 고뇌의 기도를 올리실 때 그가 가장 사랑하고 신뢰했던 제자들, 예수님을 누구보다 사랑했던 제자들마저 그 자리에 없었다. 무엇보다 예수님은 십자가 위에서 가장 심한 외로움을 겪으셨다. 그는 아버지이신 하나님마저 자신을 버렸다고 느끼셨다.

그렇다면 예수님은 자신의 외로움에 어떻게 반응하셨을까? 정면 돌파했다. 외로움을 피하지 않고 그 안으로 들어갔다. 나우웬은 그것을 외로움에서 '속함'으로 옮겨 가는 여정의 첫 단계라고 보았다. 우리가 모두 똑같이 외로워하는 사람들에게 둘러싸여 이 세상을 살아간다는 사실은 참으로 희한하다. 하지만 우리는 어떻게 반응하는가? 외로움에서 벗어나기 위해 다른 사람들에게 마음을 열어 손을 내밀고 그들과 교제하려고 노력하기보다 개인적인 오락이나 취미 생활로 공허함을 달래려고 하지 않는가? 그러나 나우웬은 외로움이 우리를 '안으로, 위로, 바깥으로' 이동하도록 해 주는 동기가 될 수 있다고 믿었다. 그렇게 함으로써 우리는 외로움에서 '속함'으로 옮겨 갈 수 있다.

첫째는 '안으로' 들어가는 것이다. 예수님은 자신이 십자가로 나아가기를 두려워하지 않았듯이 우리에게도 외로움의 십자가가 있는 우리 내면으로 깊이 들어가도록 초대한다. 외로움을 느끼고, 경험하고,

그 고통을 맛보라는 것이다. 외로움을 부인하거나 피하지 말고 우리에게 주어진 조건과 상황의 엄연한 현실로 먼저 받아들여야 한다는 뜻이다. 우리는 그 고통 속에서 예수님의 깨어진 마음을 알고 거기서 유익을 얻는다. 나우웬은 이렇게 기도한다.

예수님, 예수님의 깨어진 마음의 비밀을 알려 주셔서 감사합니다. 우리에 의해, 또 우리를 위해 깨어진 예수님의 마음이 이제 용서와 새로운 생명의 근원이 되었습니다. 예수님의 허리에서 흘러나온 피와 물은 예수님의 죽음을 통해 나에게 주어진 새로운 생명과 삶을 보여 줍니다. 그것은 예수님 안에서 하나님과 친밀한 교제를 즐기는 삶입니다. 동시에 이 세상을 향한 예수님의 사랑이 실천되도록 돕기 위해 나의 모든 것을 바치도록 요구하는 삶이기도 합니다.[72]

우리는 홀로 있으면 무엇이든 자신이 가진 자원을 새로운 방식으로 사용하게 된다. 최근의 코로나19 팬데믹을 통해 많은 사람이 경험했듯이 외로움은 불편하며, 인생의 길을 걸어가기에 황량한 풍경이다. 도움의 손길도 거의 없다. 오아시스는 아주 드물다. 이곳을 통과해 다른 쪽으로 나갈 수 있을지, 있다면 언제 그럴 수 있을지 알 수도 없다. 익숙하던 것도 생소한 듯하다. 깊은 외로움 속에서는 서로 잘 아는 사람도 달리 보일 수 있다.

그래서 나우웬이 말하는 둘째 단계는 '위로' 올라가는 것이다. 외로움에서 벗어나려면 하나님께로 나아가라는 뜻이다. 하나님 안에서만이 우리는 삶의 확고한 기초가 되는 무한한 사랑을 누릴 수 있다. 사랑은 우리를 하나님 안에 머물도록 하며 하나님과 서로 연결된 상태를 유지해 준다. 예수님도 자신의 가장 중요한 계명으로 사랑을 꼽으시면서 그 순서를 다음과 같이 명백히 밝히셨다. "네 마음을 다하고 목숨을 다하고 뜻을 다하여 주 너의 하나님을 사랑하라 …… 이것이 크고 첫째 되는 계명이요 둘째도 그와 같으니 네 이웃을 네 자신같이 사랑하라"(마 22:37~39). 우리가 하나님의 사랑과 이웃의 사랑 안에 거하면 외로움은 사라진다. 우리는 사랑 안에서 우리가 하나님께, 그리고 우리 서로에게 속해 있다는 사실을 확인한다.

위로 올라가는 이 이동은 외로움과 고독 사이의 차이를 극명히 드러낸다. 그 차이는 나우웬의 경험과 저서의 많은 부분에 영향을 미쳤다. 외로움은 파괴적일 수 있지만 홀로 있음을 의미하는 고독은 풍요롭고 보람 있는 경험으로 하나님의 사랑을 더 깊이 느끼고 더욱 친밀하게 교제할 수 있게 해 준다. 나우웬은 이렇게 말한다. "우리 자신의 진실을 확인하려면 홀로 있는 고독 속에서 하나님께 매달려야 합니다. 하나님은 지금의 우리를 만드신 분이시기 때문입니다."[73] 나우웬의 관점에 따르면 우리는 스스로 고독의 관리자가 되어야 한다. 삶의 필수적인 자원으로써 고독을 장려하고 보호해야 한다는 뜻이다.

우리는 일상생활에서 다른 사람에게나 또는 여러 활동으로 관심을 돌리게 하는 강한 압박을 받는다. 그것이 현대 생활의 특성이다. 그런 상황에서 우리가 이 고독이라는 선물을 어떻게 잘 보호할 수 있을까? 다른 모든 영적인 훈련처럼 고독을 지키는 것에도 의식적인 노력과 헌신이 필요하다. 우리는 특별히 홀로 있는 시간을 내어 하나님의 말씀을 읽고 상고하며, 기도하고 묵상하며, 우리가 얻는 통찰을 노트에 적어야 한다. "여호와는 나의 목자시니 내게 부족함이 없으리로다"(시 23:1)라는 성경 구절을 조용히 반복하거나, 예수님의 모습을 떠올리며 묵상하는 것만으로도 동요하는 우리 마음을 온화한 목자의 평강으로 이끌 수 있다. 그러면 우리는 '우리와 함께 계시는 하나님' 임마누엘의 임재 안에서 평안히 거할 수 있다.

예수님은 우리가 하나님 안에서 그의 생명에 속해 있다는 확약으로써 고독의 선물을 더 풍요롭게 해 주는 동시에 외로움을 누그러뜨려 줄 수 있는 아름다운 이미지를 우리에게 주셨다. 유대인들에게 매우 익숙한 포도나무의 이미지다. 지중해 연안 지역 대부분이 그렇듯이 고대 이스라엘도 포도원에 의존해 생계를 꾸렸다. 포도원은 당시 종교와 문화 둘 다의 중심을 이루는 요소였다. 선지자들은 종종 이스라엘 자체를 포도나무로 묘사했다. 예수님은 이 핵심적인 비유를 새로운 방향으로 돌려 사용하셨다. 자기 자신을 포도나무에 비유한 것이다. "나는 포도나무요 너희는 가지라 …… 내 안에 거하라 나도 너희 안에 거하리라"(요 15:4~5).

'거하다'는 말은 자신의 집으로 삼고 그 안에서 산다는 뜻이다. 나우웬은 '거함'의 개념을 이렇게 설명한다. "나는 예수님 안에 내 집이 있다는 사실을 잘 압니다. 예수님이 하나님 안에 집을 가지신 것과 마찬가지입니다. 아울러 내가 예수님 안에 거하면 나는 예수님과 함께 하나님 안에서 거하게 된다는 사실도 잘 압니다. 예수님은 '나를 사랑하는 자는 내 아버지께 사랑을 받을 것이요'(요 14:21)라고 말씀하셨습니다. 나의 진정한 영적인 사역은 나 자신이 충만하고 온전하게 사랑받도록 허용하는 것이며, 또한 그 사랑 안에서만 나의 소명을 실현할 수 있다고 확신하는 것입니다. 나는 방황하고 동요하고 불안해하는 나의 자아를 하나님이 베푸시는 사랑의 집에 데려가려고 계속 노력합니다. 그곳에 들어가야 무한한 사랑의 포옹 속에서 평안히 쉴 수 있기 때문입니다."[74]

포도덩굴은 나무줄기에서 가지가 뻗어 나와 잎이 나고 꽃이 피며 열매가 맺힌다. 포도 열매를 맺는데 가지는 어떤 역할을 할까? 나무줄기에 붙어 있을 뿐 사실 별다른 역할은 하지 않는다. 나무줄기가 전체적으로 모든 일을 다 한다. 가지는 계속 붙어 있기만 하면 된다. 예수님의 포도나무 비유는 우리가 그분 없이는 열매를 맺을 수 없다는 사실을 상기시킨다. 나무줄기를 통해 수액이 흐르듯이 예수님의 생명이 우리 속에서 흘러야 한다. 그렇지 않으면 열매를 맺을 수 없다. 우리는 예수님 안에서 자신의 영으로 우리 안에 거하시는 예수님과 친밀한 교제를 한다는 사실을 안다. 예수님의 사랑이 우리 존재의 본질이다. 우리는 쏟아져 나오는 예수님의 사랑 안에서 생명과 기쁨과 소속감을 발견한다. 동시에 이 '영적인 수액'은 우리가 '열매를 맺도록' 해 준다. 이 세상에서 다른 사람들과의 관계를 통해 맺는 열매다.

이제 외로움으로부터 '속함'으로 옮겨 가는 마지막 단계로 나우웬이 제시한 '밖으로' 나감에 관해 알아보자. 하나님께서는 우리가 홀로 있는 고독 속에서 불필요하게 웃자란 우리의 가지를 쳐 내신다. 우리 삶에서 하나님을 섬기는 열매를 맺는 데 방해가 되는 것들을 제거한 다는 뜻이다. 고독은 우리 생각을 순수하게 정화시키고 이 세상에서 우리 소명을 명확히 인식하도록 해 준다. 선지자 이사야는 이스라엘이 들포도나무가 되어 믿음 없는 길을 가는 데 모든 정력을 낭비함으로써 참포도의 열매를 맺지 못했다고 꾸짖었다. 예수님은 "나는 참포도나무요 내 아버지는 농부라"(요 15:1)라고 말씀하셨다. 예수님은 이스라엘과 하나님 사이의 언약을 완전히 이루셨다. 우리는 예수님 안에서 하나님을 통해야만 참 열매를 풍성히 맺을 수 있다.

우리가 그 참포도나무 안에 거하면 하나님의 생명 에너지를 충만하게 받을 수 있다. 그러면 우리 안에 있는 사랑의 샘이 끊임없이 채워져 그 사랑이 필요한 다른 사람들에게도 얼마든지 나누어 줄 수 있다. 그래서 위로 올라가는 여정은 우리를 '밖으로' 나가도록 이끈다. 예수님은 "새 계명을 너희에게 주노니 서로 사랑하라 내가 너희를 사랑한 것같이 너희도 서로 사랑하라"(요 13:34)라고 말씀하셨다. 그 서로 간의 사랑 안에서만이 우리가 참된 '속함'을 경험하는 샬롬(화목과 평강)을 얻을 수 있다.

- 묵상과 기도의 주제 -

다음 중에서 마음에 가장 와닿는 질문들을 골라 영성 훈련 노트에 답변을 적어 보자.

1. 당신은 어떤 식으로 다른 사람으로부터 사랑받기를 거부하는가?
   또 어떤 경우에 다른 사람에게 사랑을 주기가 어렵다고 느끼는가?
   사랑은 주고받는 것이라는 상호성을 마음 깊이 깨달았을 때가 언제였는가?
   사랑의 상호성이 당신에게 주는 선물은 무엇인가?

2. 당신은 누구에게서 가치를 인정받고 지지를 얻고 싶었는가?
   사랑받으려고 노력했지만 실망하고 떠나온 곳은 어디였는가?
   진실한 사랑에 관해 무엇을 발견했는가?
   하나님의 무한한 사랑을 어디서 잠시라도 느끼거나 볼 수 있었는가?

3. 당신의 약한 면이나 잘못을 가장 자유롭고 편안하게 털어놓을 수 있는 상대는 누구인가?
   또 누가 당신에게 자신의 약한 면이나 잘못을 마음 놓고 털어놓는가?

당신은 상대방이 진실을 말할 수 있도록 옳고 그름을 따지지 않고 들으려고 어떻게 노력하는가?

갈등 상황에서 진실한 화해를 목격하거나 경험한 적이 있는가? 있다면 어떤 경우인가?

4. 당신은 자신이 행한 어떤 일에서 다른 사람에게 용서를 구해야 한다고 느끼는가?

부족하고 불완전한 점을 용서해 주어야 할 상대가 있는가? 있다면 누구인가?

용서하는 행위는 당신에게 어떤 선물을 가져다준다고 생각하는가?

용서받는 사람에게는 어떤 좋은 점이 있다고 생각하는가?

5. 어떤 상황에서 외로움을 경험했는가?

그 외로움은 고독 속에서 하나님과 함께하는 경험과 질적으로 어떻게 다르다고 생각하는가?

고독의 선물을 어떻게 풍성하게 만들 수 있는가?

사랑의 삼위일체 하나님과 갖는 친밀한 교제에서 어떤 열매를 얻을 수 있다고 생각하는가?

– 영성 심화를 위한 연습 –
상상과 대화의 기도

- 홀로 조용히 앉아 몇 차례 숨을 깊이 들이쉰 뒤 천천히 내쉬며 긴 장을 풀어라. 편안한 상태에서 마음을 열어라.
- 예수님이 당신 앞에 서서 아주 부드러운 눈길과 온유한 진지함으로 당신을 바라본다고 상상하라. 그가 당신의 이름을 부르며 이렇게 묻는 음성을 들어 보라. "너는 무엇을 구하느냐?"
- 자신의 마음속으로 들어가 당신의 강한 욕구와 갈망이 무엇인지 알아보라. 피상적인 것 같다고 생각되면 좀 더 깊이 들어가 보라. 확인된 피상적인 욕구 아래 무엇이 들어 있는가?
- 예수님께 당신의 가장 깊은 욕구를 표현해 보라.
- 가능하다면 예수님과 갖는 대화를 상상해 보라. 당신이 구하는 것을 그분에게 고하고 그분의 말씀을 들어 보라. 대화 내용을 영성 훈련 노트에 기록하라.
- 당신이 가장 간절히 원하는 선물을 성령을 통해 부활한 예수님께 구하라. 하나님께서 당신에게 진실로 옳고 선한 선물을 베풀어 주실 것이라는 사실을 믿고 감사하라.

- 추가 또는 선택 사항 -

당신이 용서를 구해야 한다고 생각하는 상대에게 잘못을 고백하고 사과하는 편지를 써 보라. 또 당신에게서 용서를 받아야 하는 상대에게 용서해 주는 편지를 써 보라. 그 편지를 언제 어떻게 전달하면 좋을지 기도로 하나님께 답을 구하라.

다음 장에서는 ─────────────

모든 사람의 마음에는 하나님의 사랑과 그에 따라 우리가 서로 나눌 수 있는 사랑이 들어 있다. 하나님의 무한한 사랑이 보여 주는 비전은 참으로 아름답다. 선하심으로 우리의 상처를 치유해 주시고, 우리의 깊은 소망을 이루어 주신다는 위안의 약속이 들어 있기 때문이다. 우리는 어디에서든 천상의 연인과 장밋빛 사랑을 주고받고 싶어 한다. 그러나 하나님의 사랑은 결코 그처럼 로맨틱하지 않다.

깨어짐과 소외, 갈등으로 가득한 세상에서는 사랑도 고난이라는 현실에서 벗어날 수 없음을 우리는 깨달아야 한다. 실제로 우리를 향한 하나님의 사랑이 가장 강렬하게 나타나는 것은 죄가 전혀 없으면서도 십자가라는 잔혹한 고문 기구 위에 매달리신 예수님을 통해서다. 예수님은 십자가에 못 박히시면서 불의를 전혀 인식하지 못하는 잔인한 인간을 위해 이렇게 하나님의 긍휼을 구하셨다. "아버지 저들을 사하여 주옵소서 자기들이 하는 것을 알지 못함이니이다"(눅 23:34).

우리는 사랑과 고난이 어떻게 서로 깊이 연관되어 있는지 이미 살펴보았다. 나우웬은 신학적으로, 또 체험을 통해 그런 사실을 잘 알고 있었다. 우리도 우리의 삶에서 그런 사실을 인식한다. 그럼에도 우리는 주변에서 보거나 직접 겪는 고난이 이 세상에 영원히 뿌리를 내리고 있는 것처럼 보이는 이유를 이해하지 못해 고통스러워한다.

이 세상에 만연하는 고난은 우리의 이해를 초월한다. 하나님의 선하신 창조에서 어떻게 악이 생겨났는지 우리가 이해할 수 없는 것과 마찬가지다. 그 두 가지는 서로 연결되어 있지만 똑같지는 않다. 우리가 겪는 고난의 대부분은 이기심과 탐욕, 사악한 이념이 직접 일으킨다. 그러나 자연의 힘이 일으키는 엄청난 고난도 있다. 우리는 그것을 달리 표현할 길이 없어서 종종 '하나님의 뜻' 또는 '불가항력'이라고 부른다. 더구나 이런 힘은 죄를 짓는 사람만이 아니라 무고한 피조물까지 사정없이 내리친다.

이제 우리가 그처럼 외면하고 싶은 이 고난의 영역을 본격적으로 탐구할 시점에 이르렀다. 우리는 그리스도인으로서 고난을 어떻게 이해해야 하는가? 고난 속에 우리를 위한·더 큰 의미와 목적이 들어 있는가? 우리는 어떻게 고난을 견디며, 그것을 통해 성장하고 유익을 도모해야 하는가? 우리는 어떻게 고통을 통해 예수님의 삶과 죽음에 연결되는가? 그 고통이 우리를 어떻게 변화시키는가? 이제 다음 장에서 우리는 '고난 주간'의 의미 속으로 들어가 본다.

4장

우리는 왜
고난을 겪는가?

고통을 딛고 그리스도 안에서 새로운 생명으로 거듭나라

회화 작품은 그 둘레를 에워싸는 액자에 따라 감상의 느낌이 사뭇 달라질 수 있다. 오래전에 무겁고 어두운색의 액자에 넣은 풍경화를 한 점 갖고 있었다. 색상에 드리운 깊은 어두움과 밝은 부분의 명암 대조를 강조한 작품이었다. 나는 그 액자가 마음에 들지 않아 액자 가게를 찾아가서 샅샅이 뒤졌다. 다양한 액자를 두고 고민하던 중 액자의 색이 그림에 나타난 비슷한 색을 두드러져 보이게 한다는 사실을 알게 되었다. 밝은색의 액자를 고르자 그 그림에서 이전에 의식하지 못했던 밝은 부분이 눈에 들어왔다.

고난은 인간의 보편적인 경험이다. 고난은 갖가지 형태로 우리를 괴롭힌다. 신체적인 고난, 정신적인 고난, 정서적인 고난, 영적인 고난 등 아주 다양하다. 고난의 고통이 심해지면 하나님의 존재 자체를 의심하는 사람이 있는가 하면, 그와 반대로 거룩한 치유자이신 하나님과 더욱 긴밀한 관계를 추구하는 사람도 있다. 나우웬은 삶에서 닥치는 고난에 반응하는 방식을 우리 스스로 선택할 수 있다고 생각했다.

> 우리는 삶의 상황과 관련해서만이 아니라 닥치는 상황에 반응
> 하는 방식에서도 선택권을 갖고 있습니다. 예를 들어 같은 사고
> 로 똑같은 피해를 입은 두 사람이 있다고 칩시다. 한 사람에게는
> 그 사고가 억울함의 원인이 되는가 하면, 다른 사람에게는 감사
> 의 원인이 될 수 있습니다. …… 어떤 사람은 나이가 드는 것을
> 억울해하지만 어떤 사람은 기뻐하며 늙어 갑니다. 그렇다고 해
> 서 억울해하는 사람의 삶이 기뻐하는 사람의 삶보다 실제로 더
> 어려운 것은 아닙니다. 반응하는 방식의 선택이 다를 뿐입니다.
> 내면의 선택, 마음의 선택이 다릅니다.[75]

만약 똑같은 사고의 피해자 두 명에게 각각 왜 억울하게 느끼는지,
또는 왜 감사하게 느끼는지 묻는다면 그들은 자신이 당한 사고의 경
험을 서로 아주 다르게 설명할 가능성이 크다. 억울해하는 사람은 하
필 자신에게 사고가 닥친 것이 부당하다거나, 그 사고로 크게 다쳐 정
상적인 생활을 못 하게 되었다며 운 좋게 사고를 당하지 않은 다른 사
람들을 질투할지 모른다. 그러나 감사하는 사람은 자신이 다쳐 정상
적인 생활을 못 하게 되면서 이전에 알지 못했던 내면의 힘을 찾는 계
기가 되었다거나, 자신의 고통을 생각하면 사고로 다친 다른 사람들
을 따뜻한 마음으로 도와주고 싶다거나, 가족과 친구, 의료진의 사랑

과 보살핌에 깊이 감사한다고 말할 것이다.

이처럼 우리는 개인적인 고난의 경험에 자신이 선택하는 '액자'를 씌운다. 어떤 액자는 어두운 면을 강조하는 반면, 다른 액자는 빛과 아름다움을 잘 드러내 준다. 나우웬은 우리가 생명을 주는 액자를 선택할 수 있다고 강조하며 그런 선택을 '관점의 전환'이라고 부른다.

나우웬은 우리가 관점을 전환하려면 복음서에서 예수님이 사람들의 질문에 답하시는 방식을 세밀히 관찰해야 하고 그 방식을 자신에게 적용해야 한다고 생각했다. 복음서를 잘 살펴보면 예수님은 사람들의 질문과 똑같은 방식으로 답하는 경우가 거의 없다. 바리새인들이 간음하다가 잡힌 여자를 끌고 와서 "모세는 율법에 이러한 여자를 돌로 치라 명하였거니와 선생은 어떻게 말하겠나이까?"라고 묻는다. 예수님은 "너희 중에 죄 없는 자가 먼저 돌로 치라"고 말씀하신다(요 8:1~11). 질문에 대한 답에서 한 걸음 더 나아가 '다른 죄인의 목숨을 앗을 만큼 죄 없는 자가 너희 중에 있느냐?'라고 되묻는 것이다.

나우웬은 이렇게 설명한다.

> 예수님은 아래에서 제기된 질문에 대해 위에서 대답하십니다. …… 이 세상의 권세를 뛰어넘은 곳에서 답하십니다. 그의 답변은 하나님과 갖는 가장 친밀한 교제에서 나옵니다.[76]

우리는 고난의 경험에 씌우는 액자를 '위에서' 내려다보는 관점에서 더 많이 선택할수록 고통 속에서 더 많은 빛을 발견할 수 있다. 나우웬에 따르면 우리 삶의 모든 경험은 하나님 안에서 삶의 의미를 찾으라는 끊임없는 초대다. 그는 고난도 이런 관점에서 본다.

인간으로서 겪는 고난이 우리가 갈망하는 기쁨과 평안에 걸림돌이 될 필요가 없습니다. 오히려 고난이 기쁨과 평안을 얻는 수단이 될 수 있습니다. 그것이 우리가 깨달아야 하는 깊은 진리입니다. 영적인 삶, 다시 말해 하나님의 사랑하는 아들과 딸로서 살아가는 삶의 큰 비밀은 기쁨이든 슬픔이든, 즐거움이든 고통이든, 건강하든 병에 걸리든 우리가 살며 겪는 모든 것이 인간됨의 온전한 실현을 향해 나아가는 여정의 일부가 될 수 있다는 사실입니다.[77]

나우웬에게는 외로움이 가장 힘든 고난이었다. 그는 자신이 겪은 외로움을 묘사하며 우리도 그처럼 관점을 전환하도록 다음과 같이 권유한다. "외로움에 관해 생각하면 할수록 외로움이 주는 상처가 그랜드캐니언과 비슷하다는 생각이 듭니다. 외로움으로 인해 우리 존재의 표면이 절개되어 생긴 깊은 상처는 마치 대평원에 깊게 팬 계곡처럼 궁극적으로 경이로운 아름다움과 자기 이해의 무궁무진한 원천이 될 수 있다는 뜻입니다. …… 그리스도인의 삶을 살아간다고 해서 외로움이 사라지지는 않습니다. 그리스도인의 삶은 오히려 외로움을 소중한 선물로 보호하고 간직하는 삶입니다."[78]

그랜드캐니언의 이미지는 새로운 액자를 제공한다. 그 액자는 고독한 존재인 우리 내면의 깊은 계곡을 들여다보도록 우리를 초대한다. 그 속에서 우리는 탐구해야 할 내면의 아름다운 경치와 자아 발견의 놀라운 가능성을 볼 수 있다. 이제 우리는 고난의 주제를 다루며 고통이 어떻게 변화될 수 있는지 살펴보면서 자신의 경험에 어떤 액자를 씌울지에 관한 문제를 계속 짚어볼 것이다. 결론부터 먼저 말하자면 우리가 '위에서' 내려다보는 하나님의 관점을 더 많이 선택할수록 기쁨과 고난 둘 다에서 더 많은 의미를 찾을 수 있다.

고통과 친구 되기

...

우리의 깨어짐에 대한 첫 번째 반응은 그 고통을 정면으로 마주하며 친구로 받아들이는 것이 되어야 합니다. 이런 반응은 상당히 부자연스러울 수 있습니다. 일반적으로 고통과 고난에 대한 우리의 가장 자연스러운 반응은 그런 상황을 피하거나, 거리를 두거나, 무시하거나, 우회하거나, 부인하는 것이기 때문입니다. 고통은 육체적이든 정신적이든 정서적이든 거의 언제나 우리 삶에 끼어드는 불청객입니다. 우리는 고통이 원래 있어서는 안

되는 것이라고 생각합니다. 고통에서는 긍정적인 것을 보기가 불가능하거나, 가능하다고 해도 매우 어렵습니다. 무슨 수를 쓰더라도 피해야 할 상황입니다.

실제로 이것이 우리의 깨어짐에 대한 자연스러운 태도라면 고통과 친구가 된다는 것은 자기 학대처럼 느껴질 수밖에 없습니다. 그러나 내가 겪은 삶의 고통을 돌아보면 치유의 첫 단계가 고통에서 멀어짐이 아니라 고통에 다가감이라는 교훈을 얻게 됩니다. 깨어짐이 마치 축복처럼 우리 존재의 친밀한 일부가 될 때 우리는 두려움을 극복하고 고통과 친해지려고 용기를 낼 수 있습니다.[79]

여기서 나우웬은 인간으로서 우리가 겪는 고난의 크나큰 역설을 지적했다. 고통에서 벗어나는 길을 찾으려면 고통 속으로 들어가야 한다는 역설이다. 회피와 부인은 고난을 더 오래 연장할 뿐이다. 상처를 그냥 두면 곪아 가는 것과 같은 이치다. 고통을 모른 체하고 눌러 덮어 두면 옆길로 새어 나오게 마련이다. 고통을 받아들이고 그 속으로 들어가야만 치유가 시작될 수 있다.

물론 고통을 향해 나아가고 그 속으로 들어가는 것은 결코 쉬운 일이 아니다. 나우웬도 그런 사실을 인정한다.

우리는 살면서 수많은 상처를 입습니다. 치유를 위해 마음을 열면 열수록 상처가 얼마나 깊은지 더 명확히 보입니다. 그러다 보면 치유를 포기하고 싶은 강한 유혹을 느낍니다. 들추는 상처 하나하나 아래 더 많은 상처가 드러나기 때문입니다. 하지만 참된 치유는 고난과 고통을 찾아내야 가능합니다. 아직 흘릴 눈물이 많이 남아 있습니다.

하지만 두려워하지 마십시오. 자신의 상처를 더 잘 알수록 그 고통을 마주할 힘이 더 강해집니다.[80]

우리가 우리 내면의 풍경을 마주할 때 불안을 느끼는 것은 당연한 일이다. 그러나 우리는 나우웬에게서 큰 위안을 얻을 수 있다. 그는 오랜 고뇌 끝에 마침내 외로움이라는 자신의 큰 상처가 미지의 아름다움이 가득한 심연과 같다는 깨달음을 얻었다. 우리 존재의 깊은 곳에는 심오하고 아름다운 선물이 들어 있다. 우리가 하나님의 형상으로 지어졌기 때문이다. 아무리 깊이 묻혀 있고 빛이 바랬어도 우리 영혼의 소중한 아름다움은 "우리가 힘입어 살며 기동하며 존재하는"(행 17:28) 그분 안에서 생생하게 살아 있다. 그러나 그 깊은 심연으로 내려가려면 용기가 필요하다. 따라서 도움 구하기를 주저해서는 안 된다. 성령은 우리를 믿음의 공동체에 머물게 한다. 그곳에서 우리는 "너희가 짐을 서로 지라 그리하여 그리스도의 법을 성취하라"(갈 6:2)라는 부르심을 받는다.

나우웬은 상처를 더 깊이 인식하는 것 자체가 내면의 힘을 의미한다고 강조하며 두려워하지 말라고 계속 우리를 격려한다. 연약함으로 인해 고통을 마주할 수 없다면 그 고통을 인정할 용기도 낼 수 없다. 나우웬은 이렇게 말한다. "무엇보다 어려운 일은 상처를 생각만 하지 않고 실제로 상처를 마주 보고 참고 견디며 살아가는 것입니다. …… 우리는 상처를 머리로 가져갈 것인지 마음으로 가져갈 것인지 끊임없이 선택해야 합니다. 머리에서는 분석할 수 있습니다. …… 그러나 그곳에서는 최종적인 치유가 이루어질 가능성이 희박합니다. 우리는 상처가 마음속 깊이 내려가도록 해야 합니다. 그래야 상처를 실제로 느끼며 참고 살아가면서 그 상처 때문에 나의 삶이 무너지지는 않는다는 사실을 알 수 있습니다. 우리의 마음이 상처보다 훨씬 더 큽니다."[81]

여기서 나우웬은 고통의 경험을 이해하는 새로운 관점을 우리에게 제시한다. 예로부터 머리에서 마음으로 가는 길이 가장 멀다는 말이 있다. 상처를 이성적으로 분석해 봤자 큰 도움이 되지 않는다. 그러나 마음은 우리를 더 깊이 데려간다. 우리의 마음은 우리의 치유자이신 그리스도의 마음을 통해 하나님과 연결될 수 있다. 그리스도 안에서 우리의 상처를 느끼며 살아가기 시작할 때 우리는 고통이 변화되고 있음을 감지한다.

나우웬은 내면의 상처를 어떻게 위로하고 달랠 수 있는지 다음과 같이 설명한다.

마음의 상처 하나하나를 친구로부터 괴롭힘을 당한 어린아이로 생각하십시오. 그 아이가 친구에게 앙갚음하려고 소리 지르며 발버둥 치면 또 다른 상처가 생길 뿐입니다. 그러나 그 아이가 충만한 위안을 주는 부모의 포옹을 경험할 수 있다면 고통을 참고 견디며 상처를 준 친구에게 돌아가 그를 용서하고 새로운 관계를 쌓을 수 있습니다. 자신을 부드럽게 대하고 상처를 실제로 느끼고 견뎌 내십시오. 아이를 위로하는 사랑스러운 부모의 마음으로 자신의 상처를 어루만지십시오. [82]

우리는 흔히 마음을 감정이 존재하는 곳이라고 생각한다. 그러나 마음은 단순히 느낌이나 감정보다 훨씬 더 크고 넓은 개념의 현실을 가리킨다. 고대 유대인과 그리스도인들은 마음을 기억과 상상, 직관이 포함되는 영적인 지각의 중추 기관으로 보았다. 따라서 마음은 우리를 하나님과 연결하는 인간 삶의 기본 차원이었다. 나우웬이 "마음은 상처보다 훨씬 크다"며 우리를 안심시켜 줄 수 있는 이유가 거기에 있다.

우리가 가진 마음의 상처 하나하나를 괴롭힘을 당한 아이로 보는 나우웬의 시각은 또 다른 저술가인 플로라 뷰엘너(Flora Wuellner)의 지혜를 떠올리게 한다. 뷰엘너는 치유에 관한 여러 권의 저서에서 치유되지 않은 상처 각각을 '내면의 아이'로 보라고 권한다. 그 아이는 고통스러운 느낌을 숨기려고 문제를 일으키는 행동을 일삼는다. 뷰엘너는 예수님과 맹인 거지 바디매오의 이야기를 예로 든다. 바디매오는 주변 사람들이 그에게 조용히 하라고 꾸짖어도 예수님께 자신을 불쌍히 여겨 달라고 외친다(막 10:46~52). 뷰엘너는 "우리는 모두 우리에게 자비를 베풀어 달라고 외치는 내면의 바디매오를 갖고 있다"고 말했다. "하지만 그의 목소리는 종종 들리지 않거나 우리 주변 사람들에 의해, 때로는 심지어 우리 자신에 의해 무시된다."

뷰엘너는 또 "분노하고, 불안해하며, 불평하고, 비판하며, 해야 할 일을 질질 끌고, 다른 사람을 지배하려고 하는 우리의 부정적인 면은 대부분 도움을 구하는 깊은 내면의 외침"이라고 지적했다. 그런 부정적인 면은 주로 어린 시절의 트라우마에서 비롯된다. 우리는 주변에서 흔히 그런 트라우마를 극복하고, 뛰어넘어, 용서하고, 잊으라고 하는 이야기를 듣는다. "하지만 마음의 상처는 저절로 사라지지 않는다"고 뷰엘너는 강조했다. "상처는 치유하지 않으면 우리 내면의 어둡고 잊힌 공간에 갇혀 있는 버림받은 아이처럼 울부짖는다. 그 아이가 존재를 드러낼 수 있는 유일한 길은 부정적인 태도를 견지하거나 약물 중독 등으로 현실에서 도피하는 것이다. 그 모든 것이 고통의 증상이다."[83]

뷰엘너는 자신의 저서에서 내면적 치유를 위한 묵상법을 제시한다. 뷰엘너가 그 묵상을 어떻게 이끄는지 살펴보는 것이 나우웬의 '괴롭힘을 당한 어린아이' 이미지를 우리 자신에게 적용하는 데 도움이 될 수 있다. 이 묵상법은 맹인 거지 바디매오를 치유하시는 예수님의 이야기를 바탕으로 한다. 뷰엘너는 바디매오에게 던진 예수님의 질문에 초점을 맞춘다. 긍휼을 베풀어 달라는 바디매오의 외침에 예수님은 걸음을 멈추고 이렇게 말씀하신다. "네게 무엇을 하여 주기를 원하느냐?"(막 10:51). 곰곰이 묵상하면 우리가 많은 유익을 얻을 수 있는 질문이다.

- 편안한 자세를 취하라. 천천히 두어 차례 심호흡을 한 다음 자연스러운 호흡으로 돌아가라.
- 하나님의 부드러움이 당신을 감싼다. 그 깊은 힘 안에서 편히 쉬라. 이제 당신은 사랑과 관심으로 안전하게 보호받는다. 하나님께서 당신의 마음속 깊숙이 있는 욕구와 상처와 갈망을 들으신다. 하나님의 사랑을 호흡으로 들이쉬라.
- 자신과 다른 사람의 삶을 더 어렵게 만드는 내면의 잘못됨이나 충동을 하나님께 털어놓아라. 끊임없는 불안, 과도한 분노, 과잉 통제, 질투심, 친밀함에 대한 두려움, 중독적인 습관 등이 그 예다.
- 하나님/예수님께서 이 내면의 '문제아'를 들어 올려 감싸 안고 그 아이의 이야기를 들어주면서 치유의 손길로 쓰다듬는 모습을 상상하라. 하나님께서 당신 내면의 문제를 치유와 변화의 빛으로 감싸 안는 동안 안전한 하나님의 임재 안에서 편안함을 느껴라. 절대 서두르지 말고 필요한 시간을 충분히 가져라.

- 마무리할 준비가 되었다고 느끼면 기지개를 켜고 얼굴과 손을 부드럽게 마사지하라. 하나님께 받은 은혜와 선물에 감사하라. 하나님의 치유하시는 사랑이 당신을 여전히 감싸고 있다는 사실을 인식하며 조용히 묵상을 마무리하라.[84]

여러분도 느꼈겠지만 뷰엘너의 방식은 나우웬의 방식과 약간 다르다. 구체적으로 말하자면 나우웬은 내면의 상처받은 어린아이를 위로하는 '부모' 역할을 우리가 맡는 방식을 제시하지만, 뷰엘너는 내면의 상처받은 어린아이를 하나님께서 친히 감싸 안고 치유해 주시는 것을 상상하도록 권한다. 그 두 방식 전부 유효하다. 우리가 '선한 부모' 역할을 직접 떠맡는 것은 우리 안에 들어 있는 하나님의 형상을 반영한다. 하나님의 조건 없는 사랑과 치유하는 자비가 우리를 통해 나타남을 일컫는다. 성령의 은혜 덕분에 하나님의 사랑이 이미 우리 영혼 깊이 스며들어 있기 때문에 우리는 그 사랑 안에서 우리 자신의 고통과 친구가 됨으로써 내면의 상처받은 아이를 치유할 수 있다.

상실
...

사랑하는 가족이 세상을 떠나면 어떻게 해야 할까요? …… 우리는 그런 상실을 애도해야 합니다. 이야기하고 행동함으로써 상실감을 사라지게 할 수는 없으나 눈물을 흘리며 쓰라리게 슬퍼할 수는 있습니다. 슬퍼한다는 것은 상실감이 우리가 가진 안정되고 안전한 느낌을 허물어 버리고 우리를 깨어짐이라는 고통스러운 현실로 이끌도록 한다는 뜻입니다. 우리는 비통을 통해 삶의 심연을 경험할 수 있습니다. 그곳에서는 안정적이거나 분명하거나 확실한 것이 없으며 모든 것이 끊임없이 변하고 달라집니다.

......

그러나 이 모든 고통의 한가운데서 아주 놀라운 음성이 들려옵니다. "애통하는 자는 복이 있나니 그들이 위로를 받을 것임이요"(마 5:4)라고 말하는 예수님의 음성입니다. 전혀 기대하지 않았던 뜻밖의 소식입니다. 우리의 비통 속에 축복이 감추어져 있다는 소식입니다. 평안한 자가 아니라 애통하는 자가 복이 있다니! 눈물 속에 은혜의 선물이 숨겨져 있습니다. 애통 속에서 춤의 첫 스텝이 시작됩니다. 상실에서 솟구치는 외침이 우리가 부르는 감사의 노래가 됩니다.[85]

우리는 스스로 어찌할 수 없는 상황으로 많은 고난을 겪는다. 사랑하는 사람의 죽음 같은 상실은 우리가 선택하는 게 아니라 그냥 우리에게 주어진다. 나우웬은 그런 경우 가장 먼저 해야 할 일이 상실을 진심으로 애통하는 것이라고 말했다. 슬퍼해야 할 일에 슬퍼하지 않을 수 없다. 몇 년 전 남편이 갑자기 세상을 떠난 뒤 나는 애통에도 고유한 생명력이 있다는 사실을 깨달았다. 애통은 우리가 그 지속 기간을 제어할 수 없는 하나의 과정이다. 누구라도 그 과정을 임의로 단축할 수 있는 지름길이 없다. 나의 경우 애통은 여지없이 내 마음을 찢어 놓으면서 나의 진을 빼놓았다. 그러나 나우웬은 "사랑하는 사람을 잃음으로 인해 우리가 생각했던 안정감이 갈가리 찢어지도록 허용해야 합니다"라고 말했다. 삶이 우리의 자아 정체감에 의문을 표하면서 우리의 내면을 뒤흔들어야만 우리는 그 정체감을 변화시키거나 확장하거나 좀 더 큰 근원에서 더 넓은 정체성을 찾아 나설 수 있기 때문이다.

마치 원치 않는 고난의 잔이 우리 손에 쥐어져 그 쓴맛을 보지 않을 수 없는 듯한 상황이다. 나는 남편을 잃은 상실감에 따른 슬픔을 씹어 삼키고, 그 고통을 소화하고, 그 엄연한 현실을 전적으로 받아들인 뒤에야 사랑하는 영혼의 동반자 없이 새로운 삶을 시작할 수 있었다. 그런 쓰라린 과정을 통해 나는 고통과 혼란, 두려움과 분노의 깊은 구렁에서 새로운 무엇이 생길 수 있다는 교훈을 얻었다. 나의 이런 개인적인 경험은 나우웬이 말하는 변화의 한 가지 예에 불과하다. 그는 이렇게 우리를 안심시킨다. "우리의 비통 속에 축복이 숨겨져 있으며, 우리의 눈물 속에 은혜의 선물이 들어 있습니다."

나는 그 같은 개인적인 애통을 '고난의 잔'으로 표현함으로써 겟세마네 동산에서 예수님이 하신 기도를 다시 생각한다. 예수님은 그 곳에서 심히 슬퍼하고 고민하며 이렇게 기도하셨다. "아빠 아버지여 아버지께는 모든 것이 가능하오니 이 잔을 내게서 옮기시옵소서"(막 14:36). 우리는 그 잔에 담긴 것이 고난뿐이라고 생각하기 쉽다. 그러나 나우웬은 '그 잔을 마심'으로써 우리의 관점을 더욱 넓힐 수 있다고 생각했다.

나우웬은 그 '잔'을 우리의 삶 전체로 본다. 그는 마태복음 20장 20~23절에 기록된 이야기에 초점을 맞춘다. 세베대의 두 아들 야고보와 요한의 어머니가 예수님께 자기 아들들이 주의 나라에서 주의 좌편과 우편에 각각 앉게 해 달라고 청한다. 예수님은 야고보와 요한에게 직접 말씀하신다. "너희는 너희가 구하는 것을 알지 못하는도다 내가 마시려는 잔을 너희가 마실 수 있느냐?" 그들은 "할 수 있나이다"라고 대답한다. 그러자 예수님은 "너희가 과연 내 잔을 마시려니와"라며 자신의 나라에서 앉는 좌석의 위치는 하늘에 계신 아버지의 뜻에 따라서 정해진다고 말씀하신다. 나우웬은 신부로서 성체성사 도중에 "내 잔을 너희가 마실 수 있느냐?"라는 예수님의 물음이 가슴에 파고드는 것을 느꼈다. 그는 저서 《이 잔을 들겠느냐(Can You Drink the Cup?)》에서 이렇게 돌이킨다.

이 질문은 강퍅해진 마음을 깨뜨려 열고 영적인 삶의 힘줄을 드러내는 힘을 가졌습니다. "이 잔을 마실 수 있느냐? 이 잔을 남김

없이 비울 수 있느냐? 모든 슬픔과 기쁨을 맛볼 수 있느냐? 무슨 일이 있더라도 너의 삶을 충실하게 살 수 있느냐?"[86]

나우웬은 이 질문에서 세 가지 이미지를 떠올렸다. 잔을 잡고, 들어 올려, 마시는 모습이다. 잔을 잡는다는 것은 우리 삶을 주어진 대로 받아들인다는 뜻이다. "나에게 마시도록 주어진 것은 무엇입니까? 내 잔에 무엇이 들어 있습니까? …… 우리는 다른 누구의 삶이 아니라 우리 자신의 삶을 살아야 합니다. 우리는 우리 자신의 잔을 잡아야 합니다."[87]

나는 남편 존과 함께 우리의 두 어머니를 우리 집에서 11년 동안 모셨다. 친정어머니는 우리 집에 오셨을 때 매우 허약한 상태였다. 20개월 뒤 어머니가 돌아가셨을 때 나는 그동안 어머니를 돌보느라 완전히 탈진했다. 존과 내가 겨우 터널 끝의 빛을 막 보기 시작했을 때쯤 이번에는 90세였던 시어머니가 낙상으로 고관절 골절상을 입으셨다. 나는 그 사실이 무엇을 의미하는지 정확히 알았다. 거동 못 하시는 노모를 집중 간병해야 하는 상황으로 또다시 밀려들어 갈 수밖에 없다는 뜻이었다. 솔직히 나는 내 잔을 들고 싶지 않았다!

나우웬은 이렇게 설명한다. "삶의 잔을 마신다는 것은 우리가 살아가면서 겪는 모든 것을 우리 자신의 것으로 만든다는 뜻입니다. '이것이 나의 삶'이라고 말하는 동시에 '이것이 나의 삶이 되기를 원한다'고 말하는 것입니다. 삶의 잔을 마신다는 것은 모든 슬픔이나 기쁨과 함

께 우리 자신의 고유한 존재 조건을 완전히 자신의 것으로 만들어 내
면화한다는 의미입니다." 그러나 솔직히 말해 나는 시어머니가 고관
절 골절상을 입은 후 나에게 다가온 삶을 거부하고 싶었다. 나우웬은
그런 저항도 충분히 이해했다. 그는 이렇게 말한다.

오랫동안 우리는 우리 자신의 삶을 받아들일 수 있다는 확신을
갖지 못할 가능성이 큽니다. 우리는 더 낫거나 적어도 지금과는
다른 삶을 찾기 위해 계속 투쟁할 것입니다. 종종 우리 안에서
우리의 '운명'을 거부하려는 강한 저항이 일어납니다. 우리의 모
국이나 부모, 피부색 또는 성적 지향 등은 우리가 선택한 것이
아니기 때문입니다.
……
때때로 우리는 주어진 삶의 상황을 바꾸기 위해 할 수 있는 모든
일을 하고 싶어 합니다. 다른 몸으로 태어났기를 원하거나 다른
시대에서 살기를 원하거나 다른 마음을 갖기 원합니다. 우리의
내면 깊은 곳에서 외침이 터져 나올 수 있습니다. "내가 왜 이런
사람이 되어야 하나요? 내가 청한 것이 아닙니다. 나는 그것을
원치 않아요."
그러나 주어진 현실에 서서히 적응하고, 우리 자신의 슬픔과 기
쁨을 연민의 눈으로 바라보게 되고, 이 세상에서 우리 자신의 존
재가 갖는 고유한 잠재력을 발견하게 되면서, 우리는 내면의 저

항을 초월해 우리 삶의 잔을 입술에 대고 조심스럽게 서서히, 그러나 마지막 한 방울까지 마실 수 있게 됩니다.[88]

남편 존과 나는 그의 어머니를 9년 더 돌보면서 시간이 오래 걸리긴 했지만 우리 삶의 새로운 현실을 좀 더 안정되게 받아들일 수 있었다. 어려움과 함께 기쁨도 컸던 시간이었다. 나는 시어머니의 숨겨진 재능과 우리 관계에서 상호성의 은혜를 발견하면서 시어머니를 더 온전하게 받아들이고 사랑하게 되었다. 하나님의 인자하심 덕분에 나는 서서히 나 자신이 살아야 하는 삶의 잔을 잡고, 들어 올려, 마실 수 있었다. 나우웬의 표현에 따르면 나는 "인간임을 온전히 축하"할 수 있었다.[89]

인간적인 고난이 있다고 해서 창조주의 아름다운 계획이 빛을 잃는 것은 결코 아니다. 우리가 감내해야 할 가장 고통스러운 상실조차 하나님께서 구원의 완성을 드러내실 아름다운 융단을 짜는 실로 사용된다.

"우리가 알거니와 하나님을 사랑하는 자 곧 그의 뜻대로 부르심을 입은 자들에게는 모든 것이 합력하여 선을 이루느니라"(롬 8:28). 진실로 우리는 "그리스도 안에서 때가 찬 경륜을 위하여 예정하신" 하나님의 계획을 신뢰할 수 있다. "하늘에 있는 것이나 땅에 있는 것이 다 그리스도 안에서 통일되게 하려 하심"이기 때문이다(엡 1:10). 이 구절에서 말하는 '땅에 있는 것'은 당연히 인간의 고난을 포함한다. 우리가 단단히 붙들 수 있는 희망이 그것이다.

기쁨 선택하기
...

우리가 수용해야 하는 가장 근본적인 조건 중 하나는 우리의 삶
이란 계속 이어지는 이동이나 통과라는 사실을 깨달아야 한다
는 것입니다. 우리는 태어나면 모태를 떠나 가족이라는 더 넓고
밝은 세계로 이동합니다. 그에 따라 모든 것이 달라지며 되돌아
갈 수 없습니다. 학교에 들어가면 집과 가족을 떠나 더 넓은 공
동체로 옮겨 갑니다. …… 우리 삶의 전부가 계속 달라집니다.
늙으면 은퇴하거나 일자리를 잃습니다. 또다시 모든 것이 변합
니다. 우리는 늘 삶의 각 단계를 통과하면서 그 과정에서 누군가
를, 어느 곳을, 또는 무엇을 얻거나 잃습니다.

우리는 원망이나 분노 또는 무시당한다는 느낌에 의해 스스로
파멸의 구렁텅이로 빠지려는 유혹을 끊임없이 느끼며 이 모든
과정을 거칩니다. …… 우리는 건강과 사랑하는 사람, 일자리,
희망, 꿈을 되찾을 수 없이 잃어버리는 개인적인 상실로 인해 환
멸을 느낍니다. 우리의 삶 전체가 상실, 끝없는 상실로 가득합니
다. 그런데 상실이 생길 때마다 우리는 선택을 해야 합니다. 상

실로 인해 분노와 탓하기, 증오, 우울, 억울함으로 옮겨 가든가 아니면 무엇인가 새롭고, 더 넓고 깊은 것으로 이동하든가 둘 중에서 택해야 합니다. 상실을 피할 수 있는 길은 없습니다. 따라서 상실을 계기로 더 넓고 깊은 삶과 자유로 가는 길을 선택하는 것이 무엇보다 중요합니다.[90]

지금까지 우리는 우리의 경험이라는 하나의 그림에 어떤 액자를 씌울지 선택하는 일이 얼마나 중요한지, 또 그 액자가 우리의 관점과 태도에 어떤 영향을 미치는지 살펴보았다. 개인적으로 나는 남편을 여의면서 그런 선택을 할 기회가 있었다. 남편 존은 우리의 서른세 번째 결혼기념일에 세상을 떠났다. 그래서 33이란 숫자를 고통스러운 기념일로 볼 수도 있었고, 아니면 정확히 33년이라는 세월을 즐겁게 보낼 수 있도록 우리가 받은 결혼이라는 선물을 상징하는 숫자로도 볼 수 있었다. 나는 후자를 택했다. 남편을 잃은 상실의 경험에 씌우기 위해 내가 고른 액자는 책꽂이를 대신하는 양면의 지지대처럼 우리의 결혼생활을 시작과 끝 양쪽에서 떠받쳤다.

상실과 고통에 씌우는 액자를 선택하는 방식은 다른 선택에도 영향을 미친다. 삶을 희망적이고 긍정적으로 바라보는 액자를 선택하면 미래의 다른 선택에서도 좀 더 긍정적인 태도를 견지할 수 있는 기초가 다져진다. 나우웬의 지적처럼 만약 "상실감을 분노와 책임 전가, 증오, 우울, 원망으로 이어지는 통로로 선택하면" 외부와 단절된 채 자신의 내면으로 옴츠러들면서 파괴적으로 변하고, 고난에서 더 깊은 의미와 더 큰 목적을 발견할 기회를 잃게 된다. 만약 내가 서른세 번째 결혼기념일과 겹친 남편의 죽음을 오로지 고통스러운 운명으로만 받아들이기로 선택했다면 나는 매년 그 시기가 되면 삶의 불공평함을 원망하며 '도대체 왜?'라는 전혀 쓸모없는 의문의 덫에 갇혔을 것이다.

물론 고난은 큰 장애물이다. 새로운 삶과 더 넓은 관점, 하나님과 또는 다른 사람들과 더 깊은 교제를 위한 우리의 선택을 가로막는다. 그러나 나우웬은 우리가 새로운 삶을 선택하고, 그와 함께 기쁨을 발견하도록 우리를 격려한다.

> 예수님에게는 분명히 기쁨이 슬픔보다 더 깊고 더 참된 삶의 상태입니다. 예수님은 새로운 삶의 징표로 기쁨을 약속하십니다. "너희는 근심하겠으나 너희 근심이 도리어 기쁨이 되리라. 여자가 해산하게 되면 그때가 이르렀으므로 근심하나 아기를 낳으면 세상에 사람 난 기쁨으로 말미암아 그 고통을 다시 기억하지 아니하느니라. 지금은 너희가 근심하나 내가 다시 너희를 보리니 너희 마음이 기쁠 것이요 너희 기쁨을 빼앗을 자가 없으리라"(요 16:20~22).[91]

여기에서 나우웬은 우리를 '슬픔'이라는 낮은 곳에서 '기쁨'이라는 높은 곳으로 옮겨 가게 한다. 그처럼 위로 이동하는 과정은 우리에게 희망을 준다. 나의 경우 남편을 여읜 후 주변에서 받은 위로 카드 중 얄궂게도 모욕적으로 느껴지는 한 카드에서 그 같은 이동의 과정이 시작되었다. 그 카드는 앞면에 밝은색의 해바라기가 그려져 있고 내 지에는 "온전히 기쁘게 여기라"(약 1:2)라는 구절이 적혀 있었다.

나는 그것이 몰이해한 조의이며, 나의 상실감을 완전히 무시하는 메시지라고 생각했다. 남편의 죽음을 어떻게 기쁘게 여기란 말인가? 현실적인 슬픔을 달랠 시간이 필요한 나에게 어떻게 그렇게 말할 수 있다는 말인가? 그러나 마침내 나는 예수님이 말씀하신 그 기쁨의 나라를 살짝 엿볼 수 있었다. 성령이 나의 시야를 더 높은 관점으로 들어올려 남편의 아름다운 생명이 하나님의 사랑이라는 영원한 포옹 속에 들어 있음을 느낄 수 있었다. 예전과는 다른 차원이지만 남편의 활력을 여전히 느낄 수 있었다. 그의 활력은 신비롭고 멋진 차원에서 뻗어 나와 나의 비통함을 꿰뚫었다. 하나님의 은혜였다. 그때 내가 아직은 '온전히 기쁘게' 여길 수 없다고 해도 그 모든 것을 '온전히 은혜로' 여길 수는 있다고 생각했다. 아무튼 나는 은혜와 기쁨이 적어도 다정한 사촌 사이는 된다고 생각했다.

나우웬은 예수님이 말씀하신 기쁨의 경험을 두고 이렇게 부연 설명한다.

예수님은 제자들에게 자신을 다시 볼 수 있다고 약속하시면서 기쁨을 이야기하셨습니다. 따라서 그 기쁨은 사랑하는 친구가 오랜 기간 타지에 있다가 돌아왔을 때 우리가 느끼는 감정과 비슷합니다. 그러나 예수님은 기쁨이 그 이상이라는 점을 분명히 밝히십니다. 그것은 '그 자신의 기쁨'으로 하늘에 계신 아버지와 함께 가지신 사랑에서 흘러나와 우리의 기쁨을 충만하게 해 줍니다. "나의 사랑 안에 거하라. …… 내가 이것을 너희에게 이름은 내 기쁨이 너희 안에 있어 너희 기쁨을 충만하게 하려 함이라"(요 15:9, 11).[92]

나우웬에 따르면 기쁨은 본질적으로 사랑과 연결되어 있다. 그의 통찰은 나의 내면에서 깊은 반향을 일으켰다. 어떤 경우든 사랑받는 경험은 분명히 기쁨을 주며, 다른 사람을 사랑하는 행동도 기쁨을 가져다준다. 낯선 사람들 사이에서 주고받는 사랑의 제스처도 기쁨을 불러일으킨다. 이처럼 기쁨은 사랑에서 나온다. 우리가 단지 인간적인 경험으로 이런 진리를 알 수 있다면 예수님의 마음 안에서는 더욱 위대한 진리를 깨달을 수 있지 않을까? 십자가에 높이 달리신 그리스도는 이 세상 전체를 향한 하나님의 사랑과 자신을 향한 아버지의 사랑을 깊이 아시기 때문이다.

그 사랑은 우리가 고통을 피하지 않고 그 속으로 들어가 고통을 견뎌 낼 수 있도록 해 준다. 깊이 사랑할수록 사랑의 상실은 더욱 고통스럽다. 사랑은 공감과 긍휼을 뒷받침하는 힘이다. 우리는 그 힘으로 다른 사람들의 고통을 함께 나눌 수 있다. 사랑은 우리의 안락을 희생하도록 요구하며, 때로는 다른 사람들을 위해 위험을 무릅쓰도록 이끈다.

이처럼 사랑은 기쁨의 가장 큰 원천인 동시에 고통을 감내할 수 있도록 해 주는 가장 강한 힘으로 작용한다. 따라서 우리는 고통과 기쁨을 함께 경험하는 경우가 많다. 그렇다고 반드시 처음에는 슬픔, 그다음은 기쁨이라는 단계적 순서를 따르는 것은 아니다. 그 두 가지는 역설적으로 서로 뒤엉켜 나타날 수 있다. 기쁨 속의 고통('달콤한 슬픔'), 또는 고통 속의 기쁨('씁쓸한 기쁨')이 그 예다. 나우웬은 이런 역설을 자주 이야기했다.

> 예수님은 기쁨과 슬픔을 서로 떼어 놓을 수 없다는 사실을 우리가 깨닫도록 요구하십니다. 기쁨과 슬픔은 '한 세트'이며, 애도와 춤은 같은 동작에 속한다는 뜻입니다. 살아가는 모든 순간에서 우리가 감사해야 하고, 우리 각자가 행하는 모든 여정이 하나님의 마음에 우리의 마음을 일치시키기 위한 하나님의 길이라는 사실을 우리가 받아들이도록 예수님이 명하시는 이유도 거기에 있습니다.[93]

예수님은 '기쁨이 슬픔보다 더 깊고 참된 상태'라고 명확히 인식하시기 때문에 우리도 기쁨을 선택하는 것이 하나님 나라의 충만함으로 들어가는 가장 신실한 길이라고 확신할 수 있다. 그러나 이 세상에서 기쁨을 순수한 상태로 경험하기가 거의 불가능하다. 인간으로 살아가면서 실망이나 슬픔 또는 아직 우리가 볼 수 없는 것에 대한 갈망 등과 섞이지 않은 기쁨을 우리가 어떻게 맛볼 수 있겠는가? 여기서 나우웬의 통찰이 위안을 준다. 이 세상을 살아가는 우리에게는 어려움도 많고 성취도 많지만 우리 삶은 하나님께서 뜻하신 대로 우리를 만들어 가기 위한 '틀'이라고 그는 믿는다. 하나님은 우리가 하나님의 뜻에 따를 경우 우리를 좀 더 온전한 그리스도의 형상으로 빚기 위해 우리 삶의 모든 경험을 사용하신다. 우리를 빚는 하나님의 손길에 우리가 "주님의 뜻에 맡기옵니다!"라고 말하는 한 가지 방법이 기쁨을 선택하는 것이다. 슬픔과 기쁨을 함께 겪어 내야만 마침내 우리는 은혜넘치는 하나님의 나라에서 기쁨과 빛이 가득한 삶에 도달할 수 있다.

그리스도 안에서 겪는 고난

...

예수님은 그 두 제자에게 "내가 마시려는 잔을 너희가 마실 수 있느냐?"라고 물으셨습니다. 그들은 마실 수 있다고 대답했지만 사실 예수님의 질문이 무엇을 의미하는지 몰랐습니다. 예수님의 잔은 슬픔의 잔입니다. 자신의 슬픔만이 아니라 인류 전체의 슬픔이 들어 있습니다. 육신적, 정신적, 영적인 고통으로 가득한 잔입니다. 굶주림과 고문과 외로움과 거부와 포기의 잔입니다. …… 비통이 가득한 잔입니다. 그런 사실을 안다면 누가 그 잔을 기꺼이 마시려고 하겠습니까?[94]

이 세상의 고난과 환난은 견디기 힘든 극심한 고통을 부른다. 갈수록 심해지는 기후변화에 따른 자연재해부터 중독 유행까지, 독성 폐기물이 일으키는 질병부터 세계적인 팬데믹의 재앙과 그에 따른 경제적 황폐함까지 이루 다 말할 수 없을 정도다. 우리가 잘 아는 사람들로 구성된 작은 집단에서부터 눈을 들어 다른 지방, 다른 나라 또는 세계 전체에서 고통받는 사람들의 슬픔을 살펴보면 우리는 그 지독하고 처절한 고통을 이해하기도 어렵고 견디기도 힘들다.

예수님도 곧 닥칠 고난을 앞두고 겟세마네 동산에서 기도하실 때 "땀이 땅에 떨어지는 핏방울같이 되더라"(눅 22:44)라고 묘사될 정도로 극한적인 고뇌를 겪으셨다. 예수님은 그 잔을 자신에게서 다른 곳으로 옮겨지기를 간절히 기도했다. 나우웬은 그 순간 예수님의 마음 상태를 이렇게 상상한다. "예수님은 사람으로서 자신에게 닥칠 고난을 견딜 수 없다고 생각하셨습니다. 겪어야 할 고통이 너무 크고, 감당해야 할 괴로움이 너무 크며, 견뎌야 할 고뇌가 너무 컸기 때문입니다. 예수님은 형언할 수 없는 슬픔으로 가득한 그 잔을 마실 수 없다고 느끼셨습니다."[95]

그러나 예수님은 마지막에는 내면의 힘을 얻어 "그러나 내 원대로 마시옵고 아버지의 원대로 되기를 원하나이다"(눅 22:42)라고 기도를 마치셨다. 나우웬은 그 상황을 바탕으로 다음과 같은 예리한 질문과 심오한 답변을 제시한다.

그렇다면 예수님은 어떻게 그처럼 상상을 초월하는 고난을 받아들이실 수 있었을까요? 이 질문에 제가 정확히 답변할 수는 없습니다. 그러나 적어도 예수님은 몸과 마음으로 경험하는 모든 버려짐과 비통을 뛰어넘어 자신이 '아버지'라고 부르는 분과 영적인 결속을 유지하셨다는 사실은 분명히 말할 수 있습니다. 예수님은 배신을 초월하는 신뢰, 절망을 초월하는 순복, 모든 두려움을 초월하는 사랑을 가지셨습니다. …… 극도의 고뇌에도 그 사랑의 끈은 끊어지지 않았습니다. 그 사랑은 몸으로 느낄 수도, 마음으로 생각할 수도 없지만 바로 그곳에 있었습니다. …… 그 사랑은 모든 혼란과 붕괴와 깨어짐 아래서도 영적인 교제를 유지해 주었습니다. 예수님이 그 잔을 잡고 들어 올려 마지막 한 방울과 심지어 그 찌꺼기까지 다 마실 수 있도록 해 준 것이 바로 그 영적인 힘줄이었습니다. 강한 의지력이나 흔들리지 않는 결의, 또는 대단한 영웅주의의 과시가 아니었습니다. 그것은 자신의 상처 입은 마음을 사랑하시는 '아버지'께 고하는 깊은 영적인 받아들임이었습니다.[96]

개인적으로 나도 나우웬이 말한 영적인 결속의 일부를 맛보았던 것 같다. 남편을 잃은 직후 나는 이전에 몰랐던 아주 고통스러운 일을 겪었다. 하나님을 향한 나의 신뢰가 무너진 것이다. 남편이 보낸 이 세상 마지막 한 달 동안 나와 친구들, 가족들, 동료들은 그의 치유를 위해 열렬하고 고뇌에 찬 기도를 하나님께 수없이 올렸다. 하지만 그 수백 아니 수천 건의 기도가 전부 보이지 않는 유리천장에 가로막혀 하늘로 올라가지 못하고 아래로 떨어진 듯했다. 나는 하나님이 아니면 다른 누구에게도 도움을 구할 수 없다고 믿었지만 하나님이 내 앞에서 사라지신 듯이 느꼈다. 완전히 덫에 걸려 빠져나올 수 없는 듯했다. 하나님의 사랑은 전혀 느낄 수 없었고 내가 마치 심연의 가장자리에 서 있는 듯했다. 남편만 잃은 게 아니라 하나님과의 관계도 잃어버린 것 같아 고뇌는 더 컸다.

그러다가 어느 날 차를 몰고 시내로 가던 중 문득 하나님을 향한 신뢰가 나의 내면 깊은 곳에 여전히 건재하다는 사실을 깨달았다. 그러면서 안도감이 내 마음을 적셨다. 그때 나는 감정적인 신뢰와 영적인 신뢰가 다르다는 사실을 깨달았다. 감정적으로 나의 신뢰는 여전히 깨어진 상태였다. 그러나 그 잔해 아래 단단한 바탕이 있었다. 느낌과 의식적인 생각의 표면 아래 깊숙한 곳에 든든한 반석이 나의 영을 떠받치고 있었다. 이 신비한 현실을 인식하면서 나는 나우웬이 말한 '영적인 힘줄'에 눈을 떴다. 절대 끊어지지 않는, 하나님과 연결된 결속의 끈 말이다. 그런 깨달음이 중요한 전환점이 되면서 나는 드디어 남편을 잃은 슬픔을 딛고 일어설 수 있었다. 나와 하나님 사이의 관계는 표면에서만 깨어졌을 뿐이었다. 이제 그 관계는 더욱 단단한 기초 위에서 다시 굳건히 세워질 수 있었다.

우리가 사는 이 세상 삶에서 슬픔의 잔은 어디에나 있다. 그 잔마다 고뇌와 고통이 넘쳐흐른다. 깨어짐의 범위가 너무 넓어 이해하기가 불가능하며, 아무리 애써도 그 일부조차 치유할 수 없다고 느끼는 것이 당연하다. 그러나 인간의 고난은 전부 다 서로 연결되어 있다. 우리의 삶이 하나님 안에서 연결되어 있기 때문이다. 나우웬은 이렇게 우리를 상기시킨다. "우리는 슬픔을 각각 개별적으로 느낍니다. 그러나 우리는 모두 슬픔을 보편적으로 느끼기도 합니다." 예수님은 개인적인 고난을 받아들이면서 인간적으로 처절한 고뇌를 겪었다. 그런 다음 예수님은 하나님께서 우리의 고난에 대해 부여하실 수 있는 보편적이고 더 큰 의미를 보여 주셨다. 예수님처럼 우리도 우리를 향한 사랑이 무한하신 하나님께 우리의 삶과 죽음을 맡김으로써 우리의 영적인 힘줄을 연결하는 방법을 배울 수 있다.

*   *   *

"그리스도가 죽으셨다"는 것은 사람의 아들인 동시에 하나님의 아들이신 예수님이 모든 시간과 장소에서 발생하는 인간의 고난을 직접 겪으심으로써 그 고난이 하나님의 내면적인 삶으로 들어 올려졌다는 진리를 의미합니다. 죄책감이나 수치, 외로움, 굶주림, 억압, 착취 또는 고문이나 감금, 살인, 폭력이나 핵 위협 등 하나님께서 겪지 않은 인간의 고난이란 존재하지 않습니다. 하나님께서 예수님 안에서, 또 예수님을 통해, 우리와 함께 계시는 임마누엘이 된 이래 고난에서 완전히 홀로 고통당하는 인간은 없습니다.[98]

예수님은 자신이 고난의 잔을 마셔야 한다는 것을 온전히 수용하기 힘들어하셨다. 그러나 그 고뇌의 깊이는 예수님의 몸부림이 순전히 개인적인 고난에 관한 것만이 아님을 보여 준다. 겟세마네 동산에서 예수님 앞에 놓인 잔에는 모든 시대를 아우르는 인간의 고난 전체가 담겨 있었다. 따라서 예수님이 '아버지'의 뜻에 순복한다고 말씀하셨을 때 그가 받아들인 고난은 육신적인 것보다 영적인 부분이 훨씬 더 컸다. 예수님은 '우리와 함께 계시는 하나님'으로서 인류의 고난을 영적으로 견딜 수 있었다. 예수님은 오직 자신의 신성을 통해 개인적인 고통의 한계를 초월하는 동시에 마음을 활짝 열어 인간적인 소외에 따른 깨어짐과 적대감을 그 모든 비참한 형태로 고스란히 받아들일 수 있었다. 이것이 그리스도의 화목 사역이 감당해야 했던 전체적인 중량이다. 말씀이 육신이 된 목적이 바로 그것이다. 예수님이 육신과 영혼을 다 바쳐 그 잔을 마시기를 주저하신 것은 이 세상에 만연하는 죄와 고통의 엄청난 중량 때문이었음이 분명하다.

나우웬은 이 주제를 좀 더 깊이 파고든다.

> 우리는 이 세상의 고난이 하나님의 고난이라는 내적 지식에 도
> 달해야 합니다. 이 땅에서 남녀노소가 겪는 고통은 겟세마네 동
> 산에서 우리가 잠시 볼 수 있었던 하나님의 고뇌가 무한히 깊음
> 을 우리에게 상징적으로 보여 줍니다. 인간의 역사는 가장 심오
> 한 의미에서 보면, 그리스도가 겪은 고난을 서서히 펼치는 것입
> 니다. 인간의 역사가 지속되는 한 그리스도가 겪은 고난의 이야
> 기는 끝나지 않습니다.[99]

파스칼은 "예수님은 이 세상이 완전히 끝날 때까지 고난을 겪을
것"이라고 말했다.[100] 그리스도가 우리의 고통을 통해 계속 고난을
겪는다는 지적에 우리는 당혹스러움을 느낄 수 있다. 그러나 사도 바
울은 그리스도가 이 세상에 있는 당신의 몸인 교회를 통해 고난을 겪
는다고 가르친다. 우리는 우리 자신의 십자가를 지고 예수님의 본을
따름으로써 그리스도의 고난을 채우거나 완성한다(골 1:24). 예수님
도 비유를 사용해 우리가 "지극히 작은 자" 가운데 한 명의 고통을 덜
어 주면 예수님의 고통을 덜어 주는 것이고, 그렇지 않으면 고통받는
사람들 안에서 예수님을 알아보지 못하는 것이라고 말씀하셨다(마
25:40, 45).

우리의 믿음이 갖는 중요한 비밀은 우리가 그리스도의 삶에 참여

하며, 그리스도는 성령의 은사를 통해 우리 안에 거하신다는 사실이다. 우리는 특히 세례와 성찬의 성례에서 이런 영적 연합을 확인하고 기념한다. 예수님은 포도나무와 가지의 이미지를 사용해 자신과 그를 따르는 우리 사이의 상호내주(相互內住)를 설명하셨다. "내 안에 거하라 나도 너희 안에 거하리라"(요 15:4). 우리와 함께, 우리를 위해 고난당하시는 그리스도와 우리가 연합하면 우리 자신의 고난도 심오한 의미를 띠며 기품 있게 변한다. 우리가 구원으로 향하는 고난에 참여하게 된다는 뜻이다. 우리의 고난이 지금까지 알지 못했던 심오한 목적을 갖게 되는 것이다.

나우웬은 라르슈 데이브레이크의 장애인들 사이에서 놀라운 특성을 발견했다. "그곳 사람들은 '어떻게 하면 괴로움에서 벗어날 수 있을까?'라고 묻지 않고 '어떻게 하면 괴로움을 성장과 통찰의 기회로 만들 수 있을까?'라고 묻습니다. …… 온전하고 똑똑하고 건강한 사람만을 가치 있게 판단하는 이 세상으로부터 거부당한 그들 가운데서 나는 인간의 고난과 하나님의 고난을 연결하는 방법을 배우는 사람들을 보았습니다. …… 그들은 장애로 인해 겪는 고통을 어떻게 기회로 바꿀 수 있는지 물었습니다."[101]

불안, 탈진, 질병, 불의, 상실, 학대 등 우리가 삶에서 겪는 모든 형태의 괴로움은 우리의 고통을 하나님께 맡길 수 있는 기회다. 우리는 우리가 겪는 고난이 구원의 목적에 사용되도록 기도할 수 있다. 하나님께서는 모든 것이 협력하여 선을 이루도록 역사하시기 때문이다. 14세기 영국의 여성 영성 지도자 노리치의 줄리안(Mother Julian of Norwich)은 삶에 관해 이렇게 말했다. "삶은 변화를 위한 용광로다. 모든 시련과 상실은 사랑으로 고난을 마주하고 괴로움을 하나님께 바치는 제물과 기도로 만들 수 있는 기회다."[102] 이것이 바로 예수님이 고난을 겪으심으로써 이루신 바가 아닌가? 예수님은 고난을 사랑으로 받아들이셨고, 그 고난을 하나님께 드리는 제물과 용서의 기도로 변화시키셨다. 그의 고난은 무한한 결실을 맺어 우리 구원의 근원이 되었다. 우리도 괴로움을 사랑으로 맞아들이고 고난을 하나님께 제물로 올리기로 선택한다면 우리의 고통이 구원이라는 풍성한 결실의 일부가 될 수 있다.

나우웬은 이렇게 썼다. "우리가 겪는 고난은 우리의 상처를 더 큰 손에 맡기도록 이끕니다. 우리는 하나님께서 우리를 위해 고난당하시는 것을 그리스도 안에서 봅니다. 또 고난은 우리가 하나님의 고난 안에서 상처받은 세상과 사랑을 나눌 수 있도록 우리를 초대합니다."[103]

우리는 우리의 고난을 하나님께 들어 올릴 수 있다. 하나님께서는 그 고난을 무한한 자비와 긍휼의 마음 안으로 가져가신다. 그 안에서 용서와 치유가 이루어지며, 우리는 새로운 생명을 얻을 수 있다. 우리의 고난을 그리스도의 고난과 연결한다면 하나님께서는 우리의 고통으로부터 새로운 생명을 가진 피조물을 만들어 내실 수 있다.

풍성한 결실을 맺는 죽음

...

인생의 비밀 중 하나는 기억이 물리적인 존재보다 서로를 더 가깝게 이어 줄 수 있다는 사실입니다. 육신적으로 곁에 있는 것은 친밀한 소통을 용이하게 해 줄 수 있지만 소통을 가로막기도 합니다.

......

바로 곁에 있지 않고 서로 멀리 떨어져 있으면...... 우리는 서로의 특이한 성격 때문에 소통에 방해받는 일이 적으며 서로의 속마음을 더 잘 보고 이해할 수 있습니다.

......

물론 기억은 사실을 왜곡하고 조작하며 선택적인 인식을 일으킬 수 있습니다. 그러나 그것은 단지 한 측면에 불과합니다. ...... 기억은 숨겨진 은혜의 선물을 더욱 명확하게 밝혀 주고 순수하게 정제해 전면에 드러내 주기도 합니다. 부모가 집 떠난 자녀를 생각할 때...... 남편과 아내가 오랫동안 서로 떨어져 있는 동안 서로를 생각할 때, 친구들이 서로 함께 지냈던 시절을 기억할 때 가장 좋은 점이 떠오르고 상대방의 진정한 아름다움이 의식을 통해 전달되는 경우가 많습니다.[104]

이 글에서 나우웬은 인간의 삶에 관한 섬세하면서도 강력한 진리를 이야기한다. 물리적으로 함께 있지 않는 사람에 대한 기억이 그 사람의 심령을 명확히 보여 준다는 것이다. 나우웬은 우리 일상생활의 보편적인 관계로 이 진리를 설명하지만, 그가 지적하는 바는 죽음에 대한 우리의 경험에서 더욱 특별한 의미를 갖는다. 어떤 면에서 사람들이 서로 떨어져 있는 모든 형태의 물리적 부재는 상대방의 죽음에서 우리가 느끼는 극단적인 부재에 대비한 리허설로 볼 수 있다. 기억이 우리에게 주는 선물은 이 세상을 떠난 사랑하는 사람을 추억할 때 불순물을 걸러 내는 데 도움이 될 수 있다. 아울러 기억은 상대방의 삶에서 가장 좋은 점을 떠올리게 하는 잠재력을 가진다. 따라서 그런 기억은 우리 자신의 죽음도 어떻게 하면 그와 같이 풍성한 결실을 맺을 수 있을지 숙고하도록 우리를 이끌 수 있다.

나우웬의 이런 통찰은 예수님의 생애와 가르침을 바탕으로 한다.

예수님은 고별의 가르침에서 제자들에게 이렇게 말씀하셨습니다. "내가 떠나가는 것이 너희에게 유익이라 내가 떠나가지 아니하면 보혜사가 너희에게로 오시지 아니할 것이요 가면 내가 그를 너희에게로 보내리니…… 진리의 성령이 오시면 그가 너희를 모든 진리 가운데로 인도하시리니"(요 16:7, 13). 여기서 예수님은 그의 가장 가까운 친구인 제자들에게 기억 속에서만이 자신과 진정한 친밀함을 유지하는 것이 가능하며, 또 기억 속에

서만이 그들이 목격한 것의 온전한 의미를 경험할 수 있다고 밝히셨습니다.[105]

나우웬이 앞서 인용한 요한복음의 구절 사이에서 예수님은 제자들에게 "내가 아직도 너희에게 이를 것이 많으나 지금은 너희가 감당하지 못하리라"(요 16:12)라고 말씀하시면서 앞으로 오실 성령을 통해서 계속 가르치겠다고 선언하셨다. 나우웬은 죽음이라고 부르는 이 세상의 한계를 넘어간 우리의 사랑하는 사람들도 성령이 우리를 인도하시는 데 참여할 수 있다고 직감했다. 그는 자신의 어머니를 추억하는 책에서 이렇게 설명한다.

> 어머니를 기억한다는 것은…… 어머니가 내 안에서 나의 어두움을 좀 더 많이 없애 주고 나를 빛에 좀 더 가까이 이끌어 주도록 함으로써 어머니를 하나님의 구속 사역에 참여시킨다는 것을 의미합니다. …… 그리스도의 영 안에서, 또 그 영을 통해 어머니는 실제로 나 자신의 일부가 되고 있습니다.[106]

기억은 우리에게 가장 중요했던 사람의 정수를 뽑아내는 데 도움을 줄 수 있는 힘을 가졌다. 그런 관계가 그리스도 안에서 형성되었을 때 서로에 대한 기억은 서서히 우리를 그리스도의 삶과 좀 더 온전하게 일치할 수 있도록 해 준다. 이런 통찰은 우리 자신이 이 세상을 떠날 때 다른 사람들에게 남겨 주고 싶은 기억의 유산과 좋은 영향에 관해 새로운 사고의 틀을 제공한다. 나우웬은 우리의 죽음에서 그런 '결실'의 질을 사려 깊게 생각하도록 권한다. 이것은 결코 음울한 조언이 아니다. 오히려 우리의 삶과 죽음 양쪽 다에서 더욱 깊은 의미와 목적을 선택하라는 매우 긍정적인 충고다.

나우웬은 다른 저서에서 이 주제에 관한 자신의 생각을 좀 더 확대한다.

> 죽음과 마주하면서 나의 죽음이 다른 사람들에게 본보기가 되어야 한다는 사실을 알게 되었습니다. 아주 단순한 진리는 내가 죽는 방식이 많은 사람에게 영향을 미친다는 것입니다. …… 다가오는 죽음을 느꼈을 때 문득 나는 내 뒤에 살아남을 사람들의 마음에 내가 큰 영향을 미칠 수 있다는 사실을 깨달았습니다. 내가 무엇을 위해 살았는지에 감사하며, 용서하고 용서받기를 열망하고, 나를 사랑한 사람들이 기쁨과 평안 속에서 계속 살 수 있기를 희망한다고 내가 진실로 말할 수 있다면…… 내가 살아오는 동안보다 죽음의 순간에 더욱 진실한 영적인 자유를 드러낼 수 있을 것입니다. 죽는 것이 삶의 가장 중요한 행동이라는 사실을 나는 아주 깊은 차원에서 깨달았습니다.[107]

나우웬은 자신이 실제로 죽음 직전에 이르렀던 상황을 돌이키면서 이 글을 썼다. 그는 캐나다 토론토에서 얼음으로 뒤덮인 어두운 대로를 급히 걸어가다가 지나가는 밴에 치여 심한 뇌출혈로 목숨을 잃을 뻔했다. 이런 '임사 체험'에서 새로운 경험과 영적 통찰의 풍요로운 혼합이 이루어졌다. 그중 하나가 다음과 같은 깊은 확신이었다. "그리스도 안에서 죽는 것이 내가 다른 사람에게 주는 가장 큰 선물이 될 수 있습니다."[108] 이 말이 무슨 뜻일까?

나우웬은 예수님의 공생애 사역이 능동적인 사역에서 수동적인 사역으로 옮겨 갔다고 지적했다. 예수님은 가르침과 복음 전파, 치유로 능동적인 사역을 시작하신 지 3년 뒤 고난의 길에 들어서셨다. 예수님의 고난을 영어로 'passion'이라고 부른다. '수동적'이라는 의미의 영어 단어 'passive'와 '고난 또는 수난'이라는 뜻의 'passion'은 둘 다 '고통을 겪다' 또는 '어떤 행동을 당하다'는 뜻의 라틴어 'passio'에서 나왔다. 예수님의 공생애 목적은 자신을 원망하고 조롱하는 사람들에게 목숨을 내어 줌으로써 달성되었다. "예수님은 다른 사람들이 자신에게 하는 행동에 자기 몸을 수동적으로 내맡김으로써 공생애 사역을 완성하셨습니다."[109] 나우웬은 여기서 또 다른 중요한 역설을 탐구한다. 하나님의 권능은 우리가 연약함이라고 생각하는 것에서 그 실체가 드러난다는 사실이다.

이 세상에서 우리는 성공과 생산성을 중시하도록 교육받는다. 특히 우리 사회는 공부를 잘하거나, 운동에서 뛰어난 기량을 보이거나, 사업으로 큰돈을 벌거나, 선거에 출마해 당선되는 것을 강조한다. 그래서 모두가 상장이나 표창장, 졸업장, 메달, 트로피, 지위로 제시되는 성공의 표시를 갈망한다. 그러나 죽음이 목전에 다가오면 우리는 연약해지고 의존적이 된다.

그렇다면 성공과 생산성 너머에는 무엇이 있을까? 나우웬은 이렇게 답한다. "그 너머에는 결실이 있는데 그 열매는 고난을 통해 맺힙니다. 땅은 쟁기로 갈아서 깨어져야 거기서 풍성한 수확을 얻을 수 있습니다. 마찬가지로 우리의 삶도 고난을 통해 깨어져야 풍성한 결실을 맺을 수 있습니다."[110]

나우웬에 따르면 우리가 십자가의 비밀에 참여하는 방법은 이렇다. "예수님의 삶은 자신이 십자가에 달리심으로써 무한히 풍성한 결실을 맺었습니다. 바로 그 십자가에서 가장 약함과 가장 강함이 만났습니다. 우리도 죽음을 통해 이 비밀에 참여할 수 있습니다."[111] 나우웬은 이런 사실을 예시하기 위해 자신을 성실히 보좌했던 비서 코니의 죽음을 회상했다. 생의 마지막 몇 달 동안 코니는 죽음을 두려워하지는 않았지만 성인이 된 자녀와 손주들을 걱정했다. 더는 그들의 삶에 적극적으로 참여할 수 없기 때문이었다. 나우웬은 이렇게 돌이킨다.

나는 코니가 이런 사실을 깨달았으면 좋겠다고 생각했습니다. 자신이 자녀들을 필요로 하는 때가 자녀들이 그녀를 필요로 하던 때만큼 중요하다는 사실 말입니다. 실제로 그녀는 자녀들의 돌봄을 받으면서 그들에게 진정한 스승이 되었습니다. 그녀는 그들에게 삶에 감사하는 마음과 하나님에 대한 믿음, 죽음 너머의 삶에 대한 소망을 이야기했습니다. 그녀는 자녀들이 자신을 위해 해 주는 모든 작은 일에 진실된 감사의 마음을 보여 주었습니다. 그녀는 눈물이나 두려움을 감추지 않았습니다. …… 하지만 언제나 미소로 돌아갔습니다.

……

오랫동안 생산적인 삶을 살았던 그녀는 자신이 강했을 때 자녀들에게 줄 수 없었던 것을 갈수록 허약해지면서 주고 있었습니다. 사랑이 죽음보다 더 강하다는 진리의 짧은 경험이 그것입니다. 이제 그녀의 자녀들이 그 진리의 풍성한 열매를 수확할 것입니다.[112]

여기서 한 걸음 더 나아가 나우웬은 이런 견해도 제시했다. "우리는 죽음으로 후세대의 영적인 부모가 됩니다." 그는 우리에게 아름다움과 빛의 유산을 남긴 여러 위대한 성인과 영적 지도자들을 회상했다. 그처럼 모범적인 인물들의 삶과 저서는 우리의 일부가 되어 우리의 자양분으로서 우리의 생각과 행동을 이끈다. 나우웬이 말한 풍성한 결실의 의미가 바로 그것이다. "그들의 기쁨과 희망, 용기, 자신감, 신뢰는 그들의 몸과 함께 죽지 않고 우리의 마음 안에서 계속 꽃을 피웁니다. …… 그들은 예수님의 영을 끊임없이 우리에게 보냄으로써 우리가 시작한 여정을 성실히 잘 마칠 수 있는 힘을 불어넣어 줍니다."[113]

역설처럼 들리지만 실제로 삶은 '작은 죽음'을 선택할 수 있는 기회로 가득하다. '작은 죽음'이란 우리 자신의 욕구보다 다른 사람의 필요성을, 권세보다 섬김을, 특권보다 겸손을, 복수보다 자비를 선택하는 것을 말한다. 자존심을 버리고 자신을 낮추는 그와 같은 '작은 죽음'은 그리스도를 다시 한번 우리의 주님으로 선택한다는 뜻이다. 그런 우리의 선택 하나하나는 우리를 하나님의 형상으로 복구시키는 새로운 마음의 습관과 고매한 목적을 형성한다. 우리는 수없이 '작은 죽음'을 통해 가족과 친구만이 아니라 이 땅의 아름다움과 우리의 호흡까지, 그리고 우리가 알던 모든 것을 내려놓아야 하는 바로 그 순간을 준비할 수 있다. 그래야 하나님께서 우리를 집으로 부르실 때 온전히 응할 수 있다.

죽음이 주는 선물에 대한 나우웬의 통찰은 우리가 지금까지 이 장에서 탐구한 내용 전체를 관통한다. 어떻게 하면 우리는 이 세상 삶 너머까지 풍성한 결실을 맺을 수 있을까? 이 질문은 우리의 초점을 행위(무엇을 하느냐)에서 존재(무엇이 되느냐)로 바꾸어 놓는다. 우리 삶을 둘러싸는 '액자'를 생각할 때 '어떤 사람이 되느냐'가 '어떤 일을 하느냐'보다 더 크고 밝은색을 띤다. 예수님처럼 나우웬도 우리가 '위에서' 내려다볼 수 있도록 우리를 들어 올려 주는 삶의 '액자'를 통해 자신의 경험을 살펴보도록 우리를 초대한다.

다음과 같은 나우웬의 말은 '그리스도 안에서 새로운 생명으로 변화하는 고난'이라는 주제의 결론으로 손색이 없다.

'우리가 무엇을 하느냐'는 일시적인 성공을 가져오지만 '우리가 어떤 사람이 되느냐'는 오래 남는 열매를 맺습니다. 흔히 우리는 이 세상을 살아가면서 무엇을 하느냐에 훨씬 더 많은 신경을 쓰지만…… 사후에는 우리가 어떤 사람이었는가로 기억될 가능성이 큽니다. 이것이 삶의 중요한 역설입니다. 사랑, 기쁨, 평강, 온유, 용서, 용기, 인내, 소망, 믿음의 영이 우리의 삶을 인도한다면 그 영은 죽지 않고 세대가 이어지면서 계속 성장할 것입니다.[114]

- 묵상과 기도의 주제 -

다음 중에서 마음에 가장 와닿는 질문들을 골라 영성 훈련 노트에 답변을 적어 보자.

1. "상처를 실제로 느끼고 견뎌 내면서, 아이를 위로하는 사랑스러운 부모의 마음으로 자신의 상처를 어루만져라"라는 나우웬의 말을 생각할 때 어떤 이미지나 통찰이 떠오르는가?
당신의 넓어진 마음이 어떻게 하나님의 마음과 연결되는가?

2. '내 삶의 잔'에서 어떤 부분이 거부감을 주는가?
그 부분을 어떻게 바꾸고 싶은가?
'나의 잔'에 섞여 있는 눈물과 웃음, 애도와 축하를 어떻게 느끼는가?

3. 사랑하는 사람을 잃은 상실의 경험이 좀 더 넓거나 깊거나 생명을 주는 어떤 것으로 옮겨 가는 '통로'가 된 적이 있는가?
있다면 어떤 경우인가?
그런 변화에서 자신의 선택은 어떤 역할을 했는가?

4. 고통을 이해하고 받아들이는 관점이 바뀌어 그것이 영적인 성장

의 기회가 된 적이 있는가?

있다면 어떤 경우인가?

어떻게 하면 괴로움을 사랑으로 맞이할 수 있다고 생각하는가?

5. 만약 앞으로 살날이 한 달밖에 남지 않았다는 사실을 알게 된다면
무엇이 당신에게 가장 중요한 것이 되리라고 생각하는가?

그 생의 남은 나날에 무엇을 하고 싶은가?

당신의 내면에서 상처의 치유를 바라며 울고 있는 아이가 있는지 살펴보라. 그런 다음 플로라 뷰엘너의 묵상법(180~181쪽)에 따라 치유의 하나님께서 상처 입고 불안에 떠는 당신의 내면 일부를 살며시 들어올려 조심스럽게 붙들고 사랑스럽게 치유해 주시도록 맡겨 보라.

사후에 자신이 어떻게 기억되면 좋을지 생각해 보라. 자신의 존재 중에서 가족과 친구, 동료들의 기억에 남기고 싶은 부분은 무엇인가? 그 점을 염두에 두고 감사나 사랑을 전하고 싶거나 용서와 화해를 구하고 싶은 사람들의 목록을 만들어 보라. 또 그대로 실행할 수 있는 간단한 행동 계획을 세워 보라.

다음 장에서는 ─────────────────────────────

고난은 삶의 엄연한 현실이지만 흔히 우리는 고난을 외면하려고 한다. 고난이 그만큼 다루기 어려운 주제라는 뜻이다. 그러나 지금까지 살펴보았듯이 고난은 기독교 신학과 신앙생활에서 피할 수 없는 주제일 뿐 아니라 우리를 구원하시는 하나님의 사랑에서 가장 중요한 자리에 위치한다. 그리스도의 고난 안에 들어 있는 사랑을 받아들이면 우리 자신의 고통에도 새로운 의미와 목적이 생긴다. 그리고 그 목적의 중요한 측면은 우리의 마지막 주제인 '자유'와 깊은 관련이 있다.

사도 바울은 갈라디아 교회에 보낸 서신에서 자유와 관련해 길이 기억에 남을 말을 남겼다. "그리스도께서 우리를 자유롭게 하려고 자유를 주셨으니"(갈 5:1). '위에서' 내려다보는 관점을 발견하면 우리는 좁은 시야에서 해방된다. 고통 속에서 기쁨을 발견하면 우리는 부정적인 성향에서 풀려난다. 용서는 우리를 원망에서 자유롭게 해 준다. 예수님의 치유 사역과 구속 사역 전체는 우리에게 '영적인 자유'라는 놀라운 선물을 가져다준다. 그에 따라 우리는 환상으로부터, 세속적인 가치로부터, 수치와 죄책감으로부터, 다른 사람들에 대한 비판으로부터, 파괴적인 선택으로부터 자유로워지는 동시에 우리의 적도 사랑할 수 있는 자유를 얻게 된다.

'영적인 자유'라는 선물은 기쁨과 평강의 영역으로 우리를 인도한다. 평강은 이 세상에서는 아주 드문 상태다. 그러나 평강은 예수님의 사역에서 무엇보다 중요할 뿐 아니라 예수님의 이름으로 화목의 사절이 되어야 하는 우리의 소명에서도 핵심을 이룬다. 마음과 삶에서 그리스도의 평강을 진실로 알게 되면 자연스럽게 이 세상에 평강을 제공하는 역할을 맡게 되기 때문이다. 평온한 영혼의 차분하고 명료하고 온유한 기질은 주변의 모든 사람을 진정시킨다.

그러나 지금 우리는 그런 평강을 찾는 것이 너무나 어려운 시대를 살아간다. 고도로 불안한 사회이기 때문이다. 나우웬은 우리가 이 세상의 방식에서 예수님의 방식으로 어떻게 옮겨 갈 수 있는지 보여 주는 여러 개의 렌즈를 우리에게 제공한다. 각각의 렌즈는 우리를 영원히 붙드시는 하나님의 선하심을 더욱 확실하게 보여 주면서 하나님의 사랑 안으로 더 깊이 우리를 데려간다.

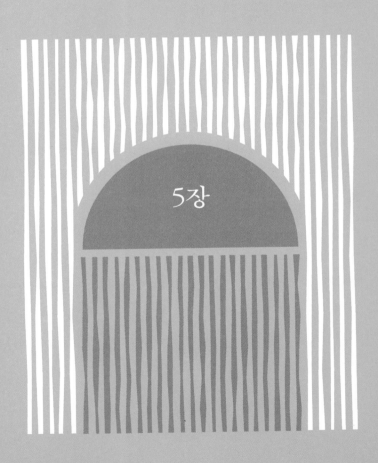

5장

참된 자유는 어떻게 얻을 수 있는가?

하나님을 전적으로 신뢰함으로써 두려움과 불안에서 벗어나 평안을 찾으라

지금 우리는 불안과 근심이 만연한 시대를 살아간다. 모든 분야에서 변화가 너무 빨리 진행되면서 누구나 시대 흐름을 따라잡으려고 안간힘을 쓴다. 이처럼 정신없이 돌아가는 세계화된 세상에서 우리는 받아들일 수 있는 수준 이상의 정보들과 처리 가능한 수준 이상의 고통스러운 뉴스들에 시달린다. 이제 인류를 파괴하는 수단에는 핵과 생물무기만이 아니라 정보기술(IT)까지 포함된다. 갈수록 기승을 부리는 자연재해가 인류를 공격하면서 기후변화에 따른 지구 환경의 격변이 임박한 듯하다. 게다가 질병의 세계적인 대유행과 경제 위기, 식량 부족, 사회 불안, 정치적 분열 그리고 전쟁이 끝없이 이어진다. 이 모든 스트레스로 인해 머지않아 우리 세계는 완전히 통제 불능 상태에 빠질 수도 있다.

그러나 지금의 상황이 완전히 새로운 것은 아니다. 인류는 예전에도 두렵고 거대한 힘 앞에서 불안과 근심에 떨었다. 특히 예수님은 우리 삶에서 불안과 근심의 본질을 잘 이해하셨다. 예수님은 산상수훈에서 우리의 근원적인 불안과 근심을 다루며 당시의 서민들에게 이렇게 충고하셨다. "목숨을 위하여 무엇을 먹을까 무엇을 마실까 몸을 위하여 무엇을 입을까 염려하지 말라"(마 6:25). 지금 우리 중 일부는 그런 기본 욕구를 크게 걱정하지 않는 삶을 살지만 아직도 그 문제를 염려하는 사람이 이 세상에는 아주 많다.

지금이라면 예수님은 불안과 염려에 관해 이야기하시면서 먹고 마시고 입는 것이 아닌 다른 예를 들었을지 모른다. 하지만 예수님이 전하는 메시지의 본질은 그때나 지금이나 똑같을 게 분명하다. 가장 작은 피조물부터 '만물의 영장'인 인간에 이르기까지 이 세상의 모든 생명을 지탱하시는 하나님을 모두 눈을 들어 올려다보라는 것이다. 하나님께서 공중의 새를 먹이시고 들의 백합화를 입히시는데 하물며 창조주께서 가장 소중하게 여기시는 피조물인 사람에게는 필요한 모든 것을 더욱 풍족히 공급하시지 않을까? 불안과 염려에 관한 예수님의 가르침에서 요점은 하나님을 확고히 신뢰하라는 것이다. 예수님은 우리의 초점을 코앞의 걱정거리에 맞추지 말고 '언제나 구하면 주시는' 하나님의 관대함과 선하신 뜻으로 돌릴 것을 가르치셨다.

나우웬은 어려서부터 공중그네 곡예사들에게 깊은 관심을 가졌다. 그는 놀라운 공중그네 곡예를 지켜보면서 여러 가지 교훈을 얻었다. 한 가지 교훈은 '플라이어'가 공중 높이 솟아오르기 위해서는 자신의 안전장치인 그네 손잡이를 놓는 것이 중요하다는 사실이었다. 그가 깨달은 또 다른 교훈은 '캐처'의 중심 역할이었다. 캐처의 역할은 플라이어보다 빛나지는 않지만 플라이어의 아름답고 경이로운 공중 그네 곡예를 완성하는 데 필수적이다. 캐처의 든든하고 강한 팔이 결정적인 순간에 플라이어를 잡을 준비를 하고 있지 않다면 플라이어는 안심할 수 없기 때문에 그네 손잡이에서 손을 떼고 몸을 솟구치거나 뒤틀거나 뒤집을 수 없다. 나우웬은 하나님을 우리의 '캐처'라고 생각한다.

> 신뢰는 삶의 기본입니다. 신뢰가 없다면 우리 인간은 살 수 없습니다. 공중그네 곡예사는 이런 사실을 예시하는 아름다운 이미지를 선사합니다. 플라이어는 캐처를 전적으로 신뢰해야 합니다. 플라이어는 멋진 더블, 트리플, 쿼드러플을 보여 줄 수 있지만 그들의 곡예를 궁극적으로 놀랍게 만드는 것은 캐처입니다. 캐처는 언제나 플라이어를 잡아 주기 위해 필요한 때 필요한 곳에 위치합니다. …… 우리는 우리를 안전하게 잡아 주는 '위대한 캐처'이신 하나님을 전적으로 신뢰해야 합니다.[115]

우리가 이 세상을 살면서 뛰어오르고 몸을 비틀고 뒤집을 때 하나님께서 우리를 붙잡아 줄 만반의 준비를 하고 계신다면 우리는 결코 추락할 일이 없다. 우리의 '위대한 캐처'이신 하나님은 우리가 전적으로 신뢰할 수 있는 존재이시다. 이런 사실은 우리에게 공중으로 높이 솟구칠 자유를 준다.

염려와 불안이 팽배한 지금 같은 시대에 우리는 두려움과 의심, 분노와 원망, 남을 통제하려는 욕심, 고통과 죽음을 피하려는 집착의 상호작용에 아주 민감하다. 불안과 염려 앞에서 흔히 나타나는 반응이다. 그러나 이런 반응은 우리가 영적으로 타고난 권리인 내면의 자유와 평안을 빼앗아 간다. 든든한 팔을 가진 '위대한 캐처'로 상징되는 하나님의 모습은 우리가 삶의 공중그네 곡예 '플라이어'로서 그네 손잡이를 놓고 안심하고 미지의 미래로 솟아오를 수 있도록 위로와 용기를 준다. 이제 이 장에서는 우리가 근심과 불안에서 벗어나 심령의 평안을 찾고, 그리스도 안에서 자유라는 크나큰 선물을 품에 안기 위해 어떻게 하면 우리의 '위대한 캐처'이신 하나님을 전적으로 신뢰할 수 있는지 알아본다.

두려움에서 사랑으로

...

우리가 예수님을 따른다고 해도 두려움 때문에 그러는 사람이 적지 않습니다. 그러나 지옥이나 거부당함과 인정받지 못하는 것 등에 대한 두려움으로 예수님을 따른다면 그것은 진정한 따름이 아닙니다. 두려워서 예수님을 따르는 것은 그의 제자가 되는 올바른 길이 될 수 없습니다. 우리 안에는 두려움이 아주 많습니다. 때로는 우리가 얼마나 겁이 많은지 놀라울 정도입니다. …… 예수님은 우리가 두려움 때문에 자신을 따르기를 원치 않습니다. 예수님은 우리가 사랑하는 마음에서 자신을 따르기를 바라십니다.[116]

앞서 살펴보았듯이 사랑의 반대는 증오가 아니라 두려움이다. 두려움에서 증오가 나온다. 사도 요한은 "사랑 안에 두려움이 없고 온전한 사랑이 두려움을 내쫓나니"(요일 4:18)라고 기록함으로써 이 사실을 확증했다. 이처럼 사랑은 두려움을 쫓아냄으로써 두려움에서 비롯되는 분노와 시기, 원망과 증오 등 부정적인 감정을 사라지게 한다.

이제 두려움의 두 얼굴에 초점을 맞춰 보자. 하나는 하나님에 대한 두려움이고, 다른 하나는 다른 사람에 대한 두려움이다. 그 두 가지 모두 오해와 왜곡으로 가득하며 사랑에 의해서만 치유될 수 있다. 하나님을 향한 사랑과 이웃을 향한 사랑이 그 치유책이다. 다시 말해 이런 두려움의 두 얼굴을 치유할 수 있는 것은 예수님께서 말씀하신 크고 첫째 되는 계명과 그에 필연적으로 따르는 둘째 계명이다. "네 마음을 다하고 목숨을 다하고 뜻을 다하여 주 너의 하나님을 사랑하라 …… 네 이웃을 네 자신같이 사랑하라……"(마 22:37~40).

먼저 하나님에 대한 우리의 두려움을 살펴보자. 이 두려움은 '경외함'을 의미하지 않는다. "여호와를 경외함이 지혜의 근본이라"(시

111:10)는 성경 구절에서 말하는 '경외함'은 두려움을 포함하지만 그 두려움은 하나님의 초월적인 장엄함과 창조주로서의 권능을 경건하게 숭배한다는 함축적인 의미를 갖는다. 하나님의 존재와 역사는 우리의 이해를 초월한다. 따라서 그 같은 경이로움에서 우리는 자연적으로 겸손하게 하나님을 우러러보는 자세를 갖게 된다.

내가 여기서 말하고자 하는 '하나님에 대한 두려움'은 경외함이 아니라 비겁한 공포심을 의미한다. 흉악한 범죄를 저지른 뒤 사형선고를 내릴 게 뻔한 재판장 앞에 서는 것과 같은 공포를 말한다. 이것은 완전히 다른 자세다. 하나님의 진노와 형벌을 피하려면 떨며 두려워하라는 다음의 성경 구절에서 그런 공포의 예를 엿볼 수 있다.

여호와를 경외함으로 섬기고 떨며 즐거워할지어다
그의 아들에게 입 맞추라 그렇지 아니하면 진노하심으로 너희
가 길에서 망하리니 그의 진노가 급하심이라(시 2:11~12)

이처럼 시편 2편의 여호와는 인정사정 두지 않는 철권 지배자처럼 묘사된다. 이런 여호와 모습은 시내산에서 하나님께서 모세에게 다음과 같이 직접 선포하신 자신의 모습과 사뭇 다르다. "여호와라 여호와라 자비롭고 은혜롭고 노하기를 더디하고 인자와 진실이 많은 하나님이라"(출 34:6). 그런데도 하나님의 자비와 인자하심보다 진노와 지옥 형벌을 강조하는 교회의 가르침이 수백 년 동안 시편 2편에서

말하는 그런 두려움을 더욱 키웠다. 수 세대에 걸쳐 어린이들은 전능하신 하나님의 발등상 앞에 무릎 꿇거나 쓰러져 엎드리는 자신의 모습을 상상하면서 마음속 깊이 죄책감과 수치를 새기게 되었다.

하나님께서 진노하시는 모습을 마음에 새기고 성장한 사람 중 다수는 하나님의 무한한 사랑에 대한 가르침을 받은 후에도 계속 하나님에 대한 깊은 두려움을 갖는다. 그들은 아무리 깊이 뉘우치고 회개한다고 해도 하나님께서 진실로 자신을 받아들이실 것이라고 신뢰하지 못한다.

예전에 나는 정서적으로, 또 영적으로 공포 상태에 빠진 한 젊은 여성을 만난 적이 있다. 그녀는 자신이 성령을 모독하는 '영원히 사하심을 얻지 못할 죄'(막 3:29)를 저질렀다고 스스로 확신했다. 나는 그런 확신이 옳지 않다고 충고했지만 어떤 설명으로도 그녀를 설득할 수 없었다. 죄의식에서 비롯되는 두려움은 신자를 하나님과의 관계에서 어린아이 같은 수동적 상태에 가둘 수 있다. 그런 상태에서는 참된 영적 성장이 불가능하다. 이런 두려움은 우리를 마비시킬 뿐 아니라 우리 내면의 자유도 빼앗아 간다. 영적으로 타고난 우리의 권리인 그 자유가 없으면 우리는 그리스도 안에서 영적으로 성숙할 수 없다.

하나님께서 반드시 형벌을 내리신다고 겁주는 설교를 들으며 성장하지 않았더라도, 또는 하나님께서 우리의 일거수일투족을 하늘에서 다 보고 계신다며 아이의 행동을 제어하려고 하는 부모 아래서 성장하지 않았다고 해도 우리는 하나님을 극도로 두려워할 수 있다. 우리 집 기도방에는 예수님의 얼굴 그림이 걸려 있다. 그 그림에 가까이 다가갈수록 예수님의 아름다운 눈에서 퍼져나오는 무한하고 평온한 사랑을 느낄 수 있다. 그러나 멀리서 보면 예수님의 얼굴은 침울하고 엄격해 보인다. 내가 신실하게 살지 못하고, 또 변함없이 하나님을 사랑하지 못한 것에 대한 죄의식을 느낄 때는 예수님의 얼굴 그림을 의식적으로 쳐다보지 않으려고 한다. 예수님의 눈에서 사랑을 다시 볼 수 있도록 좀 더 가까이 다가가기만 하면 치유를 받을 수 있지만 나는 자꾸만 멀어지려고 한다. 그런 나의 습관에서 내면의 갈등이 고스란히 드러난다. 그처럼 죄책감은 하나님의 심판에 대한 나의 두려움과 불안을 드러낸다. 그래도 이 정도라면 하나님에 대한 두려움이 비교적 약한 편이다. 그보다 더욱 심한 두려움도 많다.

아무튼 그런 두려움은 하나님께서 우리에게서 원하시는 것이 전혀 아니라고 나우웬은 강조했다. 하나님께서는 아무런 제한 없이 우리를 사랑하시며 그에 대한 화답으로 우리도 자신을 자유롭게 사랑해 주기를 바라신다. 하나님의 천사들은 세례 요한의 탄생을 예고하기 위해 제사장 사가랴에게, 수태고지에서 마리아에게, 마리아의 임신 사실을 알리기 위해 요셉에게, 또 예수님의 부활 후 그의 묘실을 찾은 여인들에게 "무서워하지 말라"고 일렀다. 경외심을 자아내는 하나님의 이적과 천사들의 방문을 두려워하지 말라는 것이다. 하나님의 사자들은 모든 인류를 향한 하늘의 선한 뜻을 담은 기쁜 소식을 전한다. 다시 말해 하나님께서 위대한 사랑을 전하시는 것이다. 이처럼 하나님께서 우리를 아무런 조건 없이 무한히 사랑하신다는 온전한 보장만이 하나님에 대한 우리의 두려움을 소멸시킬 수 있다. 나우웬은 이렇게 말한다. "두려움은 하나님께 속하지 않습니다. 하나님의 사랑은 우리가 갖는 두려움의 경계를 무너뜨리는 완벽한 사랑입니다."[117]

나우웬은 하나님의 사랑이 무조건적이라는 주장에서 한발도 물러서지 않는다. 고뇌에 찬 그의 영적인 탐구 여정 대부분은 "내면에서 흘러나오는 사랑의 음성"을 명료하게 듣는 것을 중심으로 이루어졌다. 나우웬은 우리를 변화시키는 그 음성을 다음과 같이 전한다.

나에게서 달아나지 말라. 나에게 돌아오라. 한 번도 아니고 두 번도 아니고 항상 다시 돌아오라. 너는 나의 자녀다. 내가 너를 다시 얼싸안고, 내 가슴에 대고, 입 맞추고, 너의 머리를 쓰다듬을 것을 네가 어떻게 의심할 수 있느냐? 나는 너의 하나님이다. 자비와 긍휼의 하나님이요, 죄 사함과 사랑의 하나님이요, 다정함과 애정의 하나님이다. 내가 너를 포기했으니 이제는 되돌릴 수 없다고 말하지 마라. 그건 사실이 아니다. 나는 네가 나와 함께 있기를 간절히 바란다. …… 자신을 심판하지 마라. 자신을 비난하지 마라. 자신을 거부하지 마라. 내가 나의 사랑으로 너의 마음에서 가장 깊이 숨겨진 구석을 어루만지고 너 자신의 아름다움을 네게 보여 주겠다. 너는 그 아름다움을 볼 능력을 잃었지만 내가 베푸는 자비의 빛으로 그것을 다시 보게 될 것이다.[118]

나우웬은 이것이 예수님께서 우리로 하여금 듣기를 원하시는 음성이라고 확신한다. 예수님은 자신의 삶과 죽음 그리고 부활을 통해 바로 이 음성을 우리에게 전하려고 오셨다. 예수 그리스도 안에서 계시된 하나님은 우리에게 아낌없이 사랑을 베푸신다. 우리는 그 정도의 사랑을 받을 자격이 아예 없지만 하나님은 그에 개의치 않으시고 아무런 조건 없이 우리에게 사랑을 무한히 주시는 관대함과 인자하심을 가지셨다. 그 사랑은 우리가 노력한다고 해서 얻을 수 있는 것이 아니다. 우리는 그냥 받을 수 있을 뿐이다. 하나님께서 베푸시는 사랑을 진실된 감사함으로 받고 그에 대해 우리의 사랑으로 화답할 수 있을 뿐이다. 두려움은 감옥이다. 우리는 오직 하나님의 사랑에 의해서만 그 감옥에서 나와 자유를 누릴 수 있다. 나우웬은 그 깨달음을 이렇게 묘사한다.

> 우리는 하나님의 사랑을 더 많이 받아들이고 거기에 의지할수록 두려움이 작아진다는 사실을 알게 됩니다. 그러면 남들의 반응을 두려워하지 않고 자신에게 중요한 문제를 더욱 명확히 직접적으로, 그리고 자유롭게 말할 수 있습니다.[119]

나우웬처럼 우리도 자유를 주는 그 사랑의 음성을 깊이 경청하는 법을 배울 수 있다. 우리가 파괴적이고 자멸적인 두려움에 빠져들 때 우리를 붙잡아 주는 것이 하나님의 사랑이다. 우리는 '위대한 캐처'이신 하나님을 한 점의 의심 없이 신뢰할 수 있다.

원망에서 감사로

...

원망은 차가운 분노입니다. …… 원망의 가장 큰 문제는 겉으로
명백하게 드러나지 않고 내면에 은밀하게 숨어 있다는 사실입
니다. 심지어 원망은 거룩함으로 포장될 수도 있어서 더욱 치명
적입니다. 원망은 우리 마음의 가장 깊은 곳에 숨어 있어 대부분
은 인식하지 못합니다. 우리는 스스로 신실하고 선하다고 생각
할 수 있지만 사실은 노골적으로 분을 드러내는 이들보다 훨씬
더 교묘하게 악할지 모릅니다. [120]

　　나우웬은 '탕자의 비유'(눅 15:11~32)를 두고 수년 동안 묵상했다.
그는 이 비유를 '두 아들과 그들 아버지의 이야기'라고 불렀다. 바리
새인과 서기관들이 예수님을 두고 "죄인을 영접하고 음식을 같이 먹
는다"(눅 15:2)라며 비난하자 예수님이 그들에게 직접 말씀하신 세 가
지 비유 중 하나다. 이 세 가지 비유의 메시지는 똑같다. 하나님께서는
잃어버린 사람들을 찾으시며, 그들이 돌아오기를 기다리신다는 것이
다. 그중에서 가장 긴 세 번째 비유가 한 아버지와 그의 두 아들에 관

한 이야기다.

약간의 해설을 덧붙여 이 이야기를 재구성해 보면 이렇다. 아버지가 살아계시는 데도 작은아들은 유산 중 자기 몫을 미리 달라고 요구해서 받아 낸다. '아버지가 빨리 죽었으면 좋겠다'라고 말하는 것과 다름없다. 그 아들은 집을 떠나 먼 타지에 가서 난봉꾼으로 방탕하게 지내며 유산을 탕진한다. 알거지가 된 그는 동족 유대인들에게 붙어살다가 어쩔 수 없이 돼지 치는 일을 하게 된다. 돼지를 불결하게 여기는 유대인들의 눈에 그는 더러운 사람으로 전락한다.

그는 굶주림에 못 이겨 아버지의 집으로 돌아가기로 결심한다. 아버지의 집에서는 종들도 배불리 먹는다는 사실을 알기 때문이다. 그는 자신이 지은 죄 때문에 다시 아들로 대접받을 생각은 하지도 않는다. 단지 자신이 여러 차례 연습한 뉘우침의 말을 아버지가 너그러이 받아 주어 자신도 아버지의 집에서 종으로 살아갈 수 있기만 바라며 지치고 남루한 모습으로 귀향한다. 그러나 그가 집에 도착하기도 전에 아버지는 작은아들이 돌아오기를 학수고대하며 집 밖에 나와서 지평선을 살피고 있었다. 마침내 멀리서 걸어오는 작은아들의 모습이 아버지의 눈에 들어왔다. 아버지는 그 아들을 알아보고는 사랑과 연민의 정에 휩싸인다. 그때 아버지는 고령의 가장으로서 갖는 위엄과 체통을 내던지고 작은아들에게 달려간다. 돼지와 함께 지내 더러워지고 냄새나는 아들이지만 아버지는 그를 반갑게 얼싸안는다.

아버지는 너무 기뻐 큰 잔치를 열고 돌아온 작은아들에게 좋은 옷을 입히고 신발을 신기고 반지도 끼워 준다. 아들로서의 지위와 상속자로서의 위엄을 회복시켰다는 뜻이다. 그때 큰아들이 밭일을 끝내고 집으로 돌아오다가 음악과 춤추는 소리를 듣는다. 그는 종에게 무슨 일인지 묻는다. 종은 그에게 동생이 돌아와 아버지가 너무 기뻐 잔치를 열었다고 알려 준다.

큰아들은 화가 끓어오른다. 아버지가 나와서 큰아들에게 같이 잔치를 즐기며 동생의 귀환을 축하하자고 권한다. 큰아들은 참지 못하고 아버지께 볼멘소리로 서운함을 토로한다. 맏이인 자신은 아버지를 위해 그동안 줄곧 종처럼 충실히 일했는데 자신에게는 친구와 즐기도록 작은 잔치조차 열어 주시지 않더니 유산을 미리 받아 타지에 가서 방탕한 생활로 재산을 탕진하고 돌아온 동생에게는 이렇게 큰잔치를 베풀어 주시다니 이치에 맞지 않는다며 잔치를 함께 즐길 생각이 없다고 잘라 말한다. 그러자 아버지는 큰아들을 이렇게 타이른다. "얘 너는 항상 나와 함께 있으니 내 것이 다 네 것이로되 이 네 동생은 죽었다가 살아났으며 내가 잃었다가 얻었기로 우리가 즐거워하고 기뻐하는 것이 마땅하다"(눅 15:31~32).

나우웬은 이 비유에 등장하는 큰아들과 작은아들 둘 다의 모습에 자신의 삶이 투영되어 있다고 생각했다. 궁극적으로 나우웬은 그 두 아들의 아버지에게서도 자신의 모습을 볼 수 있었다. 그러나 자기 자신을 '선한 그리스도인'이라고 생각하는 우리 같은 사람들에게는 무엇보다 큰아들이 자신을 닮았다고 고백한 나우웬의 날카로운 통찰에 무릎을 칠 것이다.

실제로 맏이로 태어난 나우웬은 어린 시절부터 순종적이고 충실한 아들이 되어야 한다고 배우며 자랐다. 부모님과 선생님과 신부님을 실망시키지 않아야 한다는 것이 맏이에 대한 사회적, 문화적, 종교적인 기대였기 때문이다. 그런 기대에 부응하려고 애썼던 나우웬은 칭찬과 존중을 한 몸에 받았다.

그러나 그런 '올곧음'을 지키는 데는 엄청난 중압감이 따랐다. 심할 때는 마치 덫에 걸린 듯 느껴지기도 했다. 나우웬은 동생들이 자신의 한계를 시험하며 자유분방하게 사는 모습을 지켜보았다. 그러면서 만약 문제 있는 행동을 자신이 했다면 심하게 질책받았을 게 뻔했지만 동생들이 그런 일을 저질러도 부모님이 너그럽게 이해하시는 것을 보고 불공평하고 억울하다는 느낌을 지울 수 없었다. 한번은 동생이 터무니없이 큰일을 저지른 뒤 아버지께 낱낱이 털어놓는 모습을 보았다. 아버지는 동생과 깊은 이야기를 나누면서 동생을 잘 이해하셨다. 나우웬은 그들 사이의 친밀함을 보고 너무 부러워 동생을 질투했다. 장남인 자신은 끊임없이 착하고 곧게 행동하려고 노력해야 했고, 그 보상으로 결국 존중은 얻었지만 그토록 갈망하던 부모님의 친밀한 사랑은 늘 손에 잡히지 않는다고 느꼈다.

예수님의 '탕자의 비유'에서 큰아들은 아버지를 원망한다. 동생이 아버지의 유산 중 자기 몫을 미리 받아 타지에 가서 수치스러운 방탕 생활 끝에 거지 신세가 되어 가문에 먹칠을 했는데도 그렇게 쉽게 다시 아들로 받아 주는 것이 못마땅했기 때문이다. 여기서 나우웬은 큰 아들도 방식은 다르지만 아버지에게는 작은아들과 마찬가지로 '잃어 버린 아들'이라는 사실을 깨달았다. "큰아들은 겉으로 보기에는 나무 랄 데 없습니다. 그러나 집으로 돌아온 작은아들을 보고 뛸 듯이 기뻐 하는 아버지의 모습을 보자 그의 내면에서 어두운 기운이 끓어올라 표면으로 분출됩니다."[121]

그렇게 분출되는 것이 원망과 부러움, 쓰라린 억울함이다. 비난받 을 일 없이 떳떳하기 위해 열심히 노력하는 사람이 가질 수 있는 공의 롭고 의로운 원망이다. 나우웬은 이렇게 설명한다. "'성자 같은 사람 들' 사이에 비판과 비난, 편견이 아주 많습니다. '죄'를 피하려고 지나 치게 애쓰는 사람들 사이에 얼어붙은 분노가 아주 많습니다."[122]

나우웬은 자신에게서 독선적인 자기의(自己義)가 강한 사람의 '도 덕주의적 분노'를 느꼈다. 자신이 우월하다고 여기지만 책임을 다하 고 법을 잘 지킨 데 대한 보상을 받지 못한다고 억울해하는 사람을 가 리킨다. 나우웬은 자신의 내면에 들어 있던 '큰아들'이 자신에게서 자 유롭고 장난기 있는 면을 빼앗아 가고 그 대신 방탕한 삶을 선택한 사람들을 부러워하고 질투하는 마음을 채워 넣었다는 사실을 깨달 았다.

원망은 우리 마음의 뜰에서 무성하게 자라며 거침없이 퍼져 나가 는 잡초와 같다. 그 뿌리가 깊이 박혀 다른 많은 뿌리와 엉키기 때문에 뽑아내기가 매우 어렵다. 더구나 그냥 잡초가 아니라 독초다. 그 독성이 우리의 관계를 해치고, 또 사랑할 수 있는 능력을 약화한다. 또 질투는 원망과 자매 사이다. 질투 역시 독성이 강하다. 원망과 질투는 막강한 힘으로 우리 감정을 지배한다. 그들이 일으키는 격류에서 우리는 자유를 잃기 쉽다. 그러나 우리는 내면에 '큰아들'이 들어 있다고 해도 하나님 아버지의 자비와 긍휼과 인자하심에 기댈 수 있다. 여전히 우리는 우리의 반응을 선택할 수 있다. 그러나 그러기 위해서는 더 강한 자기 인식이 필요하다. 나우웬은 정직한 자기반성의 모범을 다음과 같이 보여 준다.

하나님의 사랑받는 자녀로 나 자신을 완전히 세우지 못한 상태에서 나는 나의 세계를 내 편과 반대편으로 나눕니다. 또 나 스스로를 보호하기 위해 나에게 호의적인 반응을 보이는 몇몇 사람에게 집착합니다. 그러면서 그런 내 친구들과 가까워지려는 이들을 적대시합니다. 그들이 내 친구들을 빼앗아 갈지도 모른다는 두려움 때문입니다. 내가 나쁜 사람이라서가 아니라 두려움 때문에, 또 내가 사람들을 의심하기 때문입니다. …… 위험을 느끼면 나는 살아남아야 한다는 생각에 사로잡히며…… 감정과 돈과 지식과 물질과 사랑을 내어 주지 않고 쌓아 둡니다. 다른 누가 나보다 더 강해지거나 더 성공할 때를 대비해야 하기 때문입니다.[123]

우리는 지금까지 하나님을 두려워하는 상황을 살펴보았다. 이제 다른 사람을 향한 우리의 두려움으로 넘어가 보자. 나우웬은 자신이 하나님께 사랑받는 자녀라는 사실을 확신하지 못하면 다른 사람들을 두려워할 수밖에 없다는 것을 명확히 인식했다. 그들을 하나님의 사랑과 선하심을 빼앗아 가는 경쟁자로 보게 되기 때문이다.

예수님의 '탕자의 비유'에 등장하는 큰아들이 그런 두려움을 잘 보여 준다. 그의 눈에는 아버지가 동생을 편애한다. 동생은 명백한 잘못을 저질러 아버지의 사랑을 받을 자격이 없는데도 아버지는 어쩐 일인지 동생을 위해 성대한 잔치를 베풀어 준다. 큰아들은 동생이 아버지의 사랑과 관심을 독차지한다고 두려워한다. 그동안 아버지를 위해 열심히 일하고 순종했지만 아버지는 그런 자신을 인정해 준 적이 없다고 생각하며, 자신은 맏이의 책임을 다하는 역할에서 벗어날 수 없는 '노예'의 처지라고 느낀다. 그는 집으로 돌아온 망나니 동생을 보고 아버지가 기뻐하는 모습에 심한 질투를 느낀다. 그는 자신의 처지를 동생과 비교하면서 버림받은 느낌과 박탈감에 사로잡힌다. 자신의 충성과 노고를 인정해 주거나 고맙게 여기는 뜻에서 친구들과 즐길 수 있는 작은 잔치조차 열어 주지 않았던 아버지를 원망한다. (여기서 큰아들이 아버지의 사랑을 자신이 더 많이 받아야 마땅하다고 믿는 것에 주목하라.) 자신의 훌륭함을 동생의 부덕함과 비교하면서 그는 자기의(自己義)를 느낀다. 그의 생각에 아버지가 동생에게 사랑을 베푸는 것은 사리에 어긋나고 부당할 뿐 아니라 자신이 맏이로서 당연히 가져야 하는 특권적 지위에 대한 위협이기도 하다.

하나님을 향한 두려움을 해소할 수 있는 유일한 수단이 하나님의 사랑이듯이 다른 사람을 향한 두려움을 해결할 수 있는 수단도 결국은 하나님의 사랑이다. 우리는 하나님의 사랑이 무한하고 영원하며, 이 진리는 우리 자신과 다른 사람들에게 똑같이 적용된다는 사실을 마음 깊이 새겨야 한다. 하나님의 눈에 우리는 전적으로 소중한 존재다. 그렇지만 자신이 특별히 더 사랑받는 것은 결코 아니다. 우리는 모두 똑같이 소중하기 때문이다. "이는 하나님께서 외모로 사람을 취하지 아니하심이라"(롬 2:11), 또 "하나님은 사람의 외모를 보지 아니하시고"(행 10:34)라는 성경 구절들은 하나님께서는 편애하지 않으신다는 뜻을 강조한다.

나우웬은 '탕자의 비유'에서 아버지가 두 아들 각각의 길을 존중한다는 사실을 간파했다. 각자의 고유함과 허약함에 따라 그 나름대로 그들을 사랑한다는 뜻이다. '공정'의 이름으로 두 아들을 똑같이 대하는 것은 바람직하지 않다. 나우웬은 자신과 관련해 이렇게 말한다. "나는 모든 비교와 경쟁의식과 다툼을 떨쳐 버리고 오로지 하나님 아버지의 사랑에 나 자신을 맡겨야 합니다. 그렇게 하려면 믿음의 도약이 필요합니다. 지금까지 이 세상을 살아오면서 비교하지 않는 사랑을 경험해 본 적이 없기 때문입니다."[124]

누구와도 비교하지 않고 우리가 다 같이 사랑받는 존재라는 사실을 받아들이면 원망 대신 감사를 선택할 수 있다. 나우웬에 따르면 감사는 원망의 반대말이다. "원망과 감사는 공존할 수 없습니다. 삶을 선물로 인식하고 경험하는 것을 원망이 가로막기 때문입니다. 원망은 내가 받아 마땅한 것을 받지 못한다고 나에게 말합니다. …… 그러나 감사는 '내 것'과 '네 것'을 뛰어넘어 삶의 모든 것이 순전히 하나님의 선물이라는 진리를 나타냅니다."[125]

나우웬은 누구나 의식적인 연습을 통해 원망 대신 감사를 선택할 수 있다고 가르친다. "나의 감정과 느낌이 여전히 상처받고 원망에 차 있을 때도 나는 감사를 선택할 수 있습니다. …… 나는 늘 원망과 감사 사이에서 선택을 해야 합니다. 하나님께서 나의 어두움 속에 나타나셔서 집으로 오라고 부르시며 사랑이 가득한 음성으로 '너는 언제나 나와 함께 있으며, 내가 가진 모든 것이 너의 것'이라고 선언하셨기 때문입니다."[126] 나우웬은 우리가 감사를 선택할 때마다 그다음 선택이 좀 더 쉬워지며, 일상적인 삶이 은혜로 가득하다는 사실이 더욱 명확히 보이기 시작한다고 설명했다.

우리 삶에서 감사가 꽃을 피우도록 하려면 믿음의 도약이 필요한 경우가 많다. "믿음의 도약이란 언제나 사랑받기를 대가로 기대하지 않고 사랑을 베푸는 것, 돌려받기를 바라지 않고 주는 것, 초대받기를 기대하지 않고 초대하는 것, 붙들어 달라고 부탁하지 않고 붙들어 주는 것을 뜻합니다."[127] 상대가 어떻게 반응할지 모르는 상태에서 자신이 입은 상처에도 불구하고 감사와 친절을 선택하려면 믿음의 도약에 따른 신뢰가 필수적이다. 공중그네 곡예의 '플라이어'가 그네 손잡이를 놓고 공중으로 솟구칠 때 믿음의 도약으로 무조건 '캐처'를 믿는 것과 같다.

수많은 두려움과 질투 속에서도 우리는 우리를 무조건적으로 사랑하시는 하나님을 확고히 신뢰하도록 계속 요청받는다. 우리가 하나님의 품에 안기기 위해 집으로 돌아가면 언제든 하나님께서 우리를 반갑게 맞이하려고 달려 나오신다. 그 무한하고 영원한 사랑을 신뢰할 때 우리는 감사를 느끼고 사랑을 표할 수 있다. 우리가 믿음의 도약을 할 때마다 '위대한 캐처'이신 하나님의 든든한 팔이 우리를 붙들어 준다.

움켜쥠에서 내려놓음으로

...

기도는 결코 쉽지 않습니다. 기도는 자신의 내면 한가운데로 다른 사람이 들어오도록 허용하는 관계에서만 이루어질 수 있습니다. 기도에 저항하는 것은 마치 움켜쥔 손을 펼치지 않으려고 저항하는 것과 같습니다. 움켜쥔 손은 긴장과 자신에게 꼭 매달리려는 욕구, 두려움을 드러내는 탐욕을 보여 줍니다. …… 기도하고 싶은 순간 모든 것이 되돌아옵니다. 쓰라림, 증오, 질투, 실망, 보복 욕구 등. …… 우리는 그것들을 포기할 수 없는 보물인

양 필사적으로 움켜줍니다. …… 포기하면 마치 자기 자신을 잃는 것처럼 말입니다.[128]

나우웬은 기도하는 삶에 관해 쓴 책에서 우리는 우리에게 생명을 준다고 생각하는 것을 아주 단단히 움켜쥔다고 지적했다. 움켜쥔 손의 이미지는 여러 가지에 적용된다. 우리는 안전과 통제력, 지위를 움켜쥔다. 또 우리 자신이 중요하다는 의식과 소속감을 꼭 붙든다. 우리는 성공과 칭찬으로 사랑을 얻을 수 있다고 생각하고 그것을 추구한다. 우리는 높은 담과 철문으로 둘러싸여 보안이 철저한 저택에 살거나 지하실에 비상식량이나 긴급 물품을 쌓아 둠으로써 안전을 도모한다. 우리는 졸업장과 자격증 또는 명품 의류와 장식품을 모아들임으로써 지위를 얻으려 한다. 우리는 괴롭고 골치 아픈 질문을 피하려고 융통성 없는 이념과 편협한 신념으로 마음을 강퍅하게 만든다. 우리는 인종이나 민족적 정체성으로 자신을 완전히 둘러싸 서로 다를 수 있음을 인정하려 하지 않는다. 우리는 잃기 두려운 것을 부여잡는다. 근심과 불안이 삶과 사랑의 자유를 속박한다.

나우웬은 우리가 가장 고통스럽게 주먹을 움켜쥐는 방식 중 하나에 주목한다. 우리 내면세계는 우리가 함께하고 싶은 사람이나 공동체로부터 거부당하고 배제되고 하찮게 여김을 받는다는 느낌 때문에 자주 상처를 입는다. 우리는 가족과 친구 사이에서, 동료 집단에서, 또는 영향력 있고 전문적인 집단으로부터 인정받고 받아들여지기를 갈망한다. 하지만 우리는 모두 사람들과 맺는 관계에서 상처를 받은 적이 있다. 나우웬은 우리가 가장 사랑하는 사람들이 우리에게 가장 큰 상처를 줄 수 있다는 점을 지적한다.

> 우리와 가장 가까운 사람들이 우리에게 가장 깊은 고통을 주는 사람이기도 합니다. …… 모르는 사람이나 적은 외부인입니다. 우리는 그들이 우리 마음 가장 깊숙한 곳에 들어오도록 허용하지 않습니다. 우리의 진정한 괴로움은 우리를 사랑하지만 우리 마음이 원하는 대로 우리를 사랑해 주지 않는 사람에게서 비롯됩니다. 우리에게 가장 큰 상처를 주고 또 우리에게서 가장 큰 상처를 받을 수 있는 사람은 우리 아버지, 어머니, 형제자매, 배우자, 가장 친한 친구, 직장 동료, 이웃입니다. 상담 전문가와 심리치료사가 늘 그런 일차적인 관계에 주목하는 데는 그만한 이유가 있습니다. 그처럼 가까운 사람들로부터 우리가 가장 깊이 사랑받는 동시에 가장 크게 상처받기 때문입니다. 바로 그런 일차적인 관계에서 우리의 크나큰 기쁨과 크나큰 고통이 서로 맞닿습니다.[129]

나우웬이 기도하고 싶은 순간마다 "쓰라림, 증오, 질투, 실망, 보복 욕구 등 모든 것이 되돌아옵니다"라고 말한 것이 바로 그런 상황을 가리킨다. 그는 그처럼 부정적인 감정을 마치 자신의 존재를 규정하는 보물인 양 움켜쥐는 것이 어떤지 잘 안다. 그는 이렇게 말한다. "내가 내면의 상처에 그토록 강하게 집착한다는 사실이 너무나 충격적입니다. 나를 괴롭히고 상처를 준 사람을 내가 왜 그토록 깊이 생각할까요? 나의 느낌과 감정에 그들이 그토록 큰 영향을 미치도록 내가 왜 허용하는 걸까요? 마치 삶에서 나의 자리를 찾기 위해서는 반드시 내가 화를 내고 원망하고 상처를 받아야 하는 듯합니다. …… 나 자신의 일부는 상처투성이입니다. 나에게 고통을 준 사람을 탓할 수 없게 되면 나 자신이 누구인지 알기 어렵습니다."[130]

몇 년 전 나 자신도 '상처투성이'라는 사실을 깨달았다. 내가 여덟 살이었을 때 아버지가 열차 사고로 돌아가셨다. 급작스러운 상실에 따른 정신적인 충격이 너무 커서 나는 내면으로 옴츠러들었다. 슬픔이 겉으로 드러나지 않도록 내 마음속에 가두어 두었다. 수년 동안 나는 그런 비통한 상실을 경험하지 못한 또래 아이들과는 나 자신이 사뭇 다르다고 느끼며, '아버지를 잃은 딸'이라는 내적인 자아상을 강하게 발전시켰다. 그 자아상은 나 자신의 마음 안에서, 또 나의 행동을 통해 여러 가지 방식으로 나를 또래들과는 다른 존재로 만들었다. 나는 내성적이고, 말수가 적었으며, 늘 조용했다. 친한 친구를 사귀려면 몇 년이나 걸렸다. 세월이 흐르면서 나는 서서히 내면의 보호 껍질을 깨고 나오기 시작했다. 그러나 결국 수십 년이 흘러서야 그 어린 시절의 상처에서부터 나를 규정하고 속박한 자아상을 나 스스로 만들어 냈다는 사실을 이해할 수 있었다.

우리가 인식하는 자아상, 즉 자아 정체감은 여러 가지 영향을 받아 형성되며, 우리는 그런 영향에 불건전하게 집착할 수 있다. 예를 들어 우리는 깊은 내면의 욕구를 만족시킬 수 없는 이 세상의 물질에 집착하거나, 정서적 욕구를 충족해 주지 못하는 피상적인 관계에 집착한다. 나우웬은 우리가 잘못된 이미지에 우리 자신을 가두는 그 고통스러운 감정에도 집착할 수 있다고 강조했다.

우리는 진정한 자아상을 찾는 과정에서 자연적으로 다른 사람들이 우리를 좋아하고 칭찬해 주고 받아들여 주기를 원한다. 그러나 만약 내가 '중요하다'고 생각하는 사람이 나에게 관심을 보이지 않거나 고마워하지 않거나 나의 노력을 인정해 주지 않는다면 나의 자아상에 어떤 일이 생길까? 그동안 쌓아 올렸던 자아상이 무너질까? 나우웬은 경쟁이 치열한 학계를 떠나 장애인 공동체 라르슈 데이브레이크에 갔을 때 자신의 진실된 자아상에 관한 심오한 교훈을 얻었다. 그곳 사람들은 대부분 지적·신체적 장애가 있다. 그들은 나우웬이 유명한 교수이자 세계적으로 잘 알려진 저술가라는 사실을 몰랐으며, 혹시 안다고 해도 전혀 신경을 쓰지 않았다. 그들은 나우웬에게서 단지 진심 어린 사랑을 느꼈고 진실한 보살핌에 반응했을 뿐이었다.

나우웬은 그들과 함께 지내면서 그때까지 삶에 의미를 준다고 생각했던 것에 대한 집착에서 서서히 벗어날 수 있었다. 칭찬받고 인정받으려는 욕구가 가득했던 주먹을 조금씩 펴기 시작한 것이다. 나우웬은 움켜쥐었던 손을 펼쳐 라르슈 데이브레이크 입주민들을 향해 내뻗으면서 유쾌하고 장난기 넘치면서도 겸손한 사람이 될 수 있는 새로운 자유를 얻었다.

이 세상의 삶에서 반드시 필요하다고 생각하는 것을 움켜쥐는 행동은 두려움을 극복하는 데 별로 도움이 되지 않는다. 삶에서 원하는 소유물이나 계획 또는 사람을 놓치지 않으려고 주먹을 꽉 움켜쥘수록 기쁨과 자유는 마치 고운 모래처럼 손가락 사이를 술술 빠져나간다. 사람 사이의 관계를 우리의 정서적 욕구에 맞추기 위해 애를 쓰면 쓸수록 우리에게 가장 가까운 사람들이 점점 더 멀어지면서 소외감만 커진다. 그러나 하나님께서는 우리를 자유로 부르신다. '위대한 캐처'이신 하나님께서는 '플라이어'인 우리에게 그네 손잡이를 놓고 담대하게 공중으로 솟구쳐 오르면 자신의 든든한 팔로 확실히 잡아 주겠다고 안심시키신다. "손에 잡은 것을 놓음으로써 결국은 되받게 된다는 사실이 위대한 역설입니다."[131]

나우웬은 또 다른 글에서 이렇게 설명한다.

영원부터 사랑하는 자녀라고 불리는 것과 사랑할 수 있도록 모든 속박에서 벗어나 자유롭게 되는 것은 서로 밀접하게 연결되어 있습니다. 자유는 영적인 삶의 필수적인 요소 중 하나입니다. 사랑과 교감과 용서는 전부 다 자유로 이어집니다. 우리가 하나님의 사랑하는 자녀라는 진정한 정체성을 찾았다면 우리는 이제 자유롭게 사랑할 수 있습니다.

사랑할 수 있는 자유가 가장 바람직한 자유입니다. 이 세상에서 상처와 욕구로 뒤얽힌 복잡한 거미줄에 걸리지 않고 살아갈 수 있는 자유, 주저 없이 자신을 내어 줄 수 있는 자유가 그것입니다. 이런 진정한 자유를 가진 사람은 많지 않습니다. 그러나 사랑할 수 있는 진정한 자유를 가진 사람을 만날 때마다 나는 그들에게 끌리고 그들과 함께 있고 싶어집니다. 그들이 자신의 주변에서 만들어 내는 공간 때문입니다. 그 공간에서는 성장이 가능합니다.[132]

예수님은 사람들에게 스스로 안전함을 제공한다고 생각하는 것을 내려놓고 자신을 따를 것을 요구하신다. 그에 따라 제자들은 안정된 일자리와 정서적으로 의지할 수 있는 가족을 떠나 미지의 새로운 무엇을 향해 자신의 삶을 연다. 믿음으로 위험을 감수하는 행위다. 이 세상의 기준으로 보면 예수님과 함께하는 삶은 위태롭고 불확실하다. 그러나 예수님을 따르면 인간의 마음이 추구할 수 있는 가장 큰 선물인 사랑과 자유를 얻을 수 있다. 나우웬은 이렇게 설명한다. "우리가 어디에 살든 그리스도의 초대장이 우리를 향해 손짓합니다. 두려움의 집에서 나와 사랑의 집으로 들어오라는 초대입니다. 소유한 모든 것을 내려놓고 자유가 있는 곳으로 오라는 권유입니다."[133]

갈라디아서에 기록된 사도 바울의 언급이 깊은 진리를 담고 있다. "그리스도께서 우리를 자유롭게 하려고 자유를 주셨으니 그러므로 굳건하게 서서 다시는 종의 멍에를 메지 말라"(갈 5:1). 대개 우리는 자유란 '탕자'처럼 원할 때 원하는 것을 마음대로 하는 것을 의미한다고 생각한다. 그러나 참된 자유는 영적인 자유이며, 그 자유는 사랑에서 나온다. 그리스도 안에서 얻는 자유는 우리도 하나님처럼 사랑할 수 있는 자유다. 하나님의 사랑은 우리의 제한된 개념을 완전히 초월한다. 나우웬은 세속적인 사랑을 이렇게 묘사한다.

> 우리가 늘 곤경에 처하는 것은 다른 무엇보다도 세속적인 사랑의 거래적인 특성 때문입니다. 무엇을 주면서 그에 대한 대가를 기대하거나 요구하는 것이 거래의 본질입니다. 거기서 갈등이 비롯되고 적대감이 생깁니다. 분노와 질투, 원망, 보복이 거기서 나옵니다. 많은 사람이 사랑을 그런 식으로 이해하면서 인류의 모든 혼돈 상황이 초래됩니다.[134]

이 세상의 사랑은 이처럼 상응하는 대가 지불이 필수적인 거래의 특성을 가진다. 예수님은 우리가 이런 거래적인 사랑의 족쇄에서 벗어나도록 이끄신다. 나우웬에 따르면 이 족쇄를 푸는 열쇠는 그가 말하는 '첫사랑'이다. 하나님께서 맨 처음 우리에게 베푸신 사랑의 축복을 말한다. 아무런 조건도, 대가의 기대도, 따라붙는 의무도 없이 우리에게 은혜의 선물로 주신 사랑이다. 물론 사랑은 상대방의 반응을 갈망한다. 그러나 그 반응은 강요받지 않고 자유롭게 나올 때만이 의미가 있다. 사랑은 자유 안에서 효력을 나타내며, 우리 마음속에서 우리가 선택하는 대로 반응할 자유를 준다.

예수님의 발에 향유를 붓고 자기 머리털로 그 발을 씻어 준 여인은 자신의 많은 죄를 용서받은 데 대한 감사와 사랑을 표했다(눅 7:36~48). 용서는 하나님의 사랑을 나타낸다. 어떤 처벌도 어떤 대가도 요구하지 않는 자비의 공짜 선물이다. 이 선물을 받음으로써 그 여인은 당시의 문화 규범으로부터 해방될 수 있었다. 그녀는 남자들이 모인 곳에 들어갔다. 그들 대다수는 그 여인이 그곳에 들어온 것과 예수님께 하는 행동 둘 다를 불쾌하게 생각했다. 그럼에도 그 여인은 아무런 속박 없이 감사와 기쁨의 표시로 예수님께 사랑의 선물을 바쳤다.

나우웬은 우리가 하나님의 '첫사랑'을 받음으로써 자유를 얻어 인간적인 조건에서 비롯되는 상처를 치유할 수 있다고 생각한다. "우리를 사랑하는 자녀라고 부르시는 음성을 듣고 그 무조건적인 첫사랑을 받아들이면 새로운 깨달음을 얻을 수 있습니다. 지금까지 우리가 하나님만이 주실 수 있는 사랑을 사람들에게서 구했다는 깨달음입니다. 그런 어리석음에 대한 깨달음을 통해 우리는 그 '첫사랑'을 아는 지식에 힘입어 '둘째 사랑'만 줄 수 있는 사람들을 용서할 수 있습니다. 용서는 사랑에 미숙한 사람들이 서로 연습하는 사랑의 다른 이름입니다."[135]

우리가 피해의식에 사로잡혀 자신이 받은 상처로 자아를 규정하고 거기에 매달리게 되면 치유가 아예 불가능해진다. 꽉 움켜쥔 손으로는 선물을 받을 수 없다. 그러나 이 세상에서 누군가가 우리에게 상처를 주기 오래전에 이미 우리는 하나님의 사랑하는 자녀였으며, 이 세상을 떠난 후 오랜 시간이 지난 뒤에도 여전히 우리는 하나님의 사랑하는 자녀로 남을 것이라는 사실을 받아들이면 우리는 움켜쥐었던 손을 펴지 못할 이유가 없다. 우리의 참된 정체성은 하나님의 사랑 안에서 영원히 안전하게 유지된다. 다른 사람으로부터 인정받기 위해 주먹을 움켜쥐고 몸부림칠 필요가 없다. 그러면 우리는 내면의 자유를 통해 서로 용서를 주고받을 수 있다.

불안에서 평안으로

· · ·

우리 삶은 종종 이음매가 터질 듯이 무엇을 잔뜩 담은 여행 가방과 비슷해 보입니다. 삶에서 우리는 거의 언제나 예정보다 늦었다고 느낍니다. 끝내지 못한 일, 지키지 못한 약속, 이루지 못한 제안이 남아 있다는 끊임없는 불안에 시달립니다. 기억하거나 이행하거나 말해야 했는데 하지 못한 무엇이 있다는 염려가 늘 우리를 짓누릅니다.

지금 우리의 생산 지상주의 사회에서는 늘 바쁘고 무엇인가 할 일이 있는 것이 자신을 규정하는 기준 중의 하나가 되었습니다. 그러나 일에 매달리는 것보다 우리를 더 노예로 만드는 것이 있습니다. 일에 매달리기 전에 미리 생각으로 그 일에 사로잡히는 것입니다. 우리가 어디에 이르기 오래전에 그곳에 대한 생각으로 시간과 공간을 채운다는 뜻입니다. 좀 더 특정한 의미의 염려나 근심을 가리킵니다.

우리 고난의 대부분은 그처럼 미리 하는 걱정과 연결되어 있습니다. 실직이나 가족 갈등, 질병이나 재난이 닥칠지 모른다는 생각이 우리를 불안하고, 두렵고, 의심 많고, 탐욕스럽고, 초조하고, 침울하게 만듭니다. 그런 상태에서는 진실된 내면의 자유를 느낄 수 없습니다.[136]

우리는 이 세상이 중시하는 가치로 인해 끊임없이 불안과 염려에 시달린다. 무엇인가 만들어 내야 하고, 성공해야 하고, 남보다 뛰어나야 하고, 이겨야 하고, 다른 사람들과 차별되게 돋보여야 하고, 심지어 생계를 유지해야 한다는 끝없는 압력으로 매일매일 불안과 걱정을 떨칠 수 없다. 자신이 잘났다는 것을 보여 주기 위해 해야 할 일이 너무 많고, 얻어 내기 위해 다퉈야 할 것이 너무 많으며, 확보하고 보호하고 지켜야 할 것이 너무 많다.

걱정과 불안은 우리 마음을 혼란스럽게 휘젓는다. 명상을 하는 사람들은 이를 두고 '원숭이 마음'이라 부른다. 마치 나무 사이를 뛰어다니는 원숭이처럼 잡다한 생각과 이미지가 혼란스럽게 뒤섞여 집중하지 못하는 마음 상태를 가리킨다. 심리학자들은 또 이를 '자유연상'이라 부르기도 한다. 누구나 그런 상태를 경험한다. 생각이 현재 상황에서 다른 상황의 기억으로 비약한다. 추적해 보면 어떤 연상이 다른 연상으로 이어지는지 알 수는 있겠지만 그 자취는 시작점에서 아주 멀리 떨어진 곳에 닿는다.

우리는 불안과 염려로 인해 '원숭이 마음'에 빠지며, 일단 그 상태에 들어가면 생각은 두려움을 중심으로 맴돌면서 우리를 그 소용돌이 속으로 더욱 깊이 끌어들인다. 심리학자들은 이런 현상에 '파국화(破局化)'라는 이름을 붙였다. 우리가 불안과 걱정에 사로잡히면 그런 악순환의 소용돌이에서 빠져나오기 어렵다.

예수님은 이처럼 자가발전하는 걱정과 불안이 가져오는 불행에 매우 효과적인 해결책을 제시하신다. 앞서 언급했듯이 예수님은 무엇을 먹을까 무엇을 입을까 걱정하는 우리를 부드럽게 나무라시며 하나님께서 심지어 미물들에게도 어떻게 모든 것을 풍족하게 베푸시는지 잘 살펴보라고 말씀하신다(마 6:25~33). 그런 다음 한 걸음 더 들어가 정곡을 찌른다. 나우웬은 이를 이렇게 설명한다.

예수님은 염려와 불안에 가득한 우리의 생활 방식을 고치는 방법으로 세상사에 몰두하지 말라고 말씀하지 않으십니다. ……대신 무게중심을 옮기고, 관심의 초점을 다른 곳으로 돌리며, 우선순위를 바꾸도록 가르치십니다. …… 예수님은 다른 활동을 하거나 다른 사람을 만나거나 심지어 속도를 줄이라고 말씀하지도 않으시고 대신 심령의 변화를 이야기하십니다. …… "너희는 먼저 그의 나라와 그의 의를 구하라 그리하면 이 모든 것을 너희에게 더하시리라"라고 말씀하신 뜻이 바로 그것입니다. 우리 마음이 어디에 있느냐가 가장 중요합니다. 근심에 빠질 때는 우리 마음이 잘못된 곳에 있습니다. 예수님은 모든 다른 것들이 제자리를 찾는 한가운데로 우리 마음을 옮기라고 말씀하십니다.[137]

무게중심을 하나님을 향한 마음으로 옮기면 상황이 완전히 달라진다. 나우웬은 염려의 무익함에 관한 예수님의 말씀을 누가복음 10장 38~42절의 내용과 연결시킨다. 예수님을 자기 집에 영접한 마르다는 동생 마리아가 손님 대접하는 일을 도와주지 않는다고 불평한다. 그러자 예수님은 마르다를 부드럽게 책망하신다. "네가 많은 일로 염려하고 근심하나…… 한 가지만이라도 족하니라." 그렇다면 반드시 필요한 '한 가지 일'은 무엇일까? 일상에서 거룩한 하나님의 임재에 마음을 쏟는 것이다. '위에서' 내려오는 음성을 경청하고, 예수님께서 '그의 나라'라고 부르시는 하나님의 통치에 시선을 고정시키는 것이다.

불안에서 평안으로 옮겨 가려면 하나님 나라의 현실을 지향해야 한다. 하나님의 나라는 현재 이 세상을 지배하는 것과는 아주 다른 영이 다스리는 영역이다. 이 세상의 권세자는 성공과 권력과 명예로 보이는 것에 완전히 몰두한다. 이 세상은 끊임없는 경쟁이 지배한다. 그런 경쟁으로 인해 사회적, 경제적, 정치적인 모든 차원에서 승자와 패자가 생긴다. 이 세상은 쾌락과 소유 그리고 특권을 귀하게 여기며, 재물과 영향력을 쌓는 행위를 높이 사고, 스포츠와 연예계 스타들에게 열광한다. 그러나 이런 것은 전부 개인적으로나 집단적으로 우리에게 평안을 가져다줄 수 없다. 나우웬은 이렇게 상기시킨다. "성공과 명예와 영향력과 권세와 재물이 우리가 간절히 바라는 내면의 기쁨과 평안을 가져다주지 않는다는 사실을 우리는 마음 깊은 곳에서부터 이미 잘 알고 있습니다."[138]

나우웬은 이 세상을 지배하는 것과 대조되는 하나님 나라의 영에 관해 이렇게 말했다. "그리스도인의 삶은 근본적인 변화를 요구합니다. 그리스도인은 이 세상과 분명히 거리를 둬야 합니다. 또 많은 반대가 있겠지만 그럼에도 삶의 새로운 방식과 평안을 얻는 새로운 길을 찾는 것이 가능하다고 계속 말해야 합니다."[139]

예수님은 우리에게 이전과 다른 자세로 이 세상을 살아가도록 요구하신다. 또 그의 가르침은 그 자세가 현실적으로 어떠해야 하는지 명확하게 보여 준다. 이 세상은 원수를 미워하고, 심지어 멸하라고 말하지만, 예수님은 원수를 사랑하고 우리를 미워하는 사람들에게 선행을 베풀라고 말씀하신다. 또 이 세상은 사람들이 우리를 해치거나 우리에게 죄를 범하면 보복하라고 말하지만, 예수님은 우리에게 "일흔 번씩 일곱 번"을 용서하라고 말씀하신다(마 18:21~22). 또 이 세상은 남에게 빌려주는 것에 대해 이자까지 쳐서 돌려받으라고 말하지만, 예수님은 돌려받을 것을 기대하지 말고 빌려주라고 말씀하신다. 이처럼 완전히 다른 태도와 자세를 어떻게 설명할 수 있을까? 나우웬은 이렇게 답한다. "그것은 사랑의 영으로 완전히 변화된 우리의 삶입니다. …… 이 세상의 강요와 충동이라는 속박에서 해방되어 진실로 필요한 것에만 우리 마음을 집중하는 것이 그 변화된 삶의 새로운 점입니다."[140]

사도 바울은 이렇게 기록했다. "우리가 세상의 영을 받지 아니하고 오직 하나님으로부터 온 영을 받았으니 이는 우리로 하여금 하나님께서 우리에게 은혜로 주신 것들을 알게 하려 하심이라"(고전 2:12). 하나님께서 우리에게 은혜로 주시는 가장 큰 선물 중 하나는 평안이다. 예수님은 제자들에게 성령의 선물을 주겠다고 약속하면서 이렇게 말씀하셨다. "평안을 너희에게 끼치노니 곧 나의 평안을 너희에게 주노라 내가 너희에게 주는 것은 세상이 주는 것과 같지 아니하니라 너희는 마음에 근심하지도 말고 두려워하지도 말라"(요 14:27). 그리스도의 평안은 근심과 불안이 가득한 마음과 정반대이며, 성령의 선물로 주어진다.

우리가 그런 평안을 찾을 수 있도록 성령은 예수님이 '내려가신' 그 길로 우리를 인도한다. 근심과 불안을 일으키는 이 세상의 '성공 사다리'로 올라가게 하는 게 아니라 그리스도의 본을 따라 자신을 낮추는 겸손과 소박함으로 내려가도록 이끈다는 뜻이다. 권능의 말씀이신 우리 주 예수 그리스도는 태초부터 자신을 비우고 고난받는 인간과 하나가 되셨다. "그리스도는 권능에서 무력함으로, 큼에서 작음으로…… 강함에서 약함으로, 영광에서 치욕으로 낮아지셨습니다."[141] 가난하고, 소외되고, '지극히 작은 자'와 함께하기 위해 아래로 내려가는 겸손의 길에서 우리는 평안을 찾을 수 있다. 왜 그럴까? 평안은 다른 사람과 차별화하고 우리의 특출한 우월성을 도모함에서가 아니라 함께 나누는 인간애를 인정하고 높이 사는 데서 생겨나기 때문이다. 평안은 개인적인 성취나 서로 다름을 강조하기보다는 통합과 공동체 의식을 발견할 수 있는 곳에서 꽃핀다.

　나우웬은 이렇게 굳게 믿었다. "영의 길은 이 세상의 길과는 완전히 다릅니다."[142] 이 세상의 길은 우리에게 필요한 것이 충분하지 않으며, 우리 자신의 능력이 충분히 뛰어나지 않다는 불안감에 그 뿌리를 둔다. 그런 불안감은 부족한 자원을 서로 많이 차지하려는 경쟁을 부추기며, 안정과 권력과 통제권을 거머쥐어야 한다는 치열한 의식을 만들어 낸다. 이런 자세는 자기보존과 자기 자랑을 중심에 두며 방향이 잘못 잡힌 마음을 드러낸다. 평강의 왕이신 예수님은 "먼저 그의 나라를 구하라"라고 말씀하시며 다른 모든 필요한 것은 삶의 새로운 중심에서 하나님이 채워 주실 것이라고 말씀하셨다(마 6:33). 또 예수님은 이렇게 약속하신다. "나는 마음이 온유하고 겸손하니 나의 멍에를 메고 내게 배우라 그리하면 너희 마음이 쉼을 얻으리니"(마 11:29). 자신을 낮추는 겸손과 상냥한 온유함이라는 예수님의 영 안으로 들어가면 세파에 찌들어 근심과 불안으로 가득한 우리의 영혼이 안식과 평안을 얻을 수 있다는 뜻이다.

또 우리 마음이 평안으로 가득하면 유능한 갈등 중재자로서 다른 사람들을 위해 봉사할 수도 있다. 우선 우리는 내면의 전쟁을 잘 알아야 한다. 내면의 모순과 투쟁을 비판하지 않고 살펴보며 우리의 그늘진 부분을 겸손과 하나님의 은혜에 대한 믿음으로 통합하고 받아들이는 법을 익혀야 한다. 그러면 우리는 대인관계의 갈등으로 괴로워하는 사람들과 함께 앉아 그들에게 도움을 줄 수 있다.

나우웬은 특히 우리 내면의 평안이 갈등 중재에서 영향력을 발휘할 수 있을 때, 그 평안과 밀접하게 연관된 은혜의 선물이 무엇인지도 깨달았다. 바로 기쁨이다. 우리 대다수는 평안과 기쁨이 마음 안에서 조용히 융합되는 것으로 안다. 그러나 나우웬은 진실된 갈등 중재자에게서 드러나는 외적인 표시가 기쁨이라고 생각한다.

갈등 중재자의 마음은 기쁨으로 가득합니다. 기쁨은 겸손과 긍휼의 열매입니다. 우리가 슬픈 마음으로 죽음과 파괴의 힘에 저항한다면 평화를 가져올 수 없습니다. 우리가 예수님의 영 안에서 행동한다는 가장 설득력 있는 표시 중 하나가 기쁨입니다. 예수님은 언제나 기쁨을 약속하십니다. 해산한 여인이 느끼는 기쁨(요 16:21), 아무도 우리에게서 빼앗아 갈 수 없는 기쁨(요 16:22), 이 세상의 기쁨이 아니라 하나님의 기쁨에 참여하는 충만한 기쁨(요 15:11)이 그 예입니다. 참된 갈등 중재자의 표시로 기쁨보다 더 확실한 것은 없습니다.[143]

삶에서 죽음으로

...

나의 내면 깊은 곳 어디에선가 나의 목숨이 실제로 위험하다는 느낌이 왔습니다. 그래서 이전에 한 번도 가 본 적이 없는 죽음의 문턱으로 한번 다가가 보기로 했습니다. 나는 죽음의 문턱 '주변을 걸어 다니면서' 이 세상 너머의 삶을 준비하고 싶었습니다.

그 문턱에 다가갔을 때 내가 경험한 것은 순수하고 무조건적인 사랑이었습니다. 더욱더 좋은 것은 개인적으로 강렬하게 느낄 수 있는 주님의 임재였습니다. 아주 부드럽고 잘잘못을 따지지 않으며, 그저 나에게 전적으로 신뢰하라고만 요구하셨습니다. 모든 모호함과 불확실성이 사라졌습니다. 그분이 거기에 계셨습니다. 내 생명의 주님이 거기에서 "나에게 오라, 오라"고 말씀하셨습니다.

나를 둘러싼 생명과 사랑 안에서 사망은 그 힘을 잃고 사그라졌습니다. 모든 질투와 원망과 분노가 부드럽게 밀려 나갔습니다. 사랑과 생명이 이전에 두려워하고 염려했던 어떤 힘보다 더 크고 더 깊고 더 강함을 볼 수 있었습니다.[144]

교통사고를 당한 뒤 수술로 가까스로 목숨을 구했던 나우웬은 수술 직전 말 그대로 '죽음의 문턱'에서 아주 깊은 영적인 체험을 했다. 그 체험을 통해 나우웬은 자신이 통제할 수 없는 힘과 사람들에게 전적으로 의존한 상태에서 하나님의 임재와 평안을 확신할 수 있었다. 그는 다행히 잘 회복했기 때문에 죽음과 삶 사이의 신비한 관계를 묵상할 시간을 더 많이 가질 수 있었다. 나우웬은 지극히 독창적인 통찰을 통해 '제2의 유아기'를 갖는 것이 죽음을 잘 맞아들이기 위한 준비의 일부라는 사실을 깨달았다. 그가 말하는 '제2의 유아기'란 무엇일까?

나우웬은 우리가 어린 시절에도 생존과 성장을 위해 많은 사람에게 의존하지만, 늙어 기력을 잃으면 또다시 생존을 위해 더 많은 사람에게 의존해야 한다는 사실에 주목했다. "우리의 삶은 의존에서 시작해 의존으로 끝납니다."[145] 예수님이 제자들에게 "너희가 돌이켜 어린아이들과 같이 되지 아니하면 결단코 천국에 들어가지 못하리라"(마 18:3)라고 말씀하셨을 때 바로 이 방향을 가리키셨다. 예수님은 하나님의 나라로 가는 방도로써 어린아이의 겸손과 신뢰를 중시하셨다.

그러나 나우웬이 말한 '제2의 유아기'는 치기 어리거나 미숙한 상태를 가리키지 않는다. 그보다는 자신이 하나님께 속해 있으며 반드시 하나님께 의존해야 한다는 사실을 아는 사람의 겸손과 신뢰를 가리킨다. 사도 바울은 로마서 8장에 이렇게 기록했다. "너희는…… 양자의 영을 받았으므로 우리가 아빠 아버지라고 부르짖느니라. 성령이 친히 우리의 영과 더불어 우리가 하나님의 자녀인 것을 증언하시나니 자녀이면 또한 상속자 곧 하나님의 상속자요 그리스도와 함께 한 상속자니 우리가 그와 함께 영광을 받기 위하여 고난도 함께 받아야 할 것이니라"(롬 8:15~17). 이 구절과 관련해 나우웬은 이렇게 말한다. "이것은 영적으로 성숙한 사람의 목소리입니다. …… 그에게는 하나님께 온전히 의존하는 것이 힘의 근원이자 용기의 바탕이자 진실된 내적 자유를 얻는 비결입니다."[146]

예수님은 구유에서부터 십자가까지 의존에서 의존으로 옮겨 가는 과정을 우리에게 직접 보여 주셨다. "예수님은 주변 사람들에게 전적으로 의존하는 상태로 이 세상에 태어나셨고 다른 사람들의 행동과 결정에 따른 수동적인 피해자로 이 세상의 생을 마감하셨습니다. 예수님의 인생 여정은 제1의 유아기로 시작해 제2의 유아기로 끝났습니다. …… 예수님은 그 자신이 그랬던 것처럼 우리도 유아기를 생의 처음과 마지막 두 차례에 걸쳐 가지면서 우리의 죽음을 새로운 탄생으로 만들 수 있도록 스스로 삶의 모범을 보였습니다."[147]

십자가는 위대한 역설의 상징이다. 우리 삶 안에 죽음이 거하는 동시에 삶이 우리 죽음을 둘러싸고 있음을 보여 주기 때문이다. 나우웬은 이렇게 설명한다. "죽음이란…… 전적인 패배와 전적인 승리가 하나로 합치는 순간입니다. …… 예수님은 자신의 죽음을 '들어 올려지다'라고 표현하십니다. 십자가에 들어 올려짐과 동시에 부활로도 들어 올려지셨습니다."[148] 예수님이 그러셨듯이 우리의 죽음도 더 나은 삶으로 가는 통로다.

약 1년 전 나는 임종을 앞둔 오빠를 곁에서 지켜보면서 그에게 죽음이란 태어나는 아기가 겪는 고통과 같다고 말했다. 그 힘들고 고통스러운 진통을 겪으며 우리는 새로운 탄생의 길을 통과한다는 뜻으로 이야기했다. 완전히 미지의 영역인 이 세상으로 나오기 위해 고통으로 몸부림치는 태아를 비유로 사용한 것이다. 오빠는 과학도로서 과학으로 형성된 세계관을 갖고 있었다. 나는 그에게 내가 사용한 비유가 도움이 되는지 물었다. 오빠는 고개를 끄덕였다. 실제로 그는 오래전 고인이 되어 이 세상의 경계를 벗어난 가족들의 존재를 자신의 생애 마지막 몇 주 동안 다시 느낄 수 있었다. 죽음은 소중하고 거룩한 통과 과정의 문턱이다. 죽어 가는 사람과 그 문턱 근처까지 동행해 보는 것은 영광이 아닐 수 없다.

임종을 앞둔 사람과 함께 죽음을 지켜보면 사망으로부터 영생으로 향하는 우리의 여정에서 그리스도가 우리를 위해 하시는 일을 약간이나마 이해할 수 있다. 이 전환의 과정에서 예수님은 우리 곁에 계시면서 우리의 불안과 염려를 덜어 주고 앞으로 우리가 맞이할 삶에서 언제나 그 자신이 함께하겠다고 안심시켜 주심으로써 우리 심령에 평안을 안겨다 주신다. 나우웬은 예수님의 표상을 그리스도와 함께하는 우리의 영생에 관한 메시지와 이렇게 연결한다.

> 고난과 죽음을 정면으로 직시하고 하나님께서 주시는 새로운 생명을 소망하며 그 과정을 온전히 겪어 나가는 것이 예수님의 표상이자 예수님을 닮은 영적인 삶을 살아가기를 소원하는 모든 사람의 표상입니다. 그것이 십자가의 표상입니다. 고난과 죽음의 표상인 동시에 완전히 새롭게 태어나는 소망의 표상입니다.[149]

이 세상 너머의 삶은 우리가 거의 알지 못하는 영역이다. 죽음을 두려워하면 우리가 너무나 잘 아는 이 세상에 매달리려고 몸부림칠 수밖에 없다. 그러나 하나님의 자녀로서 하나님의 나라를 물려받을 상속자라는 우리의 자리를 확신한다면 이 세상 너머로 옮겨 가는 과정을 담대히 받아들일 수 있는 자유를 가질 수 있다. 나우웬은 이렇게 말한다.

> 우리가 두려움을 뛰어넘어 우리를 사랑하시는 하나님께 도달할 수 있다면 죽음도 우리의 자유를 빼앗을 수 없습니다. 하나님

의 사랑은 우리가 태어나기 전부터 그곳에 있었고, 우리가 죽은 뒤에도 그곳에 있을 것입니다. 우리가 사랑 안에서 이 세상에 태어났고, 죽어서 사랑 안으로 들어가며, 또 이 사랑이 바로 우리의 참된 부모라는 사실을 우리는 잘 알아야 합니다. 이것은 정신적인 지식이 아니라 마음의 지식입니다. 우리가 이 지식에 도달한다면 어떤 형태의 악과 질병과 죽음도 우리를 영원히 지배할 힘을 잃을 것입니다.[150]

사도 바울은 성경의 가장 아름다운 구절 중 하나에서 하나님의 자녀로서 가질 수 있는 자유와 자신감을 이렇게 강렬하게 표현했다. "내가 확신하노니 사망이나 생명이나 천사들이나 권세자들이나 현재 일이나 장래 일이나 능력이나 높음이나 깊음이나 다른 어떤 피조물이라도 우리를 우리 주 그리스도 예수 안에 있는 하나님의 사랑에서 끊을 수 없으리라"(롬 8:38~39).

나우웬은 영적인 삶이란 우리 안에 거하시는 성령의 삶이라고 설명한다. "하나님께서는 우리와 함께하기를 원하십니다. 하나님이 우리 안에 거하신다고 우리가 말할 수 있을 정도로 아주 친밀하고 개인적인 방식으로 우리와 함께 있기를 바라십니다. 우리는 하나님의 영으로 호흡합니다. 그러면서 우리는 '내가 세상 끝날까지 너희와 항상 함께 있으리라'(마 28:20)라는 예수님의 마지막 말씀이 무슨 의미인지 조금씩 이해하기 시작합니다. 그 뜻은 이렇습니다. '너희와 내가 하나가 될 수 있도록 나는 아주 친밀하게 너희와 함께 있을 것이다. 너희는 내 숨으로 호흡하며 이제 더는 너희가 사는 게 아니라 너희 안에서 그리스도가 사신다고 말할 수 있다.'"[151] 이처럼 성령과 심오한 교제를 할 수 있다면 우리와 완전하게 연합된 그리스도의 삶 안에 들어 있는 우리의 삶이 어떻게 안전하지 않을 수 있겠는가?

나우웬은 생의 말기에 공중그네 곡예사들 사이의 신뢰와 교감을 더욱 깊이 이해할 기회가 있었다. 그는 곡예단장 로들리를 만나 공중 그네 곡예의 진정한 비밀이 무엇인지 물어보았다. 로들리는 이렇게 대답했다.

나는 플라이어로서 캐처를 전적으로 신뢰해야 합니다. 실제 곡예를 하는 사람은 플라이어가 아니라 캐처라는 것이 비밀입니다. 플라이어인 내가 공중으로 솟구쳐 캐처인 조에게 날아갈 때 나는 그냥 팔과 손을 뻗어 그가 나를 붙잡아 무대 위로 안전하게 내려 주기를 기다리기만 하면 됩니다. 플라이어가 캐처를 잡으려고 하면 곡예를 완전히 망치게 됩니다. 내가 조의 손목을 잡으려 한다면 그의 손목이나 내 손목이 부러지게 됩니다. 그러면 우리 둘 다 곡예사로서의 생명이 끝나게 됩니다. 플라이어는 날아야 하고 캐처는 잡아야 합니다. 또 플라이어는 마음 놓고 팔을 뻗으며 캐처가 잡아 줄 것이라고 확고히 믿어야 합니다.[152]

나우웬은 로들리의 이런 설명을 들으며 예수님이 십자가에 달려서 하신 마지막 말씀을 깊이 묵상했다. "아버지 내 영혼을 아버지 손에 부탁하나이다"(눅 23:46). 이제 공중그네 곡예 이미지에 관한 나우웬의 묵상으로 이 장을 마무리하고자 한다.

죽음은 공중그네 곡예처럼 캐처를 전적으로 신뢰하는 행위입니다. 죽음을 앞둔 사람을 보살필 때는 이렇게 말해야 합니다. "두려워하지 마세요. 당신이 하나님의 사랑하는 자녀라는 사실을 기억하세요. 당신이 고난도 공중 점프를 할 때 그분이 거기에 계실 겁니다. 그분을 잡으려 하지 마세요. 그분이 당신을 잡아 줄 겁니다. 그냥 팔과 손을 편 채로 신뢰하고, 신뢰하며, 또 신뢰하세요."[153]

나우웬이 교통사고를 당한 뒤 실제로 다가가 본 죽음의 문턱에서 들은 음성이 바로 그것이었다. 그 문턱에서 주님의 임재가 그에게 전적으로 자신을 신뢰하고 자신에게로 "오라"고 하셨다. 우리도 언젠가 죽음의 문턱에서 우리와 함께할 준비를 하고 계신 그분의 임재를 마주할 것이다. 우리가 영적인 탄생 통로를 통해 사망에서 영생으로 옮겨 가는 동안 주님은 줄곧 우리와 함께하실 것이다. 거기에서 우리는 사랑이 죽음보다 강하다는 사실을 한 점 의심 없이 믿게 될 것이다.

– 묵상과 기도의 주제 –

다음 중에서 마음에 가장 와닿는 질문들을 골라 영성 훈련 노트에 답변을 적어 보자.

1. 당신은 어떤 경험을 통해 하나님께서 베푸시는 사랑을 확신하게 되었는가?

   '내면에서 흘러나오는 사랑의 음성'을 듣는 데 어떤 연습이 도움이 되는가?

   그 메시지가 어떻게 당신을 자유롭게 해 주는가?

2. 자신의 처지를 다른 사람들과 비교하는 것이 어떤 식으로 원망을 부추긴다고 생각하는가?

   당신은 어떤 경우에 감사하는가?

   감사함 속에서 살 때 어떤 느낌이 드는가?

3. 안전하다고 느끼게 해 주는 무엇을 포기한 뒤, 그런 내려놓음 없이는 알 수 없었던 새로운 자유를 발견한 적이 있는가?

   있다면 어떤 경우였는가?

   특정한 마음의 상처나 두려움에 오래 매달려 그것이 당신의 자아상을 형성한 적이 있는가?

어떤 경우에 그랬는가?

그런 상처와 두려움을 내려놓음으로써 내면에서 흘러나오는 자유를 느낀 적이 있는가?

그와 관련해 어떤 자유를 상상할 수 있는가?

4. 어떤 근심에 자주 시달리는가?

그런 불안과 염려가 자유와 평안에 어떤 영향을 주는가?

겸손과 온유라는 '자기 낮춤'을 따를 때 그것이 내면의 자유와 평안에 어떤 영향을 미치는가

5. 하나님께 대한 성숙한 의존이 어떤 모습이라고 생각하는가?

죽음이 새로운 영적인 탄생을 위한 진통 과정이라는 이미지가 자신의 죽음을 준비하는 데 어떤 도움을 줄 수 있다고 생각하는가?

그런 이해가 임종을 앞둔 사람을 어떻게 좀 더 유익하게 보살필 수 있도록 해 주는가?

– 영성 심화를 위한 연습 –

공중그네 곡예에서 안전을 보장해 주는 그네 손잡이를 단단히 잡고
공중으로 도약할 준비를 하는 플라이어가 자신이라고 상상해 보라.
당신의 삶에서 자유롭게 날아오르기 위해 손을 놓아야 할 필요가 있
는 '그네 손잡이'는 무엇인가? 당신의 시선을 '위대한 캐처'이신 하나
님께로 돌려 보라. 그분의 든든한 팔을 신뢰함으로써 가질 수 있는
절대적인 안전함을 느껴 보라. 그 신뢰를 통해 그동안 자신을 위해
만들어 내려고 애써 온 인위적인 안전함을 내려놓을 용기를 얻을 수
있도록 연습하라.

- 추가 또는 선택 사항 -

- 창세기 2장 7절과 요한복음 20장 22절을 읽어 보라.
- 자신 안에 들어 있는 하나님의 숨과 생기를 의식하며 묵상하라.
- 하나님의 영이 당신 안에 거한다면, 또 그리스도가 당신 안에 있 듯이 당신도 그리스도 안에 있다면 그런 사실이 당신의 일상생활 에서 어떤 확신을 주는가?
- 이런 영적인 현실이 자신의 죽음에 대한 생각에 어떤 영향을 미치 는가?
- 평안과 감사하는 마음이 당신의 영혼 깊은 곳에 자리 잡게 하라.
- 하나님을 향한 흠모가 마음 안에서 일어나 당신의 말과 행동을 변 화시킬 수 있도록 노력하라.

6장

그렇다면
어떻게
살아야 하는가?

영적 성장을 통해 자신의 소명을 찾아 새로운 삶으로 나아가라

지금까지 독자 여러분과 헨리 나우웬 그리고 이 책의 저자들은 영적
인 삶을 탐구하고 연습하는 영성 훈련의 여정을 함께했다. 먼저 우리
의 정체성 문제에서 시작해 우리를 자신의 형상으로 지으신 하나님
의 본성으로 나아갔다. 그다음 하나님이 가지신 무한하고 무조건적
인 사랑의 마음을 탐색하면서 고난과 고통에 담긴 비밀을 이해하려
고 고심했으며, 그리스도 안에 거함으로써 얻을 수 있는 자유와 평안
의 은사를 마음으로 받아들이고자 노력했다. 또 각 장의 끝부분에 제
시된 '묵상과 기도의 주제'와 '영성 심화를 위한 연습'을 통해 이 각각
의 주제를 두고 우리 자신의 마음을 깊이 들여다보는 시간을 가졌다.

　이제 나우웬과 함께한 이 영성 순례의 열매를 거두면서 이런 질문
을 던져야 할 시점에 이르렀다. 내가 새 생명과 새로운 삶으로 나아가
도록 하나님께서 어떻게 나를 부르실까? 여기서 얻은 새로운 관점과
통찰을 마음에 새기고 어디로 향해야 할까? 나우웬의 인도로 시작한

이 여정을 바탕으로 나의 남은 생은 어떻게 살아야 할까?

예수님은 "나더러 주여 주여 하는 자마다 다 천국에 들어갈 것이 아니요 다만 하늘에 계신 내 아버지의 뜻대로 행하는 자라야 들어가리라"(마 7:21)고 말씀하셨다. 그렇다면 우리는 그 은혜의 말씀을 어떻게 실천할 것인가? 이 마지막 장에서는 복습과 평가, 영적 분별을 통해 지금까지 함께 살펴본 내용을 통합해 그 실천 방안을 모색함으로써 우리의 순례 여정을 마무리 짓고자 한다. 이제 나무에서 벗어나 숲 전체를 볼 시간이다. 이 책을 읽고 반추하고 묵상하는 과정 하나하나에서 성령이 어떻게 우리와 함께하셨는지 우리 내면을 살펴보자. 또 삶의 새로운 차원으로 옮겨 가면서 어디서 하나님의 부르심을 들을 수 있는지 귀를 기울여 보자.

이 장은 실용적인 대화형 학습 과정으로 구성되었다. 충실한 학습에는 상당한 시간이 걸릴 수 있다. 그러나 서두를 필요는 없다. 이 책을 읽으며 써 온 영성 훈련 노트를 잘 활용하면 많은 도움이 된다. 각 장에 제시된 '묵상과 기도의 주제'와 관련된 모든 내용을 한곳으로 모으는 것이 학습에 유용하기 때문에 이 마지막 부분을 노트의 맨 끝에 할애하기를 권한다. 공책을 사용한다면 마지막 부분과 해당하는 앞부분 사이를 쉽게 오갈 수 있도록 색인표나 스티커 꼬리표를 사용하면 편리할 것이다. 온라인 노트를 사용한다면 임시로 별도의 문서를 만들어 두 문서를 나란히 두고 보거나 하나씩 펼쳤다 접으면서 오가는 방식을 권장한다. 다 끝나면 마지막 부분을 전체 문서에 통합하면 된다.

자신의 선택과 경험에 대한
복습과 평가

...

첫 단계는 각 장 끝부분에 제시된 '묵상과 기도의 주제'를 다시 한 번 살펴보면서 자신이 선택한 질문들에 답한 내용을 노트에서 찾아 복습하는 것이다. 특히 답하기로 선택한 질문과 선택하지 않은 질문을 주의 깊게 살펴보라. 어떤 질문이 가슴에 와닿았는가? 그 질문을 선택한 이유는 무엇인가? 선택한 질문들에서 일관된 패턴을 발견할 수 있는가? 자신의 선택에 관해 곰곰이 반추하면서 흥미롭거나 특별한 의미를 갖는 것이 있는지 살펴보라. 때로는 선택하지 않은 질문이 선택한 질문만큼이나 자신에 관해 많은 것을 알려 줄 수 있다.

하지만 질문의 선택에는 심적인 거부감보다는 시간적인 제약이 더 큰 영향을 미쳤을 수도 있다. 따라서 자신의 선택을 두고 스스로를 판단할 필요는 없다. 흔히 성령은 우리의 마음에 와닿는다는 느낌을 활용해 우리에게 신호를 보내시기 때문이다. 하지만 이전에 선택하지 않았으나 시간이 나면 나중에 다시 답해 보고 싶은 질문이 있다면 노트에서 이 마지막 장 해당 부분에 그 질문을 적어두라. '영성 심화를 위한 연습' 항목에서도 같은 복습 방식을 적용하라.

그다음 이 책을 통한 묵상과 기도와 영성 훈련의 전반적인 경험을 평가해 보라. 이미 알고 있었거나 믿고 있었던 것 중 무엇이 재확인되었는가? 자신이 가졌던 지혜 중에서 무엇이 더 깊어지고 넓어졌는가? 보거나 이해하거나 믿는 방식에서 달라진 점이 있는가? 이 책을 읽고, 묵상하고, 기도하고, 노트에 메모하는 과정에서 무엇이 여러분을 새로운 터로 옮겨 주었는가? 이전과는 다른 새로운 빛 속에서 자신이나 하나님을 보게 되었는가? 사랑과 고난 또는 자유와 평안에 대해 이전과 어떻게 달리 생각하게 되었는가? 이 영성 훈련을 통해 배운 것과 새로 가지게 된 관점을 노트에 적어 보라. 새로운 관점 중 어떤 것이 당신에게 가장 충만한 생명을 주는가? 이 영성 훈련 과정을 통해 자신의 영적인 자세가 바뀌었다고 느끼는가? 그렇다면 어떻게 달라졌는가? 이 질문들은 영적 분별을 위한 예비적인 질문들이다. 이제 좀 더 깊이 들어가 보자.

성령의 부르심 분별하기
...

나우웬은 영적 분별을 잘 이해했다. 그는 영적 분별이 기도와 경청, 열린 마음에 바탕을 둔 하나님의 선물이라는 사실을 깨달았다. 나우웬은 이렇게 말한다. "하나님의 뜻과 목적을 분별하려면 선행되어야 할 조건이 있습니다. 우리 자신을 파악할 때는 반드시 하나님과의 관계 안에서 자신을 찾아야 한다는 것입니다. 하나님의 뜻을 받아들인다는 것은 '일어날 일은 반드시 일어나게 되니 나로선 어쩔 수 없다' 또는 '될 대로 돼라'는 식으로 체념한다는 뜻이 아니라, 성령이 우리를 인도하시기를 갈망하고 기다리면서 앞으로 해야 할 일이 무엇인지 알아내려고 노력한다는 의미입니다."[154] 이런 분별력 강화의 과정은 우리가 지금 하고 있는 영성 훈련을 그대로 반영한다. 우리는 먼저 하나님에 대한 이해와 하나님과의 관계를 더욱 심화시켰다. 이제 우리는 '다음에 해야 할 일'을 분별하기 위해 적극 나서고 있다. 특히 이런 분별은 우리 안에서 활동하시는 성령의 인도하심을 따라야 한다.

지금까지 여러분이 적은 노트는 이 영성 훈련에서 처음부터 끝까지 성령의 임재에 대한 자신의 체험을 되살리는 데 도움이 될 것이다. 이 책의 각 장을 다시 차례로 살펴보라. 제목을 하나씩 훑으며 주제와 요점과 인용된 이야기들을 되새겨 보라. 책 본문에서든, '묵상과 기도의 주제'에 제시된 질문과 답변에서든, '영성 심화를 위한 연습'에서든 마음에 가장 깊이 와닿은 것을 다시 생각해 보라. 어느 부분에서 성령이 여러분 안에서 일하시는 중이라고 느꼈는가? 책의 내용 중 특별히 자신에게 하는 말처럼 느껴지는 부분을 성령께서 기억나게 하는가? 그 내용은 무엇인가?

성령은 우리 안에서 쉬지 않고 열심히 일하신다. 우리가 받아들일 때까지 같은 메시지를 반복해서 전하신다. 이 책의 서로 다른 장에서 똑같은 메시지가 반복되는 것을 인지한 적이 있는가? 서로 다른 질문에서 하나의 똑같은 이미지가 여러 차례 떠오른 적이 있는가? 반복되는 통찰과 이미지는 성령의 특별한 인도와 감화라는 확실한 조짐인 경우가 많다.

성령의 사역을 말해 주는 또 다른 표시는 우리가 느끼는 에너지를 통해 나타난다. 어디에서 또는 무엇에서 신이 나거나 창의적인 에너지를 느끼거나 넘치는 기쁨을 경험했는가? 우리 하나님은 생명의 하나님이시며 생명은 가만히 있지 않고 항상 역동적으로 움직인다. 어디에서 또는 무엇에서 새롭고 모험적이고 생소한 것을 시도하고 싶은 의욕을 느꼈는가? 사도 바울은 "누구든지 그리스도 안에 있으면 새로운 피조물이라 이전 것은 지나갔으니 보라 새것이 되었도다"(고후 5:17)라고 말하면서 그리스도인의 영적인 현실을 제시했다.

창의적인 에너지와 기쁨은 성령이 우리를 어디로 부르시는지 깨닫는 데 도움을 준다. 나우웬은 이렇게 말한다. "영적 분별의 목적은 하나님의 뜻을 아는 것입니다. 다시 말해 하나님의 사랑이 우리의 삶 속에서 나타나는 특유의 방식을 깨닫고, 받아들이고, 확인하는 것입니다."[155] 영적 분별은 우리에게 자유를 주는 동시에 우리를 위한 하나님의 뜻을 이해할 수 있도록 해 주는 방도이다. 우리의 정체성과 우리의 고유한 존재, 그리고 하나님의 사랑을 나타내는 은사에 정확히 들어맞는 방식이다.

나우웬은 이 통찰을 한층 더 증폭시킨다. "영적 분별이란 우리가 원래 창조된 대로의 참된 정체성이 무엇이며, 이 세상에서 우리가 맡은 소명이 무엇이고, 하나님께서 사랑을 표현하는 수단으로써 우리가 역사에서 차지하는 고유한 위치가 어디인지 파악하는 것입니다."[156] 우리에게 풍성한 생명을 주시기 위해 예수님이 오셨듯이(요 10:10), 예수님의 길을 따르는 우리는 그의 영으로 말미암아 다른 사람에게 생명을 줄 수 있는 힘을 얻는다.

하나님께서는 우리를 사랑 안에서 창조하셨다. 하나님께서 우리를 사랑으로 창조하신 목적은 우리 각자에게서 특별한 방식으로 그 사랑이 나타나도록 하는 것이다. 따라서 영적 분별의 핵심 질문은 이 것이 되어야 한다. 영성 훈련을 통해 내가 사랑의 측면에서 얼마나 성장했는가? 하나님과 다른 사람들과 나의 참된 자아와 또 모든 피조물에 대한 더 큰 사랑으로 향하는 내 마음의 변화를 나는 어디에서, 또 무엇에서 느꼈는가? 이 사랑의 영은 내 안에서 어떻게 역사하시는가? 또 나를 어디로 데려가기를 원하시는가? 내가 경험하는 영적 성장 안에서 인지되는 소명이 있는가? 이 질문들에 대한 답은 이 영성 훈련의 내용과 자신이 가장 밀접하게 연결되어 있다고 느끼는 곳에서 발견될 가능성이 크다.

이 같은 평가와 영적 분별을 통해 여러분의 내면에서 소명을 확실히 느낀다면 또 이렇게 질문하라. 이 영성 훈련의 은혜를 앞으로 나의 삶에 어떻게 적용할 수 있을까? 내가 이 영성 훈련의 여정에서 받은 생명수를 어떤 용기에 담으면 더욱 안전하게 보관할 수 있을까? 내가 찾은 자양분을 어떻게 섭취하고 또 어떻게 다른 사람들과 나눌 수 있을까? 여기서 삶의 간단한 규칙이 우리에게 도움을 줄 수 있다.

간단한 삶의 규칙 만들기

...

삶의 규칙은 간단히 말해 덩굴나무가 잘 자라도록 받쳐 주는 격자 구조물에 비유할 수 있다. 이 구조물은 덩굴나무가 자유롭게 번성할 수 있도록 충분한 공간과 공기와 햇빛을 제공할 수 있도록 만들어져야 한다. 따라서 삶의 규칙이란 건강한 영적인 삶에 필요한 구조물로써 영적 성장을 위한 연습의 뼈대를 이룬다. 우리가 태도와 행동 등 머리와 가슴과 손의 새로운 습관을 형성하려면 이런 연습이 반드시 필요하다.

영적 성장을 위한 연습은 어떤 경우에도 현실적이어야 한다. 우리에게는 언제나 앞으로 나아갈 길을 찾아야 하는 긴장이 있다. 새로운 의욕, 더 깊은 소명 의식, 성령이 이끄는 새로운 방향에 눈을 떴기 때문이다. 부단한 연습을 통해 영적으로 성숙하려는 생각을 늘 갖는 것이 중요하다. 아울러 삶의 현실이나 개성에 맞춰 이런 자극이 적절하게 균형을 이루게 하는 것도 필요하다. 초보자는 변화를 위한 과도한 열의에서 너무 많은 것을 시도하다가 실패하는 실수를 범하기 쉽다. 천천히 그리고 꾸준히 연습하는 것이 평생토록 실천이 필요한 문제에서 노련한 사람들이 얻은 지혜다. 작은 일에서부터 신실하게 행동하는 방법을 배우고 부단히 연습해야 한다. 그러면 하나님께서 더 많은 것을 배울 수 있는 시기를 알려 주실 것이다. 영적인 삶에서는 작은 것이 아름다우며, 인내가 영적 성장의 열쇠다.

"사랑 가운데서 뿌리가 박히고 터가 굳어져서"(엡 3:17) 그 상태를 유지할 수 있도록 해 주는 연습을 적어도 한 가지는 선택하라. 여러분이 새로운 소명으로 나아갈 때 영적 성장의 열망을 유지하는 데 무엇이 도움이 되는가? 잠에서 깨어날 때 하나님의 사랑 가득한 임재를 받아들이기 위해 5분 동안 묵상하면서 일상생활 속에서 끊임없이 베풀어지는 사랑에 눈을 뜨게 해 달라고 성령께 기도하는 연습이 한 가지 예가 될 수 있다. 아니면 마음에 와닿는 성경 구절을 10분 동안 묵상하면서 통찰이나 의문 사항을 노트에 적는 방법도 도움이 된다. 또는 15분 동안 호젓한 곳을 산책하며 한 문장으로 된 기도를 반복하는 것도 좋다. "주여, 내 곁에서 걸으시며 나에게 주님의 길을 보여 주소서." "오 하나님이여, 내가 당신을 보려고 눈을 듭니다. 당신의 빛을 나에게 보여 주시옵소서." 이런 기도를 자신의 것으로 만들어라.

하나님께로 내린 뿌리가 튼튼하게 뻗어 갈 수 있도록 해 주는 연습 외에 이 세상을 살아가기 위한 측면의 연습도 한 가지 선택하라. 싹트는 소명 의식을 더 깊이 탐구하고 표현하는 데 어떤 것이 도움이 되는가? 삶의 규칙에서 이 측면은 상당히 현실적이며 실용적이어야 한다. 비폭력 인권 운동을 위한 마틴 루터 킹 주니어 목사의 규칙 중 몇 가지를 소개한다. "하나님은 사랑이시니 사랑으로 걷고 말하라." "친구와 적 둘 다에게 일상적인 예의를 지켜라." "주먹이나 혀나 마음의 폭력을 삼가라."[157] 물론 일상생활에서 이런 규칙을 철저히 지키기는 상당히 어려울 수 있지만 노력할 가치는 충분하다.

이처럼 그리스도 안에 있는 삶의 수직적 차원, 그리고 이 세상에서 다른 사람과 함께하는 삶의 수평적 차원 둘 다에 자양분을 공급하기 위해 각 차원에서 한 가지씩만 선택하라. 그 규칙을 꾸준히 연습하고, 또 매일 이런 관계 안에서 살아간다면 우리는 이 세상에서 맡은 소명을 더욱 잘 감당할 수 있을 것이다. 완벽을 기대하지 말라. 걸핏하면 넘어지고 실패할 게 뻔하다. 우리 모두가 그렇다. 그러나 자책하지 말고 몸을 일으켜 다시 시작하라. 지극한 겸손을 몸소 실천하신 그리스도처럼 늘 자신을 낮추고 또 낮추어라. 우리가 비록 아직 비틀거릴지라도 성령 안에서 똑바로 걷는 법을 배우는 가운데 그리스도께서 온유한 목자로서 우리를 인도하신다.

헨리 나우웬의 마음속 가장 깊은 곳에 있던 소망과 소명은 오로지 우리로 하여금 그리스도의 사랑 안에 뿌리를 내리도록 돕는 것이었다. 그 안에서 우리는 하나님이 만드신 모든 피조물의 사랑스러움과 함께 우리 자신의 영원한 사랑스러움을 발견할 것이다. 영적인 삶의 지혜로운 가이드인 나우웬과 함께한 이 영성 훈련에서 우리는 하나님의 사랑을 은혜의 선물로 받았다. 이제 그 사랑을 계속 발전시키기 위해 노력하라. 그 사랑이 우리를 가득 채우고, 또 우리를 인도하게 하라. 영적 성장을 위한 매일의 연습에서 하나님의 은혜를 구하라. 은혜는 영적인 성장의 열쇠이며, 그리스도의 이름으로 행하는 섬김과 봉사의 열쇠이자, 생명 그 자체의 열쇠이다.

| 머리말 |

1) Henri J.M. Nouwen, *The Genesee Diary: Report from a Trappist Monastery* (Doubleday & Co., Inc., 1976), xii.
2) Ibid., 89.
3) Ibid., 103.

| 1장 · 나는 누구인가? |

4) Henri J.M. Nouwen. *Out of Solitude: Three Meditations on the Christian Life* (Ave Maria Press, 1974), 34.
5) Henri J.M. Nouwen, *Life of the Beloved: Spiritual Living in a Secular World* (Crossroad, 1992), 28.
6) Ibid., 77.
7) Ibid., 57.
8) Ibid., 78.
9) Ibid., 31.
10) *Out of Solitude: Three Meditations on the Christian Life*, 22.
11) Henri J.M. Nouwen, *The Return of the Prodigal Son: A Story of Homecoming* (Image, 1994), 125.
12) Henri J.M. Nouwen, *The Inner Voice of Love: A Journey through Anguish to Freedom* (Doubleday. 1996), xiii.
13) Ibid., 70.
14) Ibid., 70.
15) Ibid., 67.
16) Ibid., 68.
17) Ibid., 8.
18) *Life of the Beloved*, 45.
19) Henri J.M. Nouwen, *The Way of the Heart: Connecting with God through Prayer, Wisdom, and Silence* (HarperCollins Publishers, 1981), 22-23.
20) Henri J.M. Nouwen, *The Road to Daybreak: Spiritual Journey* (Image, 1988), 120-121.
21) Henri J.M. Nouwen, *Home Tonight: Further Reflections on the Parable of

the Prodigal Son (Image, 2009), 50.

22) Life of the Beloved, 49.

23) M. Craig Barnes, Hustling God (Zondervan, 2001), 20.

24) Ibid., 20.

25) Home Tonight, 50.

26) Life of the Beloved, 28.

27) Ibid., 27.

28) Henri J.M. Nouwen, complied and edited by Gabrielle Earnshaw, You Are the Beloved: Daily Meditations for Spiritual Living (Convergent Books, 2017), 4.

29) Henri J.M. Nouwen, Intimacy (HarperCollins Publishers, 1969), 15-16.

30) Henri J.M. Nouwen, The Selfless Way of Christ: Downward Mobility and the Spiritual Life (Orbis Books, 2007), 58.

| 2장 • 하나님은 누구이신가? |

31) Henri J.M. Nouwen, Heart Speaks to Heart: Three Gospel Meditations on Jesus (Ave Maria Press, 1989, 2007), 22.

32) Ibid., 22.

33) Henri J.M. Nouwen, Compassion: A Reflection on the Christian Life (Image, 1994), 18, 13, 15.

34) Henri J.M. Nouwen, In the Name of Jesus: Reflections on Christian Leadership (Crossroad, 1989), 25.

35) Henri J.M. Nouwen, The Return of the Prodigal Son: A Story of Homecoming (Image, 1994), 99.

36) Henri J.M. Nouwen. Here and Now: Living in the Spirit (Crossroad, 2006), 20.

37) Henri J.M. Nouwen, The Road to Daybreak: A Spiritual Journey (Image, 1990), 22.

38) The Return of the Prodigal Son, 96.

39) Ibid., 123.

40) The Road to Daybreak, 73–74.

41) The Return of the Prodigal Son, 100.

42) Henri J.M. Nouwen, Lifesigns: Intimacy, Fecundity, and Ecstasy in Christian

Perspective (Image, 1986), 4.

43) Ibid., 9.

44) Ibid., 10.

45) Henri J.M. Nouwen, *Intimacy* (HarperCollins Publishers, 2009), 15-16.

46) Henri J.M. Nouwen, *With Open Hands* (Ave Maria Press, 2006), 21.

47) Blaise Pascal, *Pensées* (Penguin Books, 1995), 37.

48) Henri J.M. Nouwen, *Reaching Out: The Three Movements of the Spiritual Life* (Doubleday & Company Inc., 1975), 22–23.

49) Abba Moses, *Celtic Daily Prayer: Prayers and Readings from the Northumbria Community* (HarperCollins Publishers, 2002), 424.

50) *Reaching Out*, 106.

51) *Lifesigns*, 9-10.

52) Ibid., 3.

53) Henri J.M. Nouwen, *Turn My Mourning into Dancing: Finding Hope in Hard Times*, compiled and edited by Timothy Jones (Thomas Nelson, 2001), 34.

54) Henri J.M. Nouwen. *Bread for the journey: A Daybook of Wisdom and Faith* (HarperCollins Publishers, 1997), February 29.

55) Henri J.M. Nouwen, *Clowning in Rome: Reflections on Solitude, Celibacy, Prayer, and Contemplation* (Image, 1979), 13.

56) Kallistos Kataphygiotis (possibly 14th C, from *The Philokalia*), cited in Kallistos Ware, *The Orthodox Way* (St. Vladimir's Seminary Press, 1980), 32.

| 3장 • 사랑의 본질은 무엇인가? |

57) Henri J.M. Nouwen. *The Inner Voice of Love: A Journey from Anguish to Freedom* (Doubleday, 1996), 59-60.

58) Ibid., 59.

59) Ibid., 59.

60) Henri J.M. Nouwen, *Here and Now: Living in the Spirit* (Crossroad, 1994), 103.

61) Henri J.M. Nouwen, *Bread for the Journey: A Daybook of Wisdom and Faith* (HarperCollins Publishers, 1997), January 20.

62) Henri J.M. Nouwen, *With Burning Hearts: A Meditation on the Eucharistic Life* (Orbis Books, 1994), 71.

63) Henri J.M. Nouwen, *The Return of the Prodigal Son: A Story of Homecoming*

(Image, 1994), 42.

64) *Bread for the Journey*, December 28.

65) Henri J.M. Nouwen, *Behold the Beauty of the Lord: Praying with Icons* (Ave Maria Press, 1987), 19.

66) Richard Foster, *Celebration of Discipline: The Path to Spiritual Growth* (HarperCollins Publishers, 2018), 150.

67) Henri J.M. Nouwen. *With Open Hands* (Ave Maria Press, 1995), 44.

68) Ibid., 119.

69) Ibid., 120.

70) Henri J.M. Nouwen, *Out of Solitude: Three Meditations on the Christian Life* (Ave Maria Press, 1974), 35.

71) Henri J.M. Nouwen, *Finding My Way Home: Pathways to Life and the Spirit* (Crossroad, 2001), 64.

72) Henri J.M. Nouwen, *Heart Speaks to Heart: Three Gospel Meditations on Jesus* (Ave Maria Press, 1989), 43.

73) *Bread for the Journey*, August 16.

74) Henri J.M. Nouwen, *Sabbatical Journey: The Diary of His Final Year* (Crossroad, 1998), 165.

| 4장 • 우리는 왜 고난을 겪는가? |

75) Henri J.M. Nouwen, *Here and Now: Living in the Spirit* (Crossroad, 1994), 27.

76) Ibid., 55.

77) Henri J.M. Nouwen, *Life of the Beloved: Spiritual Living in a Secular World* (Crossroad, 1992), 77.

78) Henri J.M. Nouwen, *The Wounded Healer* (Image, 1979), 84.

79) *Life of the Beloved*, 75–76.

80) Henri J.M. Nouwen, *The Inner Voice of Love: A Journey through Anguish to Freedom* (Doubleday, 1996), 109.

81) Ibid., 109-110.

82) Ibid., 110.

83) Flora Slosson Wuellner, *Miracle: When Christ Touches Our Deepest Need* (Upper Room Books, 2008), 25.

84) Abridged and adapted from *Miracle*, 29-30.

85) Henri J.M. Nouwen, *With Burning Hearts: A Meditation on the Eucharistic*

Life (Orbis Books, 1994), 27-28.
86) Henri J.M. Nouwen, *Can You Drink the Cup?* (Ave Maria Press, 1996, 2006), 20.
87) Ibid., 27-28.
88) Ibid., 81-82.
89) Ibid., 21.
90) Henri J.M. Nouwen, *Finding My Way Home: Pathways to Life in the Spirit* (Crossroad, 2001), 135-137.
91) Henri J.M. Nouwen, *Lifesigns: Intimacy, Fecundity, and Ecstacy in Christian Perspective* (Doubleday, 1986), 87.
92) Ibid., 87.
93) Henri J.M. Nouwen. "All Is Grace," *Weavings* (November-December 1992): 40.
94) *Can You Drink the Cup?*, 35.
95) Ibid., 36.
96) Ibid., 36–37.
97) Ibid. 35.
98) Henri J.M. Nouwen, *The Road to Peace: Writings on Peace and Justice* (Orbis Books, 1998), 111.
99) Ibid., 112.
100) Blaise Pascal, *Pensées* (Penguin Books, 1966). 313.
101) Henri J.M. Nouwen, *Turn My Mourning into Dancing* (W Publishing Group, 2001), 6.
102) Mirabai Starr, *The Showings of Julian of Norwich: A New Translation* (Hampton Roads Publishing, 2013), xiv.
103) *Turn My Mourning into Dancing*, 11.
104) Henri J.M. Nouwen, *The Living Reminder: Service and Prayer in Memory of Jesus Christ* (Seabury Press, 1977), 39-41.
105) Ibid., 41.
106) Henri J.M. Nouwen, *In Memoriam* (Ave Maria Press, 1980), 60.
107) Henri J.M. Nouwen, *Beyond the Mirror: Reflections on Death and Life* (Crossroad, 1990), 51-52.
108) Ibid., 53.
109) Henri J.M. Nouwen, *Our Greatest Gift: A Meditation of Dying and Caring* (HarperCollins Publishers, 1994), 91.
110) Ibid., 92 (italics added).
111) Ibid., 94.

112) Ibid., 97.
113) Ibid., 98.
114) Ibid., 41-42.

| 5장 • 참된 자유는 어떻게 얻을 수 있는가? |

115) Henri J.M. Nouwen, *Bread for the Journey: A Daybook of Wisdom and Faith* (HarperCollins, 1997), January 11.
116) Henri J.M. Nouwen, *Following Jesus: Finding Our Way Home in an Age of Anxiety*, ed. Gabrielle Earnshaw (Convergent, 2019), 86.
117) Ibid., 87.
118) Henri J.M. Nouwen. *The Road to Daybreak: A Spiritual Journey* (Doubleday, 1988), 157-158.
119) Henri J.M. Nouwen, *The Inner Voice of Love: A Journey through Anguish to Freedom* (Doubleday, 1996), 74.
120) Henri J.M. Nouwen, *Home Tonight: Further Reflections on the Parable of the Prodigal Son* (Doubleday, 2009), 60.
121) Henri J.M. Nouwen, *The Return of the Prodigal Son: A Story of Homecoming* (Continuum, 1992, 1995), 66.
122) Ibid., 67.
123) *Home Tonight*, 117.
124) *The Return of the Prodigal Son*, 76.
125) Ibid., 80.
126) Ibid., 80.
127) Ibid., 81.
128) Henri J.M. Nouwen, *With Open Hands* (Ave Maria Press, 1995), 11-12, 14.
129) Henri J.M. Nouwen, "Forgiveness: The Name of Love in a Wounded World" (*Weavings*, Vol. 7, No. 2), 13.
130) Ibid., 14.
131) Henri J.M. Nouwen, *Turn My Mourning into Dancing* (W Publishing Group, 2001), 26.
132) "Forgiveness: The Name of Love in a Wounded World," 15.
133) *Turn My Mourning into Dancing*, 33.
134) *Following Jesus*, 58.
135) "Forgiveness: The Name of Love in a Wounded World," 14-15, abridged.

136) Henri J.M. Nouwen, *Making All Things New: An Invitation to the Spiritual Life* (Harper & Row, 1981), abridged from selected portions, 23-27.

137) Ibid., 41-43.

138) Henri J.M. Nouwen, *The Selfless Way of Christ: Downward Mobility and the Spiritual Life* (Orbis Books, 2007), 34.

139) *With Open Hands*, 105.

140) *Making All Things New*, 56-57.

141) *The Selfless Way of Christ*, 31.

142) Ibid. 39.

143) Henri J.M. Nouwen, *The Road to Peace* (Orbis Books, 1998), 47.

144) Henri J.M. Nouwen, *Beyond the Mirror: Reflections on Death and Life* (Crossroad, 1990), 34–37, abridged.

145) Henri J.M. Nouwen, *Our Greatest Gift: A Meditation of Dying and Caring* (HarperCollins Publishers, 1994), 14.

146) Ibid., 19.

147) Ibid.. 14-15.

148) Henri J.M. Nouwen, *Here and Now: Living in the Spirit* (Crossroad, 1994), 139-140.

149) Henri J.M. Nouwen, *Letters to Marc about Jesus* (Harper & Row, 1988), 30.

150) *Our Greatest Gift*, 17, abridged.

151) *Following Jesus*, 115-116, abridged.

152) *Our Greatest Gift*, 66-67, abridged.

153) Ibid, 67.

| 6장 • 그렇다면 어떻게 살아야 하는가? |

154) Henri J.M. Nouwen, with Michael J. Christensen & Rebecca J. Laird, *Discernment: Reading the Signs of Daily Life* (HarperOne, 2013 by the estate of Henri J.M. Nouwen), 8.

155) Ibid.

156) Ibid. 6.

157) As adapted by William O. Paulsell from Martin Luther King Jr., *Why We Can't Wait* (Signet Books, 1964), 69.

후주에 언급된 원서 가운데 국내에 번역된 책

Behold the Beauty of the Lord – 주님의 아름다우심을 우러러
Beyond the Mirror – 거울 너머의 세계
Bread for the Journey – 영혼의 양식
Can You Drink the Cup? – 이 잔을 들겠느냐
Celebration of Discipline – 영적 훈련과 성장
Clowning in Rome – 로마의 어릿광대
Compassion – 긍휼
Discernment – 분별력
Following Jesus – 예수의 길
Heart Speaks to Heart – 마음에서 마음으로
Here and Now – 여기 지금 우리와 함께하시는 하나님
Home Tonight – 집으로 돌아가는 길
In the Name of Jesus – 예수님의 이름으로
Intimacy – 친밀함
Letters to Marc about Jesus – 헨리 나우웬의 영성편지
Life of the Beloved – 이는 내 사랑하는 자요
Lifesigns – 두려움을 떠나 사랑의 집으로
Making All Things New – 모든 것을 새롭게 하라
Our Greatest Gift – 죽음, 가장 큰 선물
Out of Solitude – 나 홀로 주님과 함께
Pensées – 팡세
Reaching Out – 영적 발돋움
Sabbatical Journey – 안식의 여정
The Genesee Diary – 제네시 일기
The Inner Voice of Love – 마음에서 들려오는 사랑의 소리
The Living Reminder – 예수님을 생각나게 하는 사람
The Orthodox Way – 정교회의 길
The Return of the Prodigal Son – 탕자의 귀향
The Road to Daybreak – 데이브레이크로 가는 길
The Selfless Way of Christ – 세상의 길 그리스도의 길
The Way of the Heart – 마음의 길
The Wounded Healer – 상처 입은 치유자
Turn My Mourning into Dancing – 춤추시는 하나님
With Open Hands – 열린 손으로

옮긴이 이원기

한국외국어대학교 영어과를 졸업했다. 중앙일보에서 발행한 국제 시사주간지《뉴스위크》한국판의 창간 멤버로 번역 기자, 뉴욕 주재원, 편집장을 지냈다. 옮긴 책으로 디팩 초프라·루돌프 탄지의《팬데믹 시대의 평생 건강법》, 제러미 리프킨의《유러피언 드림》, 에릭 흡스봄의《폭력의 시대》, 로런스 레식의《아이디어의 미래 : 디지털 시대, 지적재산권의 운명》등이 있다.

삶이 묻고
나우웬이 답하다

초판 1쇄 발행 2021년 10월 6일

지은이 | 크리스 프리쳇, 마저리 J. 톰슨
옮긴이 | 이원기
발행인 | 김태진
디자인 | All Design
인쇄 | 다라니인쇄
제본 | 경문제책사
펴낸 곳 | 엘페이지
            경기도 고양시 일산동구 산두로 54, 305-202 우)10412
            전화) 031-905-2418 팩스) 02-753-2779
            홈페이지) www.elpages.co.kr 이메일) elpages@elpages.co.kr
판매대행 | 에디터유한회사 02-753-2778, 두란노서원 02-2078-3400
출판등록 | 2015년 5월 29일 제2015-000119호
값 | 15,000원

ISBN | 979-11-955677-8-2 03230